古典文獻研究輯刊

三 編

潘美月・杜潔祥 主編

第 15 冊

魏晉時期別傳研究

李興寧 著

國家圖書館出版品預行編目資料

魏晉時期別傳研究／李興寧著 — 初版 — 台北縣永和市：花木
蘭文化出版社，2006〔民 95〕

目 6+226 面；19×26 公分（古典文獻研究輯刊 三編；第 15 冊）

ISBN：978-986-7128-47-8（精裝）
ISBN：986-7128-47-8（精裝）
1. 史學－中國－魏晉南北朝（220-588）2. 傳記寫作法
601.923   95015429

ISBN 986712847-8

9 789867 128478

古典文獻研究輯刊   ISBN：978-986-7128-47-8
三 編 第十五冊   ISBN：986-7128-47-8

魏晉時期別傳研究

作 　 者　李興寧
主 　 編　潘美月　杜潔祥
企劃出版　北京大學文化資源研究中心
出 　 版　花木蘭文化出版社
發 行 所　花木蘭文化出版社
發 行 人　高小娟
聯絡地址　台北縣永和市中正路五九五號七樓之三
　　　　　電話：02-2923-1455／傳眞：02-2923-1452
電子信箱　sut81518@ms59.hinet.net
初 　 版　2006 年 9 月
定 　 價　三編 30 冊（精裝）新台幣 46,500 元

魏晉時期別傳研究

李興寧　著

作者簡介

李興寧，國立高雄師範大學國文研究所文學博士（2003），目前於國立成功大學歷史研究所進修，研究領域為史傳及傳記文學。曾任中學國文教師、國文系助教，現任輔英科技大學人文教育中心助理教授。

提　　要

「別傳」隸屬《隋書‧經籍志》史部的雜傳之下，此一史傳體例的大量出現，正值東漢末至魏晉時期二百年間，適與東漢末年政治的解構與魏晉時期的重組，儒學的衰微與儒釋道融合，以及魏晉時期史學的繁榮與史部地位的提升，九品中正制度與人物品鑒等方面息息相關。相對於中國歷朝歷代的列傳，別傳的體例、形式及其所表現出的時代意識，的確另具風格及特色，惜長久以往，一直未受到重視，且別傳全本今已不復得見，多數散見於史書注解之中，或載於類書之下，作者亦多不可考，故本論文希冀透過輯佚史書注解及類書所載之人物別傳，從別傳產生的時代背景，別傳的義涵、興起與種類，別傳的敘事特徵與文學藝術，別傳的價值與影響四大方面加以歸納整理並分析論述。別傳之所以稱為「別」，代表兩種義涵，一是「別乎正史而名之」，因為別傳不是官修的，其產生與發展不能不受到紀傳體史書的影響，但與之相較彼此又有區別；二是作「區別」或「分別」之意，用以表示每一位傳主的獨特性，以及傳主與傳主之間彼此的不同。別傳的敘事風格多元詳瞻且細膩詼諧，從傳主的容貌儀態、言行個性與生活軼事方面展現人物個性。在價值與影響方面，一是補充了正史史料及制度方面的不足，二是建立了新的史學體例，三是對於傳記文學方面的影響，如文體的認識、尚簡的審美標準、傳主的形象塑造以及傳文的論贊等。

　　關鍵詞：別傳、雜傳、魏晉時期、史傳、傳記文學

目

錄

第一章　緒　論 ……………………………………………… 1

第一節　研究動機 ………………………………………… 1

第二節　研究範圍 ………………………………………… 2

一、傳記與傳記文學 …………………………………… 2

二、傳記的歷史性與文學性 ………………………… 5

（一）對象方面 …………………………………… 5

（二）真實與想像 ………………………………… 6

（三）敘事手法 …………………………………… 7

第三節　研究架構 ………………………………………… 7

一、文獻探討 …………………………………………… 7

二、章節安排 …………………………………………… 8

第二章　史傳文學與魏晉史學發展 …………………… 9

第一節　古代的史官與修史機構 ……………………… 9

一、史官建置 …………………………………………… 10

二、修史機構 …………………………………………… 12

三、史家私人撰述的成就 …………………………… 14

第二節　史法和史意 ……………………………………… 16

一、史學意識 …………………………………………… 16

二、書法無隱 …………………………………………… 18

三、直筆與曲筆 ………………………………………… 19

四、信以傳信，疑以傳疑 …………………………… 20

第三節　史傳文學的特徵 ……………………………… 21

一、魏晉之前 …………………………………………… 21

（一）實現父親遺願 …………………………… 22

　　　　（二）繼《春秋》，懲惡勸善，具有教育目的……… 23
　　　　（三）為「欲砥行立名者」立傳 ……………………… 23
　　二、魏晉時期 ……………………………………………… 23
　　　　（一）人物範圍向上層轉移 …………………………… 23
　　　　（二）人物敘寫由性格化轉向敘事化 ………………… 25
　　　　（三）思想感情由濃而淡 ……………………………… 26
　　　　（四）語言趨向駢儷 …………………………………… 27
　第四節　魏晉時期史學的繁榮與史部地位的提升 ………… 28
　　一、史部獨立 ……………………………………………… 29
　　二、設立專職史官 ………………………………………… 30
　　三、史學著作的種類及數量增加 ………………………… 31
　　四、編年體與紀傳體並重 ………………………………… 32
　　五、人物傳記與譜諜之學興盛 …………………………… 33
　　六、非儒家價值體系的史學形式──佛、道史籍 ……… 35
第三章　別傳的義涵、興起與時代背景 ………………… 37
　第一節　別傳的義涵與興起的原因 ………………………… 37
　　一、別傳的定義 …………………………………………… 37
　　二、別傳的興起 …………………………………………… 38
　　三、別傳興盛的原因 ……………………………………… 40
　　　　（一）史學發展與中正品狀 ………………………… 40
　　　　（二）個人意識的提升 ……………………………… 42
　　　　（三）東漢末年的畫讚與碑文 ……………………… 43
　　　　（四）佛經會譯子注的影響 ………………………… 44
　　四、別傳與紀傳體史書的區別 …………………………… 45
　　　　（一）形式方面 ……………………………………… 45
　　　　（二）內容方面 ……………………………………… 45
　　　　（三）作傳宗旨 ……………………………………… 46
　第二節　別傳產生的時代背景 ……………………………… 49
　　一、政治的解構與重組 …………………………………… 49
　　二、儒學的衰微與史學文學的轉變 ……………………… 53
　　三、九品中正制的盛衰 …………………………………… 57
　　四、人物品藻之風盛行 …………………………………… 59
　　　　（一）許劭之人物品評 ……………………………… 60
　　　　（二）郭林宗之人物品鑒 …………………………… 61
第四章　別傳的篇數、作者與人物類型 ………………… 63
　第一節　現存的別傳篇數 …………………………………… 63
　第二節　別傳的作者與傳主 ………………………………… 67

　　　第三節　別傳的人物類型 ……………………………… 70
　　　一、英雄豪傑 ……………………………………………… 70
　　　二、知識份子 ……………………………………………… 73
　　　三、文人雅士 ……………………………………………… 76
　　　四、佛教人士 ……………………………………………… 80
　　　五、方技之士 ……………………………………………… 81
　　　六、竹林之士 ……………………………………………… 84
　　　七、清談之士 ……………………………………………… 85
　　　　　（一）名理派 …………………………………………… 86
　　　　　（二）玄論派 …………………………………………… 89
第五章　別傳的敘事特徵與文學藝術 ……………………… 95
　　第一節　別傳的敘事特徵 ………………………………… 95
　　　一、事類的選擇與運用 …………………………………… 96
　　　二、敘事的方式與風格 …………………………………… 98
　　第二節　別傳的文學藝術 ………………………………… 100
　　　一、別傳的人物刻畫 ……………………………………… 102
　　　　　（一）容貌儀態 ………………………………………… 103
　　　　　（二）生活軼事 ………………………………………… 106
　　　　　（三）言行個性 ………………………………………… 109
　　　二、別傳的語言藝術 ……………………………………… 113
　　　　　（一）用自然景物比喻 …………………………………… 115
　　　　　（二）典雅與通俗 ………………………………………… 116
　　　　　（三）機智與幽默 ………………………………………… 117
　　　　　（四）白描與修辭 ………………………………………… 119
第六章　別傳的價值與影響 ………………………………… 123
　　第一節　補正史之不足 …………………………………… 124
　　　一、史料方面 ……………………………………………… 125
　　　　　（一）荀　彧 …………………………………………… 126
　　　　　（二）邴　原 …………………………………………… 128
　　　　　（三）虞　翻 …………………………………………… 130
　　　　　（四）何　晏 …………………………………………… 132
　　　　　（五）王　弼 …………………………………………… 133
　　　　　（六）嵇　康 …………………………………………… 133
　　　二、制度方面 ……………………………………………… 135
　　　　　（一）用　人 …………………………………………… 135
　　　　　（二）考　課 …………………………………………… 136
　　第二節　史學體例的開展 ………………………………… 137

　　一、個人傳記蔚爲風尙 ………………………… 138
　　二、族譜家傳的流行 …………………………… 139
　　三、僧侶傳記的出現 …………………………… 141
　第三節　文學方面的影響 ……………………… 142
第七章　結　論 …………………………………… 147
　一、別傳有兩種意涵 …………………………… 147
　二、別傳興起的三種因素 ……………………… 147
　三、別傳初多出於民間 ………………………… 148
　四、正史傳記與別傳的異同 …………………… 149
　五、別傳對後世的影響 ………………………… 149
　六、別傳與史傳的分流與限制 ………………… 150
參考資料 …………………………………………… 151
　一、書　籍 ……………………………………… 151
　（一）古　籍 …………………………………… 151
　（二）今人著作 ………………………………… 152
　二、學位論文 …………………………………… 157
　三、期　刊 ……………………………………… 158
附錄：現存人物別傳輯佚 ………………………… 161

　卞壼 …………… 161　　王敦 …………… 164
　孔愉 …………… 161　　王湛 …………… 164
　孔融 …………… 162　　王雅 …………… 165
　支遁 …………… 162　　王嘏 …………… 165
　王允 …………… 162　　王廣 …………… 165
　王充 …………… 162　　王澄 …………… 165
　王含 …………… 162　　王導 …………… 165
　王劭 …………… 163　　王濛 …………… 165
　王薈 …………… 163　　王遂 …………… 166
　王珉 …………… 163　　王獻之 ………… 166
　王長史 ………… 163　　王蘊 …………… 166
　王威 …………… 163　　司空谿 ………… 166
　王胡之 ………… 163　　司馬徽 ………… 166
　王述 …………… 163　　左思 …………… 167
　王恭 …………… 163　　石虎 …………… 167
　王彬 …………… 164　　石勒 …………… 168
　王祥 …………… 164　　任嘏 …………… 168
　王彪之 ………… 164　　向秀 …………… 168
　王弼 …………… 164　　江祚 …………… 169

羊祐 …………………… 169　　徐邈 …………………… 181

羊曼 …………………… 169　　桓玄 …………………… 181

佛圖澄 ………………… 169　　桓石秀 ………………… 182

何晏 …………………… 170　　桓任 …………………… 182

何禎 …………………… 170　　桓沖 …………………… 182

何顒 …………………… 170　　桓邵 …………………… 182

吳猛 …………………… 170　　桓階 …………………… 182

吳質 …………………… 170　　桓溫 …………………… 182

李固 …………………… 171　　桓範 …………………… 183

李郃 …………………… 171　　桓彝 …………………… 183

杜祭酒 ………………… 171　　殷浩 …………………… 183

杜蘭香 ………………… 172　　浮圖澄 ………………… 183

車浚 …………………… 172　　祖約 …………………… 183

阮光祿 ………………… 172　　荀彧 …………………… 183

阮孚 …………………… 172　　荀勖 …………………… 185

阮籍 …………………… 172　　荀粲 …………………… 185

周處 …………………… 172　　袁宏、山濤 ………… 185

周顗 …………………… 173　　馬明生 ………………… 185

孟宗 …………………… 173　　馬鈞 …………………… 186

孟嘉 …………………… 173　　馬融 …………………… 186

東方朔 ………………… 173　　高座 …………………… 186

邴吉 …………………… 174　　郗超 …………………… 186

邴原 …………………… 174　　郗愔 …………………… 186

昭明太子 ……………… 176　　郗曇 …………………… 187

柏階 …………………… 177　　郗鑒 …………………… 187

胡琮 …………………… 177　　庾珉 …………………… 187

范汪 …………………… 177　　庾異行 ………………… 187

范宣 …………………… 177　　庾翼 …………………… 187

夏統 …………………… 177　　張華 …………………… 187

孫放 …………………… 177　　曹志 …………………… 187

孫略 …………………… 177　　曹操 …………………… 188

孫惠 …………………… 178　　梁冀 …………………… 191

孫登 …………………… 178　　第五元 ………………… 192

孫資 …………………… 181　　許劭 …………………… 192

孫曉 …………………… 181　　許肅 …………………… 192

徐延年 ………………… 181　　許遠 …………………… 192

徐稚 …………………… 181　　許遜 …………………… 192

許邁 …………………… 193
郭太 …………………… 193
郭文舉 ………………… 193
郭林宗 ………………… 193
郭璞 …………………… 194
郭翻 …………………… 194
陳武 …………………… 194
陳逵 …………………… 195
陳寔 …………………… 195
陸玩 …………………… 195
陸雲 …………………… 196
陸機 …………………… 196
陸績 …………………… 196
陶侃 …………………… 196
傅宣 …………………… 197
傅巽 …………………… 197
傅嘏 …………………… 197
嵇康 …………………… 197
華他 …………………… 198
華佗 …………………… 198
費褘 …………………… 200
賀循 …………………… 200
楊彪 …………………… 200
葛仙公 ………………… 200
葛仙翁 ………………… 201
董卓 …………………… 201
虞翻 …………………… 201
賈充 …………………… 202
雷煥 …………………… 203
管輅 …………………… 203
管寧 …………………… 212
裴楷 …………………… 212
裴頠 …………………… 212
趙至 …………………… 212

趙岐 …………………… 212
趙雲 …………………… 213
劉尹 …………………… 214
劉向 …………………… 214
劉根 …………………… 214
劉惔 …………………… 214
劉廙 …………………… 215
樊英 …………………… 215
潘尼 …………………… 216
潘京 …………………… 216
潘岳 …………………… 216
潘勗 …………………… 216
蔡邕 …………………… 216
蔡琰 …………………… 217
蔡謨 …………………… 217
衛玠 …………………… 217
諸葛亮 ………………… 219
諸葛恢 ………………… 219
諸葛恪 ………………… 219
鄭玄 …………………… 219
魯女生 ………………… 221
盧諶 …………………… 221
謝玄 …………………… 221
謝鯤 …………………… 221
鍾雅 …………………… 221
鍾離意 ………………… 221
顏含 …………………… 223
魏文帝 ………………… 224
羅含 …………………… 224
邊讓 …………………… 224
禰衡 …………………… 224
顧和 …………………… 225

第一章 緒 論

第一節 研究動機

　　《太平御覽》著錄所引用的書籍中，別傳的篇目共計有一一○篇〔註1〕，扣除重出的部分〔註2〕，尚有一○七篇。另外裴松之所注之《三國志》，引東漢至曹魏這一時期的別傳作品，達二十多種。其後劉孝標注《世說新語》，所引魏晉時期的人物別傳亦有八十多種。其它如《北堂書鈔》、《藝文類聚》、《初學記》等類書中也有人物別傳的記載〔註3〕。如此龐大的別傳數量，所記人物卻多半集中於東漢末

〔註 1〕東方朔別傳、陸績別傳、陸機別傳、孟嘉別傳、孟宗別傳、董卓別傳、郭泰別傳、郭林宗別傳、郭翻別傳、華陀別傳、裴楷別傳、鍾離意別傳、諸葛亮別傳、諸葛恪別傳、賈逵別傳、梁冀別傳、劉向別傳、劉向七略別傳、劉根別傳、劉振別傳、馬融別傳、馬明生別傳、馬鈞別傳、司馬徽別傳、曹操別傳、曹攄別傳、曹瞞別傳、曹肇別傳、邴吉別傳、邴原別傳、王祥別傳、王弼別傳、王敦別傳、王蘊別傳、王戎別傳、王濛別傳、王瑕別傳、王珉別傳、王虞別傳、王處沖別傳、李陵別傳、李固別傳、李燮別傳、李郃別傳、李邳別傳、鄭玄別傳、石虎別傳、謝安別傳、雷煥別傳、羅含別傳、向秀別傳、周處別傳、孫登別傳、孫放別傳、孫略別傳、禰衡別傳、江祚別傳、江蕤別傳、虞翻別傳、羊祜別傳、許邁別傳、許肅別傳、許遠別傳、許遜別傳、衛玠別傳、陶侃別傳、潘勗別傳、潘京別傳、孔融別傳、盧植別傳、荀勗別傳、徐邈別傳、趙歧別傳、杜祭酒別傳、陳寔別傳、陳武別傳、桓任別傳、桓彝別傳、桓階別傳、桓石秀別傳、樊英別傳、傅宣別傳、胡綜別傳、胡宗別傳、張蕪別傳、張純別傳、祖逖別傳、魯女生別傳、蔡琰別傳、楊彪別傳、袁宏山濤別傳、庾珉別傳、管公明別傳、管寧別傳、管輅別傳、任嘏別傳、夏仲舒別傳、夏仲御別傳、夏統別傳、趙雲別傳、婁承先別傳、邊讓別傳、顧和別傳、顧譚別傳、吳質別傳、徐延年別傳、費禕別傳、車浚別傳、顏含別傳、何禎別傳。

〔註 2〕其中〈郭泰別傳〉與〈郭林宗別傳〉，〈劉向別傳〉與〈劉向七略別傳〉，〈曹操別傳〉與〈曹瞞傳〉均為相同的人物。

〔註 3〕見本文附錄一。

到魏晉二百多年之間，此乃史傳特殊之現象。「別傳」在此時期大量出現，或散見於史書注解之中，或載於類書之下，全本已不可見，作者也大多不可考，但這種傳記形式及其所表現出的時代意識，相對於中國歷朝歷代的列傳，的確別具風格與特色的。可惜長久以往，「別傳」一直未受到重視。如嚴可均即認為：「別傳失實，《晉書》所棄，道聽途說，不足為憑。」故《晉書》彙十八家舊書，兼取小說，獨棄別傳不采，斯史識也。」〔註4〕嚴氏所輯魏晉之文，非常周全，唯對於別傳，卻獨取左思一種，用以證〈三都賦〉成文時間，其它作品皆不收錄。直至近代歷史學者逯耀東先生，致力於魏晉時期別傳及其相關史料的研究考辨，並發表許多單篇著作及論文後〔註5〕，魏晉時期的別傳才漸漸受到注目。

　　雖然史傳文學在中國歷史上源遠流長，但不同的朝代及時空背景，仍會孕育出能反映當時特色的史學體例，「別傳」即是一例。從東漢末年到魏晉時期的二百多年之中，「別傳」的大量出現，其中定有特殊的原因與環境氛圍。本論文之研究動機，即在於希冀從原典彙整的過程之中，發掘別傳作者的史觀，融合魏晉時期文學創作與理論，進一步探究別傳的創作歷程與價值影響。

第二節　研究範圍

　　「別傳」屬於「傳記文學」領域中的一個小項，探討別傳的特徵與文學藝術之前，本文先從大範圍的傳記文學加以研析，藉以釐清二者之間的關係。

一、傳記與傳記文學

　　探討傳記本質之前，首先碰觸的問題是如何界定其屬性──即「傳記」屬於歷史學還是文學。考「傳記」二字，早期實為傳述師說，記載經義之意，例如《易》、《詩》、《書》、《春秋》皆有傳，《禮》、《樂》皆有記。「傳」的本字為「專」，即六寸簿籍。古者書簡用冊，長二尺四寸者為經，六寸者為傳。這種簿傳，便於扎記，師生之間，口相授受，記之於簿，以備遺忘。故劉知幾《史通》說：「孔子既著春秋，而丘明受經作傳，蓋傳者，轉也，轉受經旨，以授後人也。」呂思勉《燕石札記》也說：「記與經，古同為一物，二者皆古書也，記之本義，蓋謂史籍也。」在最初的認知裡，傳、記、傳記、紀、志雖無定稱，但性質上是相同的。〔註6〕

〔註4〕嚴可均《全上古三代秦漢三國六朝文・全晉文》卷一四六〈左思別傳〉條所引。
〔註5〕見本文「參考資料」。
〔註6〕見朱希祖所著《中國史學通論》。

　　就中國史學而言，在過去很長的一段時間裡，傳記被看作是歷史學的分支。劉勰解釋《左傳》之意爲：「傳者，轉也。轉受經旨，以授於後，實聖文之羽翮，記載之冠冕也。」〔註7〕此處的「傳」是轉達《春秋》經文之意，與現代所說的「傳」或「傳記」意思不同。司馬遷的《史記》開創了紀傳體的形式，其中「本紀」、「世家」、「列傳」都是典型的傳記作品。不過在《史記》的「列傳」中，也有〈東越列傳〉、〈朝鮮列傳〉、〈西南夷列傳〉等屬於少數民族史方面的紀錄。後代沿襲《史記》體例的正史，都把「傳」看作歷史著作的一種形式，與《春秋》、《資治通鑑》等編年體、紀事本末體並列。其後在《宋史》、《明史》的〈藝文志〉中都有「傳記」，但「傳」與「記」是分開的。《四庫全書總目題要》史部中則有「傳紀」，仍是把「傳」和「紀」分開：「敘一人之始末爲傳之屬，敘一事之始末爲紀之屬。」以上諸論說明了在歷史學中，傳記的觀念不甚明確。

　　除了「傳」、「記」外，亦有「傳記」兼用，或作「紀」，或作「志」等名稱。舉例來說：漢朝劉向著有《列女傳》，晉杜預撰有《女記》，宋裴松之撰有《裴氏家傳》，虞攬有《虞氏家記》，華存撰有《王君內傳》、王珍撰有《劉君內記》等，這個時期或「傳」或「記」，是傳記不分的明證。合稱爲「傳記」者，如劉向《五行傳記》，許商《五行傳記》〔註8〕，鍾離岫有《會稽後賢傳記》〔註9〕等，則是傳記兼稱之證。另有以紀名之者，如環濟有《吳紀》，劉涉有《齊紀》。復有以「志」名之者，例如陳壽作《三國志》，盧宗道有《魏志》。雖然自班固《漢書》後，確立了以「傳」爲述人物始末，以「志」爲敘事蹟始末的界線，然「傳記」之名，降及三國前後，仍雜揉混用，莫衷一是。後世研究傳記的學者，也都各有不同之見解與定義，茲分述如下：

　　　　「傳者，列事也，……列事者，錄人臣之行狀」；又曰：「紀者，蓋言其時事也。」〔註10〕

　　錄人物者，區之爲傳；敘事蹟者，區之爲記。〔註11〕

　　　　這裡所謂傳記，是取現今通用的意義，傳記兩字連詞，就是舊日敘述個人生平顛末的人物傳。〔註12〕

　　　　從自敘的對象上看來，或係本人一生半生的綜述，或係敘述足以代表

〔註7〕《文心雕龍・史傳》
〔註8〕見《漢書・藝文志・尚書下》。
〔註9〕見《隋書・經籍志》。
〔註10〕劉知幾《史通・列傳》。
〔註11〕章學誠《文史通義・傳記》。
〔註12〕鄭天挺〈中國的傳記文〉。

本人某種性格的一端或數端的事情。〔註13〕

除了我國學者的定義，西方學者也對傳記下了明確的定義。傳記的英文 Biography 最早出現於一六八三年，當時英國古典派詩人特來登（Dryden）運用這個名詞來評論布魯達奇（Plutarch）的名著《英雄傳》〔註14〕，此字的來源係由拉丁文 Bio-s 與 YpaΦLa 組合而成，前者為「生活」，後者為「記錄」之意，合起來即成為「生活的紀錄」。換言之，所謂「傳記」即是指某個人「生活的紀錄」。如一九八六年出版的《新不列顛百科全書》云：

> 傳記文學作為最古老的文學表現形式之一，它吸收各種材料來源，回憶和一切可以得到的書面的、口頭的、圖畫的證據，力圖以文字重現某個人——或者是作者本人，或者是另外一個人——的生平。〔註15〕

《牛津辭典》則謂「傳記」是：

> 作為文學分支的個別人的生平歷史。

從上述兩項定義可以發現，西方學者強調傳記的文學性，不再把它與歷史學聯繫起來。中國學術界也經歷了類似的變化，最具代表性的是胡適及朱東潤的看法。朱東潤早年的論著使用「傳敘文學」一詞，後來著作的名稱則變為〈中國傳記文學之進展〉、〈傳記文學之前途〉、〈傳記文學與人格〉、〈論傳記文學〉等。而胡適從五四運動前後五〇年代的論著就一直是使用「傳記文學」一詞，他也對「傳記文學」下了一個定義，說：

> 傳記文學是以傳記為領域的一種文學，任何與傳記有關的文字資料都是傳記文學的作品。換句話說，任何有關人的活動紀錄與思想見解的材料，都屬於傳記文學的範疇。〔註16〕

雖然說這個定義過於寬泛，但他肯定了傳記是一種文學，是一種「有關人的記錄」。另外米谷梁也有一段關於傳記文學的說明：

> 傳記文學，是運用文學的一些寫法來為歷史人物作傳的一種寫實文學種類。以其文學性與純歷史著作劃界，又以其信實性與小說等純文學形式區別開來。它要求對歷史人物的言行事跡作真實的描寫，固然難免加上合理適度的想象，卻不允許「虛加練飾」，任意編造。〔註17〕

〔註13〕郭登峰《歷代自敘傳文鈔》的序言
〔註14〕此書有的譯為《希臘羅馬名人傳》或《希臘四十六名人比較傳》，其原文為 Parallel lives of 46 Greeks and Roman. 或作 Plutarch ,"Lives".
〔註15〕《新不列顛百科全書》，一九八六年，十五版，二十三卷，「文學藝術」條。
〔註16〕劉紹唐編，《什麼是傳記文學》，台北，傳記文學出版社，一九六七年，頁三。
〔註17〕見《歷代傳記賞析·序》（濟南：明天出版社，一九九三年十二月），頁一。

歸納中國與西方的觀點，可知「傳記文學」是以某一個人物爲對象，這個對象可以是作者自己，也可以是別人，但必須是眞實的。其次，傳記包含歷史學與文學兩個特點，是兩種領域融合而成的獨特形式，但不容許虛加矯飾。

二、傳記的歷史性與文學性

　　歌德把自己的傳記取名爲《詩與眞》；魯迅稱《史記》是「史家之絕唱，無韻之離騷」；錢鍾書則要求傳記作品必須「史有詩衣」〔註18〕。他們道出傳記的本質——是歷史的和眞實的，又是文學的和詩的。因此傳記很難區分究竟爲歷史著作或文學作品。如《史記》兼有歷史與傳記兩種成分，也有學者把它視爲小說，如郭沫若說：「《史記》不啻是我們中國的一部史詩，或者就說它是一種歷史小說集也可以。」〔註19〕中國的一些筆記小說，如《世說新語》，所收錄的大半爲人物軼事，而且內容又爲後來正式的歷史著作所引用，因此若從廣義的角度視之，也可以稱爲傳記。以下試從（一）對象、（二）眞實與想像、（三）敘事手法三方面呈顯傳記兼具歷史性與文學性的特色：

（一）對象方面

　　傳記與歷史、小說的區別在於對象方面。歷史著作的對象是歷史，是無數相繼發生的自然和社會事件的總和，歷史學者的任務爲說明這些事件的因果關係。一般而言，就事件而言，歷史學比較關注重大的事件，特別是決定社會發展方向的事件，而非瑣事；就人物而言，歷史學者往往注意的是少數重要的、具關鍵性的人物，並且把這些各領域的領袖人物，當作是時代的代表。而傳記家的目光，卻是集中在某一個具體人物（即傳主）之上，所注重的是傳主的軼事和細節，因爲這些是刻畫人物性格之所以能維妙維肖的關鍵。

　　對於歷史學家來說，卻不同意以上說法，故劉知幾曾批評司馬遷說：「遷之所錄，甚爲膚淺。」〔註20〕胡應麟也認爲：「太史公敘倉公，連篇累牘，靡不厭焉。相如竊女，曼倩滑稽，雖其文瑰偉可喜，而大體不無戾也。」〔註21〕這些都是站在歷史學的角度來評論《史記》。倘以傳記的角度視之，傳主的舉手投足、眼神話語、甚至生活的情形都是十分珍貴的資料。有些傳記，特別是重要的歷史人物生平，一定會出現一系列重大的歷史事件和眾多的歷史人物，但對於傳主而言，其他人物都是配

〔註18〕錢鍾書：《談藝錄》（增訂本）（台北：中華書局，一九八四年），頁三六三。
〔註19〕《沫若文集》十二卷〈關於接受文學遺產〉，一九五九年，頁二五五。
〔註20〕劉知幾：《史通》外篇〈雜說上〉。
〔註21〕胡應麟《少室山房筆叢・史記占畢一》。

角，只有傳主才是中心，一切事件都必須圍繞著他。小說也是以人物為主，但小說中的人物往往是虛構的，即便是真實的故事，也會隱藏人物的真實姓名。

（二）真實與想像

　　傳記與歷史都追求所謂的「真實」。歷史學家以事實為根據，不能任意更改或創造事實，只能解釋事實。傳記家在寫作之前，也都需要蒐集傳主的所有相關資料，包括傳主個人，以及相關的人物事件，這些資料大致可分成三類：一是文字材料，包括著作、書信、日記、檔案、文獻、期刊、雜誌、報紙等等；二是口頭資料，如民間、親朋流傳有關於傳主的傳聞、軼事、故事、歌謠等等；三是圖片實物，如傳主的圖片、照片、使用過的器物、住過的地方、包括墳墓等等。不僅是古代，現代要成為一位優秀的傳記文學家，亦必須行萬里路，廣泛收羅相關資訊。資料齊備後，還不一定能完成傳記作品。對於現代傳記家而言，要能寫出傳主的性格絕非易事。例如人物之間的對話容易記錄，但其心理活動就不容易模擬，在這樣的情況之下，傳記家就不得不加一點想像。傳記根據現有的資料，加以合理的補充和猜測；或是在不違背史實和人物性格的前提之下，加以發揮，使其更為生動。舉例說明：明末名臣左光斗因反對閹黨被誣入獄，臨死前學生史可法去看他，據史可法所述當時的情形是：

> 逆黨陷師於獄，一時長安搖手相戒，無往視者。法不忍，師見而顰蹙曰：「爾胡為乎來哉？」〔註22〕

到了清代戴名世筆下，此事成為：

> 光斗呼可法而字之曰：「道鄰，宜厚自愛！異日天下有事，吾望子為國柱。自吾被禍，門生故吏，逆黨日羅而捕之。今子出身犯難，殉硜硜小節，而攖奸人之鋒。我死，子必隨之，是再戮我也！」〔註23〕

在方苞筆下則是：

> 史前跪，抱公膝而嗚咽。公辨其聲，而目不可開，乃奮臂以指撥眥，目光如炬。怒曰：「庸奴，此何地也，而汝來前！國家之事，靡爛至此；老夫已矣，汝復輕身而昧大義，天下事誰可支柱者？不速去，無俟奸人構陷！」〔註24〕

這三段記述不同，史可法本人的回憶是最可靠的，當日他與恩師生離死別的情景必

〔註22〕《忠正集》〈崇禎乙亥十一月祭忠毅文〉。
〔註23〕《戴南山全集》卷八〈左忠毅公傳〉。
〔註24〕《望溪全集》卷九〈左忠毅公逸事〉。

然歷歷在目，他無須作任何變動。戴名世與方苞所述明顯的有所發揮，但卻比原作生動許多。錢鍾書對此曾有評述：「蓋望溪（方苞）南山（戴名世）均如得死象之骨，各以己意揣想生象，而望溪更妙於添毫點睛，一篇跳出。史傳記言乃至記事，每取陳編而渲染增損之，猶詞家伎倆，特較有裁制耳。」〔註25〕故適時的發揮，可以增加傳記人物的鮮活生動。

（三）敘事手法

　　若以小說和傳記相比較，小說創作的敘事方式非常自由，可以採用順敘、倒敘、插敘、補敘等，更有所謂時空交錯的後現代手法，其敘事的視角也非常多元。而歷史著作則強調客觀性，還原歷史本來的面目，不容許有太多個人的情感與色彩。傳記不同於小說，不能夠隨心所欲虛構人物事件，故傳記的敘事，一般而言比較類似歷史著作，依照時間先後順序進行，但爲了能更生動地表現傳主的個性，傳記作家會有局部的修正，把時間不同但性質相似的內容集中一處，使得傳主生平事跡更具張力與吸引力。

　　若從上述特色來看，魏晉時期的別傳，既符合歷史的真實性，且具有文學的風采。別傳之所以稱之爲「別」，至少代表兩種意義，一是「別乎正史而名之」，二是作「區別」或「分別」之意。因爲別傳不是官修的，故無正史裡濃厚的政治色彩，加上魏晉時期儒家經典的地位衰退，沒有人多儒家的規範意識，企圖塑造某種典型，以爲後人鑒戒，因此別傳中社會生活的表現遠超過了政治色彩，也可稱得上是社會性的個人傳記。尤其在隋唐之後，因爲官修史學的形成，這一類個人傳記資料，逐漸退隱於個人的文集之中。因爲「志尚不同，風流殊別」，故別傳之爲「別」，除代表每一位傳主的獨特性，還有就是區別傳主與傳主之間彼此的不同之處。

第三節　研究架構

一、文獻探討

　　本文研究方法可分成二大部分。其一是文獻探討方面：首先彙集整理《世說新語劉孝標注》、《藝文類聚》、《顏氏家訓集解》、《通典》、《後漢書集解》、《三國志裴松之注》、《文選李善注》、《太平御覽》、《北堂書鈔》、《初學記》、《晉書》、《文心雕龍義證》、《古小說鉤沈》、《續談助》等書所引人物別傳，經過篩選整理後，與正史列傳所記人物逐一比對參照，試圖找出其中異同與補闕之處。其次析論歷來研究別

〔註25〕《談藝錄》，中華書局，一九八四年，頁三六四。

傳的專著、論文及期刊，並擷取其中精華，以作爲本文重要的參考資料。

二、章節安排

除第一章緒論的導言，以及第七章結論的總結之外，本論文的章節安排主要爲第二章「史傳文學與魏晉史學發展」，先行論述古代史官的產生與修史機構的建立，修史之人講求的史法、史意與史德，史傳文學的特徵與演變，論及魏晉時期史學的繁榮與史部地位的提升。

第三章「別傳的義涵、興起與時代背景」，論述別傳的雙重定義與興起原因論述。魏晉時期別傳的淵源，與正史列傳不同。稱之爲「別」，至少代表兩種意義，一是「別乎正史而名之」，二是「區別」或「分別」之意。其次探討東漢末年至魏晉時期的時代背景，希望能從政治的解構與重組，儒學的衰微、儒釋道融合，以及文學史學地位的轉變與提升，九品中正制度與人物品鑒等方面，探討魏晉時期別傳大量出現的因素。

第四章「別傳的篇數、作者與人物類型」，主要分析現存別傳的篇數，以及可考作者與傳主之間的關係。其次就別傳人物類型區分爲英雄豪傑、知識份子、文人雅士，以及佛教、方技、清談之士，並參之正史歸納其異同補注之處。

第五章「別傳的敘事特徵與文學藝術」，從敘事事類、敘事方式與敘事風格分析別傳人物選擇的標準；次從文學藝術的角度，析論傳主的容貌儀態、言行個性與生活軼事，再從作者多異的表現手法，體現別傳的主題與題材。

第六章「別傳的價值與影響」，則從二大方面立論，一是史料的補充與史學體例的建立；二是從文學角度出發，如：文體的認識、尚簡的審美標準、傳主的形象塑造以及傳文的論贊等多元方向，歸結出別傳的價值與影響。

第二章　史傳文學與魏晉史學發展

　　東漢末年之後，表現對於政治疏離的傳記類型顯著增加〔註1〕，如魚豢《魏略》中的〈勇俠〉、〈止足〉、〈純固〉、〈清介〉；王隱《晉書》中的〈處士〉、〈才士〉、〈寒雋〉；范曄《後漢書》中的〈列女〉、〈獨行〉、〈方技〉、〈隱逸〉、〈文苑〉等等。這些人物類型的傳記，與政治評價並無顯著關係，而是當時和世家大族發展的結果關係較為密切。在此同時，正史列傳也選擇以一個家族人物為主，配合家族內其他成員的附傳組合而成，已經和正史列傳最初以人繫事的目的完全不同，這樣的情形，影響後來何法盛的《晉中興書》，當中出現了許多以家族為單位的傳記，如〈陳郡謝錄〉、〈會稽賀錄〉、〈琅邪王錄〉、〈濟陽江錄〉、〈陳郡袁錄〉、〈太原王錄〉等。最後形成唐代李延壽不以王朝政權遞嬗為斷限，而以一個家族盛衰為主的《南史》傳記。本章將從史官、修史機構與魏晉時期史學的繁榮與史部地位的提升探究別傳何以興盛的因素。

第一節　古代的史官與修史機構

　　遠古的史官，職務近乎卜祝之間，掌理祭祀、卜筮、策命、記事、觀測天象，解說災異、典藏圖書文獻等。時間愈演進，其職務愈以記事為主。如在天子之側、諸侯之旁、盟會之時、譎私之際，皆有史官及時記載。例如天子與諸侯身邊的史官，有所謂「君舉必書」〔註2〕、「動則左史書之，言則右史書之」〔註3〕、「天子無戲言，

〔註1〕司馬遷所著《史記》中，已有〈游俠〉、〈刺客〉、〈龜策〉、〈日者〉、〈貨殖〉等非政治人物的列傳。

〔註2〕《左傳》魯莊公廿三年。

〔註3〕《禮記・玉藻》。

言則史書之」〔註 4〕，其他如《史記‧廉頗藺相如列傳》中記載戰國時代秦趙澠池之會等；即使是深居後宮的后夫人，也有女史記其過失，毛詩中記載有「古者后夫人必有女史彤管之法，史不記過，其罪殺之」。史官雖無實權，但對政治猶有影響。加上史官遇事則載，善惡無隱，對執政者具有懲勸的作用。關於古代史官與修史機構的成立情形分述如下：

一、史官建置

　　中國史官設立的時代最遲應在商代或夏代。夏代已有出土文字（一九八六年於西安西郊），文字的創始人，可能兼有史官的職務。商代的甲骨文，已經是很進步的文字，殷墟卜辭是一種史事記載，而負責製作卜辭的貞人，可能是史官。如《呂氏春秋‧先識覽》中記錄：「夏太史令終古出其圖法，執而泣之。夏桀迷惑，暴亂愈甚。太史令終古乃出奔如商。」又云：「殷內史向摯見紂之愈亂迷惑也，於是載其圖法，出亡之周，武王大說。」《後漢書‧班彪列傳》記載「唐虞三代，詩書所及，世有史官，以司典籍。」中央與地方均有史官設立，以周代而言，見於金文及各類文獻的史官，約有一二九人。其中屬於王室者五十六人，屬於諸侯者四十七人，未能確定者二十六人。

　　劉知幾《史通‧史官建置》：「按《周官》、《禮記》，有太史、小史、內史、外史、左史、右史之名。太史掌國之六典，小史掌邦國之志，內史掌書王命，外史掌書使乎四方，左史記言，右史記事。」《禮記‧曲禮上》還說：「史載筆，大事書之於策，小事簡牘而已。」說明史官所記之事是有選擇和區別的。在《尚書》中，有多處提到「冊」和「典」，如〈多士〉所記：「惟殷先人，有冊有典。」冊與典，是兩種官文書，有不同的性質和內容、不同形式的體制，其詳情尚有待研究，他們與史官的職掌是有關係的。《尚書》中還多處記載了「史」或「太史」的活動，如〈金縢〉：「史乃冊祝」；〈顧命〉：「太史秉書，由賓階隮，御王冊命。」〈立政〉：「周公若曰：太史、司寇蘇公，式敬爾由獄，以長我王國。茲式有慎，以列用中罰。」史官主要參與冊祝、秉書、決獄等活動，一直延續到春秋時期。另外《國語‧鄭語》中記載周代的史伯與鄭桓公論「王室將卑，戎狄必昌」一段，是先秦時期很有份量的政論和史論，足見他是一位具有歷史見識的史官。

　　春秋時期，各諸侯國也都有設置史官，如《左傳‧昭公二年》記晉國韓宣子聘於魯，「觀書於大史氏，見《易》、《象》與《魯春秋》曰：『周禮盡在魯矣，吾乃今知周公之德與周之所以王也。』」說明了史官有保管歷史文獻的職責。春秋著名的史

〔註 4〕《史記‧晉世家》。

官，晉國有董狐、史墨，齊國有齊太史、南史氏，楚國有左史倚相。董狐以不畏執政而被孔子稱爲「古之良史」，盛讚其「書法不隱」的精神。楚國左史倚相是一位知識淵博、通曉治亂興衰之理的史官。因「能道訓典，以敘百物」又「以朝夕獻善政」於楚君，使楚君「無忘先王之業」，而被譽爲楚國一寶〔註5〕。而處於春秋末年的史墨是一位對於歷史變化有深刻認識的史官，他曾說過：「社稷無常奉，君臣無常位，自古以然。故詩曰：『高岸爲谷，深谷爲陵』。『三後之姓，於今爲庶。』」〔註6〕這些史官的思想和業績，對中國史學的發展影響甚大。又如「君舉必書」〔註7〕，也是在春秋時期所形成的概念。史官精神與歷朝變化，春秋時代史官乃世襲制，皆爲周天子所任命。各國有事，不僅記載於本國史策，並且赴告他國。史官們爲了秉筆直書，甚至犧牲性命也在所不惜。故春秋時代雖然周王室失政，卻因史官的堅持，維繫了禮法，發揮勸善懲惡的作用。

　　西漢時候史官爲太史令，也稱太史公，兼掌文史、星曆，秩僅六百石，不爲朝野所重。然司馬遷仍秉持傳統史官精神，著成《史記》一書，欲「以究天人之際，通古今之變，成一家之言」。從東漢至清代，史官分爲兩途，其一仍稱「太史」，職掌天時星曆。其一則以別職來知史務，或另設著作、起居之官，以當撰述、記注之任。如：東漢班固爲蘭臺令史，專司著作。漢武帝置史官，除太史令外，似在宮中設立女史之職，記錄皇帝起居，有〈禁中起居注〉；東漢因之。後世以「起居」作爲史官之名，與此有很大的關係。漢末到唐初，史官有著作郎、著作佐郎之稱。如班固以蘭台令史之職撰述國史。三國時期魏明帝置史官，稱著作郎，隸屬中書。晉時，改稱大著作，專掌史任，並增設佐著作郎八人，隸屬秘書。宋、齊以下，改佐著作郎爲著作佐郎；齊、梁、陳又置修史學士之職，亦稱撰史學士。三國魏晉時期，史學形成多途發展的趨勢，而皇朝正史撰述尤爲興盛，且有豐富的別傳類型。史官當中，名家輩出，被譽爲「史官之猶美，著作之妙選」〔註8〕。

　　唐代沿襲隋制〔註9〕，設立史館，史官制度逐漸規範化。唐初於門下省置起居郎，後於中書省置起居舍人，分爲左右，對立於殿，掌起居之事，故有時也稱爲左

〔註5〕《國語・楚語下》。
〔註6〕《左傳・昭公三十二年》。
〔註7〕《左傳・莊公二十三年》。
〔註8〕劉知幾《史通・史官建置》。
〔註9〕劉知幾言：「至隋，以吏部散官及校書、正字閑於述注者修之，納言監領其事。煬帝以爲古有內史、外史，今既有著作，宜立起居。遂置起居舍人二員，職隸中書省。」見《史通通釋》卷十一〈史官建置〉（台北：里仁書局，一九九三年六月），頁三二〇。

右史。史館以宰相爲監修，稱爲監修國史；修撰史事，以他官兼領，稱兼修國史；專職修史者，稱史館修撰；亦有以卑品而有史才者參加撰史，稱直史館。如房玄齡、魏徵、朱敬則、劉知幾、韓愈、杜牧等人，均先後參與過史館工作，擔任修史職務。史館設立且以宰相兼修史事，此爲史官制度一項重大的變化。

五代至清末，史官又有修撰、編修、檢討、修國史、同修國史之名，其職責逐漸由記事而兼負修國史之大任。隋唐之後，官修之史皆成於眾手，而傳統史官據事直書、生死不渝的精神，漸漸湮沒不彰。反而是民間私修的史書，繼承了史官據事直書的精神〔註10〕。

二、修史機構

據劉知幾考察，曹魏之前，歷代並無穩定的修史機構。在《史通・史官建置》談到東漢的蘭臺和東觀時說道：

> 漢氏中興，明帝以班固爲蘭臺令史，詔撰〈光武本紀〉及諸列傳、載記。又楊子山爲郡上計吏，獻所作〈哀牢傳〉，爲帝所異，徵詣蘭臺。私則蘭臺之職，蓋當時著述之所也。自章、和以後，圖籍盛於東觀。凡撰漢記，相繼在乎其中，而都爲著作，竟無他稱。

蘭臺和東觀，都是皇家藏書之所，並非是明確的修史之地。因爲利用就近藏書之便，所以蘭臺和東觀才先後成爲東漢時期的著述之所。

魏晉時期，開始設立明確的修史機構，《晉書・職官志》記載了此一情形：

> 著作郎，周左史之任也。漢東京圖籍在東觀，故使名儒著作東觀，有其名，尚未有官。魏明帝太和中，詔置著作郎，於此始有其官，隸中書省。及晉受命，武帝以繆徵爲中書著作郎。元康二年，詔曰：「著作舊屬中書，而秘書既典文籍，今改中書著作爲秘書著作。」於是改隸秘書省。……著作郎一人，謂之大著作郎，專掌史任，又置佐著作郎八人。著作郎始到職，必撰名臣傳一人。

在魏明帝時，中書省執掌修史的機構；至晉惠帝元康二年（二九二年）改由秘書省執掌修史事務。儘管中書省和秘書省都不是專門修史機構〔註11〕，但修史工作在皇朝的組織中有了比較穩定的歸屬。這應算是中國史學上的一件大事。

東晉、南朝以及北魏、北齊，均沿襲此一制度，但略爲更動。南朝改佐著作郎

〔註10〕劉知幾《史通・直書》有「寧爲蘭摧玉折，不作瓦礫長存」形容史官精神。
〔註11〕《隋書・百官志》記中書省、秘書省原先的職責是：「中書省，管司王言，及司進御之音樂。」「秘書省，典司經籍」。

爲著作佐郎，著作郎除有專職者外，也可有兼職者，即「其有才堪撰述，學綜文史，雖居他官，或兼領著作。」〔註12〕南朝齊、梁、陳又設置修史學士（亦作撰史學士）。北齊把屬於祕書省管轄的著作省（或稱著作局）稱爲「史閣」或「史館」，這是「史閣」或「史館」名稱最早的由來。北齊文人邢子才作詩贈魏收，有「冬夜直史館」句可資證明〔註13〕。上述情形，至隋及唐初並無大的變化。杜佑對於唐初以前修史機構和演變說道：

> 自後漢以後，至於有隋中間唯魏明太和中，史職隸中書，其餘多隸祕
> 書。大唐武德初，因隋舊制，史官屬祕書省著作局。〔註14〕

祕書省屬下的著作郎專掌史任，顧名思義，其重在著作與撰述，中國古代的修史機構，主要指此而言。至於起居之官，掌記錄或記注的史職則是：

> 今起居，《周官》有左、右史，記其言、事，蓋今起居之本。漢武帝
> 有《禁中起居注》，後漢馬皇后撰《明帝起居注》，則漢《起居注》似在宮
> 中，爲女史之任。又王莽時，置柱下五史，秩如御史，聽事侍傍，記其言
> 行，此又起居之職。自魏至晉，起居注則著作掌之。其後起居，皆近侍之
> 臣錄記也，錄其言行與其勳伐，歷代有其職而無其官。後魏始置其起居令
> 史，有行幸宴會，則在御左右，記錄帝言及宴賓客訓答。後又別置修起居
> 注二人，以他官領之。北齊有起居省。後周有外史，掌書王言及動作之事，
> 以爲國志，即起居之職。又有著作二人，掌綴國錄，則起居注、著作之任，
> 自此而分也。至隋初，以吏部散官及校書、正字有敍述之才者，掌起居之
> 職，以納言統之。至煬帝，以爲古有內史、外史，今著作如外史矣，宜置
> 起居官，以掌其內，乃於內史省至起居舍人二員，次內史舍人下。大唐貞
> 觀二年，省起居舍人，移其職於門下，置起居郎二人。〔註15〕

這一段敍述，把唐初以前起居之職的由來、演進及其所屬部門，講得清清楚楚。據此可知，起居之職與春秋時期史官之「君舉必書」的職責有歷史上的淵源。兩漢時期，這種起居之職很可能是限於宮中以女官擔任。自魏至晉，起居之職由著作擔任，其後也有以近侍之臣擔任的，但始終是「有其職而無其官」。歷史上最早設起居之官的是北魏，最早設執掌起居機構的是北齊。隋代至唐初，起居之官屬於內史省，或門下省。而起居之官的名稱也屢變：北魏，稱起居令史、修起居注；隋，稱起居舍

〔註12〕劉知幾《史通·史官建置》。
〔註13〕《唐六典》卷九「史館」條。
〔註14〕《通典·職官三·史官》。
〔註15〕《通典·職官三》。

人；唐初，稱起居郎。中國古代的修史機構，唐初是一大變化，唐太宗貞觀三年（六二九年）設立史館。從此之後，史館成為官方主要的修史機構，歷經宋、遼、金、元、明、清等朝，近一千三百年的歷史。〔註16〕

三、史家私人撰述的成就

從史學的發展來看，史官的職責包含兩方面，一是「書事記言，出自當時之簡」，二是「勒成刪定，歸於後來之筆」〔註17〕。前者係「當時草創者，資乎博聞實錄，若董狐、南史是也」，如修史籍，不少是出於歷代史官之手，故官修史書佔有重要的位置；後者為「後來經始者，貴乎俊識通才，若班固、陳壽視野」〔註18〕，不少傑出的史家，並不曾擔任過史官職務的。換言之，史官中固然不乏優秀的史家，而優秀的史家則並非都是史官。像這樣的例子，先秦以孔子為代表，自漢至清，如荀悅、袁宏、裴松之、范曄、蕭子顯、李百藥、杜佑、王溥、劉攽、鄭樵、胡三省、馬端臨、王圻、王世貞、李贄、黃宗羲、王夫之、顧炎武、馬驌、全祖望、章學誠、崔述等，代有其人，皆非史官出身。而其撰述，許多都是史學上一流的作品。還有數量繁多的雜史、雜傳、野史、筆記、家史、譜牒、方志等，作者大部分亦非為史官。

各朝代設置史官，詔修國史，除了述往事外，主要目的還是為政權服務。東漢初不准「私改作國史」，後來蔡邕有國史「非外史庶人所得擅述」的顧慮。隋代也有「詔人間有撰集國史、臧否人物者，皆令禁絕。」〔註19〕但漢、隋之間的魏晉南北朝時期，卻反而不禁止私人撰述史書。當然這跟政權經常處於分裂狀態，朝代更換頻繁有關。也因為如此，史書的撰寫就有較大的空間與自由。《隋書・經籍志》記載：

> 靈、獻之世，天下大亂，史官失其常守。博達之士，愍其廢絕，各記
> 所聞，以備遺亡。是後群才景慕，作者甚眾。

私撰史書，發揮史家的專長，以成一家之言，反而有品質較高的史籍。這也是魏晉時期史學發達的原因。

史家私人撰述不僅數量多，成就也很驚人。如《漢紀》、《後漢紀》、《三國志注》、《後漢書》、《通典》、《唐會要》、《通志》、《文獻通考》、《明儒學案》、《日知錄》、《文

〔註16〕《唐會要・史館上・史館移置》記唐代史館的設立：「武德初，因隋舊制，隸祕書省著作局。貞觀三年閏十二月，移史館於門下省北，宰相監修，自是著作局始罷此職。及大明宮初成，置史館於門下省之南。」又劉知幾《史通・史官建置》：「暨皇家之建國也，乃別置史館，通籍禁門。西京則與鷺渚為鄰，東都則與鳳池相接。館宇華麗，酒肴豐厚，得廁其流者，實一時之美事。」
〔註17〕劉知幾《史通・史官建置》。
〔註18〕同前註。
〔註19〕《隋書》卷二〈高帝紀下〉。

史通義》等，均在中國史學發展上佔有重要的位置。而這些史家成就的取得，有幾個原因，一是出於皇命，如荀悅《漢紀》，即因漢獻帝「好典籍，常以班固《漢書》文繁難省，乃令荀悅依《左氏傳》體以為《漢紀》三十篇」〔註20〕。《漢紀》一書，開編年體皇朝史的先聲。如裴松之注《三國志》，即是南朝宋文帝所命，於是「松之鳩集傳記，廣增異聞。既成奏之，上覽之日：『裴世期不朽矣。』」〔註21〕二是補史官之失。史官之職，常有任非其人、罕因才授的弊端，就會出現「尸素之儔，盰衡延閣之上，立言之士，揮翰蓬茨之下」〔註22〕的現象。「蓬茨之下」的立言之士，即非史家身分，出現的原因多半以補國史為目的。其三史學自覺意識的發展也是原因，如鄭樵、馬端臨都推崇史學的「會通」之旨，前者繼承了《史記》紀傳體的傳統，寫成《通志》一書。後者繼承《通典》之典制體通史的傳統，寫成《文獻通考》一書。又如章學誠繼承《史通》之史學批評，寫成《文史通義》一書，在史學理論、方法論上有許多創造性的發展。其四是史家的社會責任感和經世致用的撰述旨趣，從孔子作《春秋》、杜佑著《通典》、顧炎武《天下郡國利病書》、王夫之《讀通鑑論》，貫穿先秦至明清的優良傳統。上述四個原因，已經可以看出史家與政治、社會的相互關係，以及史學自身發展的要求和規律。

　　除此之外，還有一種情況是具有史官身份的史家，其著述並非都是官修史書，例如《史記》、《漢書》、《三國志》、《史通》、《資治通鑑》、《通鑑記事本末》等，仍屬於史家私人撰述。從廣義上說，古代的史家，既包括那些沒有史官身份的史家，也包括具有史官身分者，他們對於中國史學的發展都有卓越的貢獻。劉知幾論史家成就和影響時說：

　　　　史之為務，厥途有三焉。何則？彰善貶惡，不避強御，若晉之董狐、
　　　齊之南史，此其上也。編次勒成，郁為不朽，若魯之丘明，漢之子長，
　　　此其次也。高才博學，名重一時，若周之史佚，楚之倚相，此其下也。

〔註23〕

把史之為務分為三個層次，首先推崇史家秉筆直書的精神，同時也重視史家的著述、思想、言論對當時和後世的影響。這六人中，周之史佚據說是周文王、武王時的太史尹佚。在《國語·周語下》記晉國大夫叔向援引史佚的言論，表示直到春秋時期，史佚還是一位知名的史官。其後，從理論上評論史家，代有所出，如章學誠以圓神、

〔註20〕《後漢書·荀悅傳》。
〔註21〕《南史·裴松之傳》。
〔註22〕《隋書·經籍志二》史部後序。
〔註23〕《史通·辨職》。

方智定史學之兩大宗門；以才識、記誦判定史家成就得失，這些都具有史家批評之方法論。

第二節　史法和史意

我國最古的史籍稱爲「書」，如《虞夏書》、《商書》。自周朝起，又稱國史爲「春秋」，如《周春秋》、《魯春秋》。漢代司馬遷所作的《史記》，在當時稱作《太史公》、《太史公記》、《太史公書》。自漢至隋，凡是我國史冊，統稱爲某書、某紀，如班固《漢書》、干寶《晉紀》。直到唐人李延壽作《南史》、《北史》，才成爲我國歷史上以「史」代「書」之稱。我國史學除了有累世不斷的史官、強調以人爲本、重視善惡褒貶之外，《隋書‧經籍志》史部後序說：「夫史官者，必求博聞強識、疏通知遠之士，使居其位，百官眾職，咸所貳焉。是故前言往行，無不識也；天文地理，無不察也；人事之紀，無不達也。」說明史家在學識上的素養。所謂「前言往行」、「天文地理」、「人事之紀」，主要是從知識領域上言；所謂識、察、達，主要是就器局上說。換言之，博聞強識是指知識上的素養，疏通知遠是指見識上的素養，兩者結合，方能相得益彰。

一、史學意識

中國古代史學的歷史意識表現在以下四個方面：首先是「通」的特點，即不侷限或拘泥在一個短暫的時期，而是通觀整個歷史發展的過程，聯繫歷史的過去、現實和未來。孔子云：「疏通知遠，書教也。……疏通知遠而不誣，則深於書者也。」〔註24〕《尚書》記載的是上古三代的歷史，瞭解了過去的歷史，可以借鑑當今與昭示未來。司馬遷說「述往事，思來者」，要「網羅天下放失舊聞，王跡所興，原始察終，見盛觀衰，論考之行事，略推三代，錄秦漢，上記軒轅，下至於茲。」〔註25〕「原始察終，見盛觀衰」就是考察從遠古軒轅黃帝歷經三代、秦漢綿延至今的歷史過程，並掌握歷史發展的規律。如此既可以照見當時的歷史動向，又可以推知未來。

其次是「變」的特點，即認識到歷史是不斷變化的。《左傳》昭公三十二年記載史墨的話說：「社稷無常奉，君臣無常位，自古以然。」春秋時期的王室凋零，從「禮樂征伐自天子出」到「自諸侯出」、「自大夫出」，再到「陪臣執國命」，說明了歷史的發展變化不是以人的意志爲轉移的。故不僅是司馬遷，其他的史家也同樣追求「通

〔註24〕《禮記‧經解》
〔註25〕《史記‧太史公自序》

古今之變」的目標。

　　第三是善於運用具體的形象、事件來認識歷史。例如周公告誡成王不能貪圖逸樂時，並不用單調枯燥的說教方式，而是歷舉殷王中宗、高宗武丁、祖甲、周文王的事蹟，用具體的人物與歷史事實，諄諄告誡成王必須「先知稼穡之艱難」與「知小人之依」，論述「無逸」的重要。

　　第四是中國古代的歷史意識中，滲入了自己的審美意識與情感取向。如孔子作《春秋》，是以一種生命體驗和對歷史的審美感受來承擔此一重責大任的。孟子說：「世衰道微，邪說暴行有作，臣弒其君者有之，子弒其父者有之。孔子懼，作《春秋》。《春秋》，天子之事也。是故孔子曰：『知我者，其惟《春秋》乎！罪我者，其惟《春秋》乎！』」〔註26〕孔子周遊列國，親見世衰道微，禮崩樂壞，對現實懷著憂患意識，作《春秋》也是帶著鮮明的情感傾向。再者如司馬遷，歷來諸家論者都說司馬遷筆端常帶著感情，如《史記・十二諸侯年表》中的一段話：

　　　　太史公讀《春秋曆譜諜》〔註27〕，至周厲王，未嘗不廢書而嘆也。曰：
　　　　「嗚呼，師摯見之矣！紂為象箸而箕子唏，周道缺，詩人本之衽席，〈關
　　　　雎〉作。仁義陵遲，〈鹿鳴〉刺焉。及至厲王，以惡聞其過，公卿懼誅而
　　　　禍作，厲王遂奔於彘，亂自京師始，而共和行政焉。是後或力政，強乘弱，
　　　　興師不請天子。然挾王室之義，以討伐為會盟主，政由五伯，諸侯恣行，
　　　　淫侈不軌，賊臣篡子滋起矣。齊、晉、秦、楚其在成周微甚，封或百里或
　　　　五十里，晉阻三河，齊負東海，楚介江淮，秦因雍州之固，四海迭興，更
　　　　為伯主，文武所褒大封，皆威而服焉。是以孔子明王道，干七十餘君，莫
　　　　能用，故西觀周室，論史記舊聞，興於魯而次《春秋》，上記隱，下至哀
　　　　之獲麟，約其辭文，去其煩重，以制義法，王道備人事浹。

司馬遷歷論西周王道的興盛，周厲王的仁義陵遲，數百年間霸主的武力橫征，以及孔子欲恢復王道、撥亂反正以為己任等。以上簡潔的論述，濃縮了周代幾百年間的歷史，蘊含了作者的歷史審視。

　　關於審美意識與情感判斷，司馬遷在〈報仁安書〉中曾云：

　　　　蓋文王拘而演周易；仲尼厄而作春秋；屈原放逐，乃賦離騷；左丘失
　　　　明，厥有國語；孫子臏腳，兵法修列；不韋遷蜀，世傳呂覽；韓非囚秦，

〔註26〕《孟子・滕文公下》
〔註27〕古代治《春秋》的學者，有年曆和譜諜之說。《漢書・藝文志》載有《黃帝五家曆》、
　　　　《顓頊曆》、《古來帝王年譜》、《帝王諸侯世譜》等著作，共計十八家，六百六卷。
　　　　司馬遷曾閱讀此方面的資料，並據此寫成世表、年表。

說難、孤憤；詩三百篇，大底聖賢發憤之所爲作也。此人皆意有郁結，不得通其道，故述往事，思來者。乃如左丘無目，孫子斷足，終不可用，退而論書策，以舒其憤，思垂空文以自見。

「聖賢發憤之所爲作」、「以舒其憤」包含了孤憤之士處亂世不見用的作爲，也反應出司馬遷處理這段歷史的情感取向。再者如：

或曰：「天道無親，常與善人。」若伯夷、叔齊，可謂善人者非邪？積仁潔行如此而餓死。〔註28〕

適魯，觀仲尼廟堂車服禮器，諸生以時習禮其家，余祇回留之不能去云。〔註29〕

適長沙，觀屈原所自沈淵，未嘗不垂涕，想見其爲人。〔註30〕

對於歷史上那些志行廉潔，特立獨行之士，司馬遷以欣羨的眼光去歌頌其人格；對他們悲劇的結局，也摻和了自己的審美判斷與情感取向。

二、書法無隱

「書法無隱」是中國史學的優良傳統，「書法」是史官記事的筆法，「無隱」是不加隱諱。從孔子稱讚董狐這一事件來看，說明史學上存在著破壞此一禮法的現象。如齊國大夫崔杼殺死了齊太史兄弟〔註31〕，就是破壞禮法的實例。這說明了史官眞正要做到書法無隱，隨時都可以以身殉國，是相當不容易的。儘管如此，如董狐、齊太史、南史氏等人都是這樣的良史。南朝劉勰評論史學時曾說：「辭宗丘明，直歸南、董。」〔註32〕意謂史家文辭應以左丘明爲宗匠，直筆而書當以南史氏、董狐爲依歸。北周史家柳虬在一篇上疏中寫道：「南史抗節、表崔杼之罪；董狐書法，明趙盾之愆。是知直筆於朝，其來久矣。」〔註33〕其中所謂「直」、「直筆」，都是從書法無隱概括而來。唐朝史家吳競撰寫實錄，秉筆直書，不取人情，即使面對權貴也無所阿容，時人讚譽道：「昔者董狐之良史，即今是焉。」〔註34〕

從書法無隱到秉筆直書，不只有法的變化，而且還包括認識上的發展。先秦時期孔子盛讚「書法無隱」是對於個別史家的讚美之詞，魏晉南北朝時論「直筆」，是

〔註28〕《史記・伯夷列傳》。
〔註29〕《史記・孔子世家》。
〔註30〕《史記・屈原賈生列傳》。
〔註31〕《左傳・襄公二十五年》。
〔註32〕《文心雕龍・史傳》。
〔註33〕《周書・柳虬傳》。
〔註34〕《唐會要・史館雜錄下》。

將其作爲一種史學傳統或史家作風來看待的，反映出從個別到一般的認識過程。

三、直筆與曲筆

劉知幾撰《史通》，有〈直筆〉、〈曲筆〉兩篇，概述史學發展中兩種作史的態度。談到直書時，劉知幾還用了「正直」、「良直」、「直詞」、「直道」等概念。「正直」是從史家人品方面著眼，「良直」是從後人的評價著眼，表現是「仗氣直書，不避強御」、「肆情奮筆，無所阿容」，如「齊史之書崔杼，馬遷之書漢非，韋昭仗正於吳朝，崔浩犯諱於魏國」都可以稱得上是「成其良直，擅名今古」。至於「敘述當時」、「務在審實」，均爲「直詞」，主要是就文史而言，這些都是「直書」的表現。次論曲筆，劉知幾還用了「舞詞」、「臆說」、「不直」、「諛言」、「謗議」、「妄說」、「誣書」、「曲詞」等概念。其中「舞詞」、「臆說」、「妄說」是指史家不負責任的行爲；「諛言」是阿諛奉承之言；「謗議」、「誣書」是誹謗、污衊之詞；「曲詞」是歪曲、曲解之說，以上都是有明顯目的的曲筆。除此之外，還有或假人之美，藉爲私惠；或誣人之惡，持報己仇；或阿財媚主；或掩飾自家醜行，誇張故舊美德等等，均不外乎爲謀財謀位、謀名及謀利。

至於直書與曲筆的根源，劉知幾提出兩點，首先他從人的「稟性」出發，認爲這是「君子之德」與「小人之道」的對比，他說：

> 夫人稟五常，士兼百行，邪正有別，曲直不同。若邪曲者，人之所賤，而小人之道也；正直者，人之所貴，而君子之德也。〔註35〕

此處所謂君子、小人與貴、賤之別，指的是德行的高下。其次從史學的社會作用和歷史影響出發，分析不同的人對史學所取的不同態度，是直書與曲筆現象產生的根源。他指出：

> 蓋史之爲用也，記功司過，彰善癉惡，得失一朝，榮辱千載。苟違斯法，豈曰能官。但古來唯聞以直筆見誅，不聞以曲詞獲罪。……故令史臣得愛憎由己，高下在心，進不憚於公憲，退無愧於私室，欲求實錄，不亦難乎？〔註36〕

史學所特有的「記功司過」與「彰善癉惡」的作用，以及它所具有的「得失一朝，榮辱千載」的影響，使人產生一種「言之若是，吁可畏乎」的心理。劉知幾擔任史官時曾上書監修國史蕭至忠等人，極言史館修史之弊有「五不可」，其中三、四條講到史官「言未絕口而朝野具知，筆未栖毫而搢紳咸誦，……人之情也，能無畏乎」；

〔註35〕《史通‧直書》。
〔註36〕《史通‧曲筆》。

「史官注記，多取稟監修，楊令公則云『必須直詞』，宗尙書則云『宜多隱惡』。十羊九牧，其令難行；一國三公，適從何在。」〔註37〕劉氏深刻體會到不論是從歷史或現象來看，權門與貴族對於史學的干擾，是造成實錄難求的原因。

四、信以傳信，疑以傳疑

　　書法無隱，秉筆直書，從史家來看都是爲了追求信史。但是或因年代久遠，或因文獻散佚，或因記注者所記不確切，或因前人諸說歧異等原因，史家難以對所有史事全面的認識和把握，故存在著疑問和闕如，如孔子講到杞國與宋國的制度時，曾慨嘆過文獻不足〔註38〕，他又說：「吾猶及史之闕文」〔註39〕。這兩段話，說明孔子對於文獻史籍，都持愼重的態度。再者如《春秋》，記事簡略，有些地方容易引起理解上的歧異，因此《穀梁傳》指出：「《春秋》之義，信以傳信，疑以傳疑。」〔註40〕「《春秋》著以傳著，疑以傳疑。」〔註41〕從大處著眼，點出《春秋》撰述的原則，而有「信以傳信，疑以傳疑」之說。這個原則，可以看作是中國史學上關於信史原則的論述。

　　關於信史，司馬遷有進一步的闡述，他在《史記・三代世表》序中寫道：

　　　　五帝、三王之記，尙矣。自殷以前諸侯不可得而譜，周以來乃頗可著。

　　孔子因史文次《春秋》，紀元年，正時日月，蓋其詳矣。至於序《尙書》

　　則略，無年月；或頗有，然多闕，不可錄。故疑則傳疑，蓋其愼也。

說明孔子作《春秋》，因有史文可憑，所以年月日都記載得很詳細；相傳孔子序《尙書》時，就無年月日，只有抱持「疑則傳疑」的愼重態度，即從比較兩書的撰述方式，闡述孔子所恪守的信史原則。而司馬遷本人，也是貫徹這個原則的史家，他在〈平準書〉後論中說：「農工商交易之路通，而龜貝金錢刀布之幣興焉。所以來久遠，自高辛氏之前尙矣，靡得而記云。」在〈貨殖列傳〉序又說：「夫神農以前，吾不知已。」在〈外戚世家〉後論又說：「秦以前尙略矣，其詳靡得而記焉。」凡是不清楚明確的史事，司馬遷均秉「疑以傳疑」的原則，後人推崇《史記》爲「實錄」，絕非偶然。

　　劉勰在《文心雕龍・史傳》指出「傳聞而欲偉其事，錄遠而欲詳其跡」的荒謬，

〔註37〕《史通・忤時》。
〔註38〕《論語・八佾》：「子曰：『夏禮，吾能言之，杞不足徵也。殷禮，吾能言之，宋不足徵也。文獻不足故也，足，則吾能徵之矣。』」
〔註39〕《論語・衛靈公》：「子曰：『吾猶及史之闕文也。有馬者，借人乘之，今亡已夫。』」
〔註40〕《穀梁傳・桓公五年》。
〔註41〕《穀梁傳・莊公七年》。

強調「文疑則闕，貴信史也」。其信史的概念，與司馬遷如出一轍。劉知幾在《史通》一書的〈惑經〉、〈疑古〉兩篇論述，提出作爲儒家經典的《春秋》、《尙書》在有關史事記載上的可疑和未喻。對於記言、記事的考察，認爲古代「記事之史不行，而記言之書見重」〔註42〕，從而增加了考察史事的困難。

　　中國史學上信史的傳統，不僅爲撰史者、史評者所重視，亦爲考史之人所重。三國時期譙周撰《古史考》二十五篇，糾正《史記》中的謬誤之處。西晉司馬彪又據《汲冢紀年》，臚列《古史考》中一百二十二事爲不當。這些都是從考史求信史。清代史學家崔述，將自己考證的先秦古史著作命名爲《考信錄》，足茲證明中國史學之信史傳統淵遠流長。錢大昕論歷史考證的宗旨是：「史非一家之書，實千載之書。祛其疑，乃能堅其信，指其瑕，益以見其美。」〔註43〕這是從中國史學中「疑」與「信」、「瑕」與「美」的角度，理解信史的原則。

第三節　史傳文學的特徵

一、魏晉之前

　　史籍方面，除了《左傳》、《戰國策》之外，尙有《國語》、《逸周書》、《古本竹書紀年》（輯佚）、《世本》（輯佚）、《楚漢春秋》（輯佚）以及長沙馬王堆三號墓出土帛書《春秋事語》、《戰國縱橫家書》等。《國語》與《左傳》同時而稍前，以記言爲主，在寫人方面也有一定的特色。

　　爲了彌補從《左傳》到《史記》中間散失的環節，我們可以從諸子書中爬羅剔抉，尋找軌跡。例如《論語》是孔子及弟子的言行集，有些篇章寫出了人物的音容笑貌，如〈微子〉中的侍坐，通過孔子和弟子們的談話，刻畫出他們各自的性格特徵，尤其是孔子循循善誘的神態。《孟子》一書中孟子說話的氣勢，論辯中的尖刻，都是他性格最好的表現。同時孟子爲了說明問題，也創造了一些寓言故事，如「齊人」、「揠苗助長」等，其中人物形象分明可見。其它如《莊子》、《韓非子》、《呂氏春秋》中的寓言故事，《管子》中的〈大匡〉、〈中匡〉、〈小匡〉寫管仲事蹟。尤其《晏子春秋》一書，繼承了《國語》、《左傳》等書注意歷史眞實的優點，也吸收了民間傳說善於誇張想像的長處。

　　神話故事中出現了力補蒼天的女媧、與日賽跑的夸父、治理洪水的大禹。《詩經》

〔註42〕《史通・疑古》。
〔註43〕《二十二史考異・序》。

中如〈生民〉、〈公劉〉、〈綿〉、〈皇矣〉、〈大明〉反應了周朝的發展歷史。陸侃如、馮沅君在《中國詩史》中稱之為后稷傳、公劉傳、公亶父傳、文王傳、武王傳。到了戰國時代屈原所作〈離騷〉，是一篇屈原傳。這些文學作品在描寫人物形象、表現人物思想感情方面，已經有許多成功的手法。

　　先秦史學到司馬遷史學，中間還有一個不可缺少的環節——漢初史論。漢初出現許多史論文章，陸賈《新語》、賈山《至言》、賈誼《過秦論》、晁錯《論貴粟疏》等。

　　司馬遷的史傳文學思想主要表現在〈太史公自序〉、〈報任安書〉、〈屈原列傳〉、以及《史記》部分序贊中。其創作目的歸納如下：

　　《史記》是以人物傳記為主體，司馬遷認為要再現歷史，應以人物為中心。如〈報任安書〉所述：

> 僕竊不遜，近自托于無能之辭，網羅天下放失舊聞，考之行事，稽其成敗興壞之理，上記軒轅，下至於茲，為十表，本紀十二，書八章，世家三十，列傳七十，凡百三十篇，亦欲以究天人之際，通古今之變，成一家之言。

這段話包含三層意思：第一層指全書內容。《史記》記述上起黃帝，下至於司馬遷當代的歷史，廣泛搜集材料，考核歷史事實，探索成功或失敗、興盛滅亡的道理。第二層指全書的體例和篇數。第三層說明創作目的是為了研究天道與人事的關係。這一層重點在於最後一句「成一家之言」，即有意表達個人的思想主張。司馬遷寫歷史，寫人物傳記，並不是為了寫史而寫史，亦非為了寫人而寫人，而是通過寫史寫人表達自己的主張，寄託對社會人生的理想。為此，採用了「寓論斷於序事」的手法，透過人事歷史過程的敘述，讓讀者自行思考得出結論。除上述特色之外，還包含以下幾點：

（一）實現父親遺願

　　〈太史公自序〉中記錄司馬談臨終遺言：「余死，汝必為太史；為太史，無忘吾所欲論著矣。」「今漢興，海內一統，明主賢君忠臣死義之士，余為太史而弗論載，廢天下之史文，余甚懼焉，汝其念哉！」司馬談要兒子記述「明主賢君忠臣死義之士」的事蹟，司馬遷後來與壺遂對話中也說：「廢明聖盛德不載，滅功臣世家賢大夫之業不述，墮先人所言，罪莫大焉。」故他寫史記重當代史，多寫漢朝建立以來君臣事蹟。

（二）繼《春秋》，懲惡勸善，具有教育目的

司馬遷在〈太史公自序〉中暗示寫《史記》是效法孔子作《春秋》。他引董仲舒之言評價《春秋》褒貶善惡的作用：「夫《春秋》，上明三王之道，下辨人事之紀，別嫌疑，明是非，定猶豫，善善惡惡，賢賢賤不肖，存亡國，繼絕世，補敝起廢，王道之大者也。」至於教育的對象，一是當代之人，在〈高祖功臣侯者年表序〉說：「居今之世，志古之道，所以自鏡也。」記述古代行事，是為了給當代做為吸取經驗教訓的鏡子。二是教育後代之人，在〈報任安書〉和〈太史公自序〉都說：「述往事，思來者。」三是教育統治者，在〈太史公自序〉中引董仲舒的話說孔子作《春秋》，「以為天下儀表」。又引述壺遂的話說孔子作《春秋》：「當一王之法」。

（三）為「欲砥行立名者」立傳

司馬遷在〈伯夷列傳〉中感嘆「閭巷之人，欲砥行立名者」留名的不易。給哪些人作傳，司馬遷有一定的理論。他在〈太史公自序〉中說：「扶義俶儻，不令己失時，立功名於天下，作七十列傳。「俶儻」是卓越傑出之意，司馬遷選擇的標準是「古者富貴而名摩滅，不可勝記，唯俶儻非常之人稱焉。」

到了魏晉時期，統治者對於修史十分重視，設立史官撰修國史。依據《隋書‧經籍志》史部中所著錄，包括亡書共計八百七十四部，一萬六千五百五十餘卷。其中只有幾十部是漢代以前及隋代寫成的，其餘都是魏晉時期的作品，就以《隋志》所列的紀傳體和編年體史書而言，統計如下：

	後漢史	三國史	晉史	南北朝史	合　計
紀傳體	11 種	7 種	12 種	17 種	47 種
編年體	4 種	2 種	11 種	6 種	23 種

史學已經逐漸從經學的附庸地位獨立自成一派。

二、魏晉時期

魏晉時期史傳文學的嬗變軌跡，其特色如下：

（一）人物範圍向上層轉移

先秦兩漢時期的史傳文學，整體而言人物類型是由上層向下層逐步擴大。而魏晉時期的人物類型則剛好相反，逐步向上層轉移。如《三國志》、《後漢書》的人物類型還相當寬泛。《三國志》以魏、蜀、吳三國君主為核心，形成了三大政治軍事集

團，三大集團的人物之間相互較勁，各顯其能。清趙翼在《廿二史札記》中說道：「人才莫盛於三國，亦惟三國之主各能用人，故得眾力相扶，以成鼎足之勢。而其用人亦各有不同者，大概曹操以權術相馭，劉備以性情相契，孫氏兄弟以意氣相投，後世尚可推見其心跡也。」三國之主都非常重視人才，各種人物蜂擁而出，給《三國志》的人物類型增添不少色彩。以曹操為例，《魏書‧武帝紀》中記載他多次下求賢令，如建安十五年令：

> 若必廉士而後可用，則齊桓其何以霸世！今天下得無有被褐懷玉而釣於渭濱者乎？又得無盜嫂受金而未遇無知者乎？二三子其佐我明揚仄陋，唯才是舉，吾得而用之。

強調「唯才是舉」，所以在其周圍聚集許多人才，有的出謀劃策，有的衝鋒陷陣，有的允文允武。三國時代軍事爭奪十分激烈，故《三國志》特別著眼於軍事家、外交家，展現風雲變化的時代歷史。相對而言，社會下層的人物選錄較少。

《後漢書》的人物類型顯得比較突出，在《史記》、《漢書》的類傳之外，范曄又創立了七個新的類傳。除一般史傳有的帝王、將相、貴族、酷吏、循吏之外，還有〈黨錮列傳〉、〈宦者列傳〉、〈獨行列傳〉、〈逸民傳〉、〈列女傳〉、〈文苑列傳〉、〈方術列傳〉。

〈黨錮列傳〉藉由李膺、杜密等人與宦官之間爭鬥，反應出這一時期朝臣與宦官之間爭權奪勢的結果。〈宦者列傳〉記錄了東漢以來勢力漸漸強大且專權跋扈、干預朝政的宦官，「天朝政事，一更其手，權傾海內，寵貴無極，子弟親戚，並荷榮任。」此傳則是揭露了此一特殊現象。東漢時期還有一些特立獨行的人士，有些是為了沽名釣譽，如向栩；有些則是處亂世而守志不移，如譙玄、李業等，范曄統攝於〈獨行列傳〉之下。除此之外，《後漢書》還設有〈逸民傳〉，記載隱居不仕的清高之士。為了讓婦女在正史中佔有一席之地，也設立了〈列女傳〉，凡「才行高秀者」皆可立傳。另在〈儒林列傳〉之外，又立〈文苑列傳〉，專門記載東漢一代的文學家。此外〈方術列傳〉記載醫藥、占卜和神仙怪異之士，共計二十餘人。不論那一種類型的人物，都代表了當時特有的現象，也反映出作者敏銳的觀察力。

門閥士族的發展，自漢代開始。到了曹魏時期，則有進一步發展：「魏立九品，置中正，尊世胄，卑寒士，權歸右姓矣。其州大中正主簿中正功曹，皆取著姓士族為之，以定門胄，品藻人物，晉宋因之，始尚姓矣。」但門第制度使許多出身寒微的人受到壓制，故左思在〈詠史〉詩中批評：「郁郁澗底松，離離山上苗。以彼徑寸莖，蔭此百尺條。世胄躡高位，英俊沈下僚。地勢使之然，由來非一朝。金張藉舊業，七葉珥漢貂。馮公豈不偉，白首不見招。」東晉時期，門閥士族逐漸發展到極

盛，「即有出自寒微，奮立功業，官高位重，而其自視，猶不敢與世族較。」〔註44〕到了南北朝時期，此情形更是有過之而無不及，「貴仕素資，皆由門慶，平流進取，坐致公卿。」因此歷史記載，人物大都集中在大家世族。如王、謝兩大家族，沈約一門等等。

（二）人物敘寫由性格化轉向敘事化

先秦兩漢的史傳文學，由簡單的記事趨向複雜的寫人敘事，到了《史記》、《漢書》達到高峰。魏晉時期史傳文學以敘事藝術見長。《晉書·陳壽傳》說：「時人稱其善敘事，有良史之才。」《四庫全書總目提要》也說：「《三國志》簡質有法。」可見均以簡約爽潔爲其特徵。

如〈諸葛亮傳〉，通過「隆中對」、「說孫破曹」、「白帝城托孤」、「出師表」等事件，敘寫諸葛亮兼政治家與軍事家的一生，線索清晰，脈絡分明。但過於簡約，影響了人物形象的刻劃。例如劉備爲招納賢才，去拜見隱居隆中的諸葛亮，只用了「凡三往，乃見」五個字敘述，沒有將過程具體描繪。但小說《三國演義》則將這段史實演義爲「三顧茅廬」的故事，活潑生動，雖有虛構之處，但更加引人入勝。由於《三國志》的敘事以簡約爲主，省略許多過程，以致於不得不借助裴松之的注來瞭解詳細的過程。如〈文帝紀〉寫曹丕登基：「庚午，王升壇即阼，百官陪位。事訖，降壇，視燎成禮而反。」登基大典，看來簡簡單單，也看不出曹丕的心情爲何。但裴注引《魏氏春秋》記載：「帝升壇禮畢，顧謂群臣曰：『舜、禹之事，吾知之矣。』」僅僅一句獨白式的對話，就將曹丕喜悅之情表現無遺。清人李慈銘在《越縵堂日記》中說：「承祚（陳壽）固稱良史，然其意務簡潔，故裁制有餘，文采不足，當時人物不減秦漢之際，乃子長史記，聲色百倍；承祚此書，黯然無華。」說明了《三國志》在人物描寫方面，過於簡略的敘事。

《後漢書》在人物刻劃方面往往是「舉其大略」而又「諸細意甚多」。如〈班超列傳〉寫班超出使西域三十多年的奇特經歷：「家貧，常爲官佣書以供養。久勞苦，當輟業投筆嘆曰：『大丈夫無它志略，猶當效傅介子、張騫立功異域，以取封侯，安能久事筆研閑乎？』左右皆笑之。超曰：『小子安知壯士志哉！』」這是他年輕時的一段故事，生動地紀錄了班超的個性特徵。如〈馬援列傳〉也以他的豪言壯語表現其個性。又如〈張衡傳〉：「永和初，出爲河間相。時國王驕奢，不遵典憲；又多豪右，共爲不軌。衡下車，治威嚴，整法度，陰知奸黨名姓，一時收禽，上下肅然，稱爲政理。視事三年，上書乞骸骨，徵拜尚書。年六十二，永和四年卒。」這段敘

〔註44〕范曄〈獄中與諸甥侄書〉。

述對於人物一生作了概括性的說明，卻缺乏生動，形象不夠鮮明。但因為范曄作《後漢書》的目的在於「正一代之得失」，故在人物刻劃方面敘述比較簡略。

（三）思想感情由濃而淡

由於作品以敘述歷史事實為主，加上統治者的干預，作者的思想情感也逐漸由濃轉淡。史傳著作中以《後漢書》思想感情最為突出，范曄被貶為宣城太守之後，「不得志，乃刪眾家《後漢書》為一家之作」〔註45〕。范曄能夠獨占鰲頭，就在於他有獨到之處。他對自己的著作非常自信，說「序論」「皆有精意深旨」，尤其是「循吏以下及六夷諸序論，筆勢縱放，實天下之奇作。」〔註46〕他新創的許多類傳，也表明其態度。如〈黨錮傳〉中記李膺的一件事：

> （李膺）復拜司隸校尉。時張讓弟朔為野王令，貪殘無道，至乃殺孕婦，聞膺厲威嚴，懼罪逃還京師，因匿兄讓弟舍，藏於合柱中。膺知其狀，率將吏卒破柱取朔，付洛陽獄。受辭畢，即殺之。……自此諸黃門常侍皆鞠躬屏氣，休沐不敢復出宮省。帝怪問其故，并叩頭泣曰：「畏李校尉。」

李膺捕殺宦官張讓之弟張朔，不畏權勢，勇氣過人。無怪乎范曄稱讚說：「使天下之士奮迅感染，波蕩而從之。」范曄在敘事中也參雜了對李膺的欽佩之情。除此之外，《後漢書》對於魚肉百姓、胡作非為的豪強，也都給予強烈的抨擊。如在〈陳蕃列傳論〉說：「桓靈之世，若陳蕃之徒，咸能樹立風聲，抗論昏俗。而驅馳險厄之中，與刑人腐夫同朝爭衡。功雖不終，然其信義足以攜持民心。漢世亂而不亡，百餘年間，數公之力也。」對於正直的官吏則給予極高度的評價。而〈獨行傳〉中對於那些假借「獨行」以抬高名聲的偽君子，予以諷刺批評；對於真正獨行之士以及隱逸高人給予讚揚。整體而言，《後漢書》中的感情色彩，尤其是類傳中的褒貶之情，可以與《史記》相媲美。

《三國志》作者陳壽處於三國入晉之時，魏已滅吳和蜀，晉又代魏。在當時的歷史背景下，陳壽不得不尊魏為正統，但其並未刻意貶抑吳蜀，如〈先主傳〉評劉

〔註45〕《宋書・范曄傳》。
〔註46〕沈約《宋書》載曄與其姪及甥書，論撰書之意曰：「吾觀史書，恆覺其不可解。既造後漢，轉得統緒。詳觀古今著述及評論，殆少可得意者。班氏最有高名，既任情無例，不可甲乙。博贍不可及之，整理未必愧也。吾雜傳論皆有精意深旨，至於循吏已下及六夷諸序論，筆勢縱放，實天下之奇作，其中合者，往往不減過秦篇。嘗比方班氏所作，非但不愧之而已。又欲因事發論，以正一代得失，意復未果。贊自是吾文之傑思，殆無一字空設。此書行，故應有賞音者。紀傳例為舉其大略耳。諸細意甚多，自古體大而思精，未有此也。恐俗人不能盡之，多貴古賤今，所以稱情狂言耳。」

備「有高祖之風，英雄之器」，〈吳主傳〉評孫權「有句踐之奇，英人之杰」。對於三國時期一些重要的人物，如諸葛亮、關羽、張飛、趙雲、張遼等人物，都給予讚揚。在〈董卓傳〉中對董卓殘忍之個性描述帶有憤慨之情，論讚中又評道：「董卓狼戾賊忍，暴虐不仁，自書契以來，殆未之有也。」投注了作者個人的情感。但總體而言，《三國志》由於敘事簡略，作者的思想感情顯得較為隱蔽一些，而傳後的論讚，基本上彌補了傳記中的感情部分，使後人較能清晰辨別出作者的作傳態度。

至於在《宋書》、《南齊書》、《魏書》中，作者寫人時大多是梗概羅列，感情深藏不露。他們對於皇上君主，世家貴族固然有某種程度的歌頌，但並無情感成分。其論讚，也無法與前四史相提並論。劉知幾《史通·論讚》說：「大抵皆華多於實，理少於文，鼓其雄辭，誇其儷事。」推究原因，主要是：史學與文學分開後，史學走上純史的道路，作者只要將歷史事實記錄下來即可，無須表達個人思想感情。如此為之，也符合統治者對修史的要求；加上統治者的干預，史家也很難有自己獨立的意識及思想感情。如《南齊書·王智深傳》記載：

世祖使太子家令沈約撰《宋書》，擬立〈袁粲傳〉，以審世祖。世祖曰：「袁粲自是宋家忠臣。」約又多載孝武·明帝諸鄙瀆事，上遣左右謂約曰：「孝武事不容頓爾。我昔經事宋明帝，卿可思諱惡之義。」於是多所省餘。

面對這樣的環境，作史者無法完全依照史家的意思表達。北魏太武帝誅殺史官崔浩，對修史者是一種警告，儘管北魏文宣帝對魏收說：「好直筆，我終不作魏太武誅史官。」〔註47〕卻也對治史者造成心裡陰影。

（四）語言趨向駢儷

先秦兩漢的史書語言，逐漸由《尚書》的詰屈聱牙轉變為形象生動。長短句結合，文句參差，更便於刻劃人物。從《漢書》開始，史傳的用語已朝向駢偶發展，但總體而言還是以散為主。

魏晉以後，駢文逐漸發展，也影響了史傳文學，促使魏晉以後的史傳明顯帶有駢偶的特點，劉知幾《史通·敘事》曾批評：「其為文也，大抵編字不只，捶句皆雙，修短取均，奇偶相配。故應以一言蔽之者，輒足為二言；應以三句成文者，必分為四句。彌漫重者，不知所裁。」史傳中的這種傾向，以論讚文字最為突出。

試舉《史記·屈原賈生列傳》的論讚：

余讀〈離騷〉、〈天問〉、〈招魂〉、〈哀郢〉，悲其志。適長沙，觀屈原所自沈淵，未嘗不垂涕，想見其為人。及見賈生吊之，又怪屈原以彼其材，

〔註47〕《魏書·自序》。

> 游諸侯，何國不容，而自令若是。讀〈鵩鳥賦〉，同死生，輕去就，又爽
> 然自失矣。

司馬遷將自己的情感融入論贊之中，給讀者下無窮韻味。到了《漢書》時，論贊往
往變單爲雙，整齊畫一。如〈宣帝紀〉贊曰：

> 孝宣之治，信賞必罰，綜核名實，政事文學法理之士咸精其能，至於
> 技巧工匠器械，自元、成間鮮能及之，亦足以知吏稱其職，民安其業也。
> 遭值匈奴乖亂，推亡固存，信威北夷，單于慕義，稽首稱藩。功光祖宗，
> 業垂後嗣，可謂中興，侔德殷宗、周宣矣。

可以看出對偶明顯增加，句式也較爲整齊。到了《三國志》又出現了新特點，試看
〈諸葛亮傳〉評曰：

> 諸葛亮之爲相國也，撫百姓，示儀軌，約官職，從權制，開誠心，布
> 公道；盡忠益時者雖仇必賞，犯法怠慢者雖親必罰，服罪輸情者雖重必釋，
> 遊辭巧飾者雖輕必戮；善無微而不賞，惡無纖而不貶；庶事精練，物理其
> 本，循名責實，虛僞不齒；終於邦域之內，咸畏而愛之，刑政雖峻而無怨
> 者，以其用心平而勸戒明也。可謂識治之良才，管、蕭之亞匹矣。然連年
> 動眾，未能成功，蓋應變將略，非其所長歟！

句法整齊，詞義也整齊，形式更趨完美，又比《漢書》更進一步。

第四節　魏晉時期史學的繁榮與史部地位的提升

　　面對東漢末年紛亂的政治分合，三國鼎立局勢的形成與瓦解，無論在上層統治
者或中流砥柱的知識份子，「以史爲鑑」的意識逐漸增強。如孫權稱自己「少時歷
《詩》、《書》、《禮記》、《左傳》、《國語》，惟不讀《易》。至統事以來，省三史、諸
家兵書，自以爲大有所益。」〔註48〕並誡其手下大將呂蒙等人「宜急讀《孫子》、《六
韜》、《左傳》、《國語》及三史。」〔註49〕還教其子孫登讀《漢書》，藉以習知近代
之事。吳後主孫休亦言：「孤之涉學，群書略遍，所見不少也；其明君闇主，奸臣賊
子，古今賢愚成敗之事，無不覽也。」〔註50〕

　　「史學」一詞，也是產生在這一時期。《晉書・石勒載記》記載：「太興二年，
勒僞稱爲趙王。……署從事中郎裴憲，參軍傅暢、杜嘏並領經學祭酒，參軍續咸、

〔註48〕《三國志・吳書・呂蒙傳》注引〈江表傳〉。
〔註49〕同前註。
〔註50〕《三國志・吳書・孫休傳》。

庾景爲律學祭酒，任播、崔睿爲史學祭酒。」這是我國歷史上關於「史學」一詞最早的記載。至南朝宋元嘉十五年，並建立儒學、玄學、史學、文學四學館。〔註51〕泰始六年，立總明觀，徵學士以充之，置學士四十人進行學術研究，教授生徒，也分儒、玄、史、文四科，配以四部之書。〔註52〕當時史學家裴松之之孫裴昭明，還因少傳儒史之業，獲爲太學博士。〔註53〕

　　蜀漢丞相諸葛亮也曾撰寫〈論前漢事〉，說明前漢興隆與後漢傾頹的歷史教訓。當時魏、吳均設立史官，對於史書的纂修極爲重視。晉代以降，歷朝也重視史事，紛紛設置著作郎、秘書郎、修史學士等史官，如劉知幾在《史通・史官建置》中所云：

　　　　若中朝之華嶠、陳壽、陸機、束晳；江左之王隱、虞預、干寶、孫盛；

　　　宋之徐爰、蘇寶生；梁之沈約、裴子野，斯并史官之優美，文章之妙選也。

除此，東漢末年至魏晉時期的風雲詭譎以及政治文化環境的劇烈變革，也給這個時期的史學繁榮提供了客觀的發展條件，使得魏晉史學不再侷限於傳統儒家經學的限制，從而呈現出繽紛繁盛的局面。如《隋書・經籍志》中所言：

　　　　靈、獻之世，天下大亂，史官失其常守。博達之士，愍其廢絕，各記

　　　所聞，以備遺亡。是後群才景慕，作者甚眾。自後漢以來，學者多鈔撮舊

　　　史，自爲一書，或起自人皇，或斷之近代，亦各其志，而體制不經。

以紀傳體記載後漢史的有吳謝承《後漢書》，晉薛瑩《後漢紀》、晉司馬彪《續漢書》、晉華嶠《後漢書》、晉謝沈《後漢書》、晉張瑩《後漢南紀》、晉袁山松《後漢書》，梁蕭子顯《後漢書》等；用編年體撰寫的有晉袁宏《後漢紀》及張璠《後漢紀》等。記載三國史事的有魏魚豢《魏略》、晉王沈《魏書》、晉孫盛《魏氏春秋》、晉陰澹《魏紀》、晉孔衍《漢魏春秋》、晉梁祚《魏國統》、蜀王崇《蜀書》、蜀譙周《蜀本紀》、晉王隱《蜀記》、晉習鑿齒《漢晉春秋》、吳韋昭《吳書》、梁張勃《吳錄》等。記載晉史的著作更多，據《隋志》所著錄者，便在二十家以上。這些史書，在體例上大多承襲《史記》、《漢書》以紀傳體爲主的形式。

　　魏晉時期的史學發展，可以概括爲以下幾項：

一、史部獨立

　　西漢末年劉向、劉歆父子校定皇家圖書，編纂總目錄，稱爲《七略》。除了輯略

〔註51〕《宋書・隱逸・雷次宗傳》卷九十三。
〔註52〕《宋書》卷八〈明帝紀〉，《南齊書》卷十六〈百官志〉。
〔註53〕《南齊書・良政・裴昭明傳》卷五十三。

（總目錄）之外，分為六藝、諸子、詩賦、兵書、數術、方技共六略，其中《春秋》是六藝略中的一家。東漢班固撰《漢書》，創立〈藝文志〉，著錄漢代以前的書籍，完全沿襲《七略》的體制，把《國語》、《世本》、《戰國策》、《太史公百三十篇》、《漢著記》〔註54〕等，均列入《春秋》家，史書尚無獨立地位。我國第一部紀傳體通史《史記》，也附屬於經書《春秋》類之下。

曹魏時，鄭默為秘書郎，整理皇家所藏圖書，編為《中經》。西晉秘書監荀勗依據《中經》編成《中經新簿》，將群書分為四部：甲部包括六藝及小學等書；乙部包括諸子、兵書、術數；丙部有《史記》、《舊事》、《皇覽部》、《雜事》〔註55〕；丁部包括詩賦圖贊等，新發現的汲冢書也歸在丁部。史書至此才獨立成為一個門類。

東晉時，著作郎李充釐定四部，對荀勗的次序有所更動，五經為甲部，史記為乙部，諸子為丙部，詩賦為丁部。從此史書在書籍的四部分類中屬於第二大類，即乙部，一直延續到近代。

梁阮孝緒（四七九～五三六）整理公私藏書，編成《七錄》，其中第二稱為記傳錄。阮孝緒說，自來把各種史書都與《春秋》合在一起。劉向、劉歆父子時，史書很少，附見於《春秋》是適當的。然「今眾家記傳倍於經典，猶從此志，實為繁蕪。」〔註56〕故其在第一經典錄之後，建立了第二記傳錄，包括國史、舊事、職官、儀典、法制、偽史、雜傳、鬼神、土地、譜狀、簿錄共十二個部門。魏晉之後史書數量大增，使編目者不得不另設獨立門類的主要原因。

到了唐修《隋書‧經籍志》時說：「班固以《史記》附《春秋》，今開其事類，凡三十種，別為史部。」以經史子集分類來代替甲乙丙丁。

從典籍的分類來看，史學著作已經擺脫了附屬於經部《春秋》類，獨立為一類了。

二、設立專職史官

魏晉時期承繼先秦以來太史紀錄當代史事的傳統，設立專職史官，不再兼掌天文曆法。《史通‧史官建置》云：

> 著作郎一人，謂之大著作，專掌史任。又置佐著作郎八人。宋齊以來，以佐名施於作下，舊事佐郎職知博采，正郎資以草傳。

魏太和（二二七～二三二）中始置專職的著作郎一人，協助著作郎的有佐著作郎，

〔註54〕若今之起居注。
〔註55〕見《隋書‧經籍志》中著錄有《漢魏蜀吳舊事》、《雜事》等書。
〔註56〕《廣弘名集》三阮孝緒《七錄‧序》。

宋以後改名爲著作佐郎。南北朝皆沿魏制，名稱和人數各代略有出入。晉朝時佐著作郎到職，必須先撰寫一篇名臣傳，含有測試之意。

　　不僅北魏、北齊、北周等設有修國史的著作郎，且十六國中歷時不久的政權也注意到歷史的重要性。依據《史通・史官建置》所列，十六國中修本國歷史的有前趙、後趙、前燕、後燕、南燕、北燕、前涼、後涼、西涼、南涼、北涼、前秦、後秦、西秦、夏、成漢，幾乎全都撰修本國的歷史。

三、史學著作的種類及數量增加

　　從數字來看，班固《漢書・藝文志》中「春秋」項下所收史部著作，只有《國語》、《世本》、《戰國策》、《史記》等十一種三百五十餘卷，到了梁阮孝緒《七錄》記傳錄所收，驟增至一千零二十種，一萬四千八百八十八卷。四百多年間，種類增加了一千倍，卷數增加四十多倍。到了《隋書・經籍志》，史部總計有八百一十七部，一萬三千二百六十四卷。注稱「通計亡書合八百七十四部，一萬六千五百五十卷。」所謂亡書，指的是志中多處所記載「梁有某某書，亡。」（註57）另徐崇所輯《補南北史藝文志》中的南北朝著作，也有十之六七不見於《隋志》。

　　《七錄》的記傳錄分爲十二個門類，《七錄》的國史隋志作正史，正史之名從此沿用。《隋志》史部則分爲正史、古史（即編年體史書）、雜史、霸史、起居注、舊事、職官、儀注、刑法、雜傳、地理、譜系、簿錄十三類，與《七錄》大致相同。分析隋志所列的目錄，可以看出魏晉南北朝時期史部著作確有風起雲湧之勢，隋志每一門類除了開頭一種或少數幾種爲三國以前的著述外，其他全部都是魏晉南北朝時期的著作，如古史類三十四部，雜史類七十二部，霸史類二十七部，起居注類四十四部。其中又以雜傳類爲各類中最多的，計有二百十七部。內容多樣，有專記某一地方人物的，如〈徐州先賢傳〉、〈陳留耆舊傳〉等；有專記性質相同人物的，如〈高士傳〉、〈孝子傳〉、〈正始名士傳〉等；有專記某一家族的，如〈太原王氏家傳〉、〈崔氏五門家傳〉、裴松之撰〈裴氏家傳〉、范汪撰〈范氏家傳〉、〈虞氏家紀〉等；有各種列女傳、高僧傳、眞人傳等；還有各種志怪之書，如〈異苑〉、〈搜神記〉等。這些雜傳之中，只有〈三輔決錄〉爲漢代趙岐所撰，此外皆曹魏以後的作品。這種現象，與魏晉時期士大夫注重人物品鑒，以及社會門閥郡望相互炫耀有關。《文心雕龍・史傳》中載：「夫左氏綴事，附經間出。於文爲約，而氏族難明。及史遷各傳，

〔註57〕梁文運盛，皇家及諸王藏書豐富。王僧辯平侯景，自建康將圖書八萬卷歸江陵。梁元帝《金樓子・聚書》稱：「吾今年四十六歲，自聚書來四十年，得書八萬卷。」至魏軍逼近江陵時，元帝聚圖書十餘萬卷盡燒之。故《隋書・經籍志》著錄反而不如阮孝緒所列。

人始區分。詳而易覽，述者宗焉。」說明了氏族及人物必須靠立傳才能「詳而易覽」，也說明了這個時期雜傳作品蜂起的原因。

劉知幾也注意到魏晉時期史籍種類繁多，他在《史通・雜述》說道：「爰及近古，斯道漸煩。史氏流別，殊途並鶩。權而爲論，其流有十焉。一曰偏紀，二曰小錄，三曰逸事，四曰瑣事，五曰郡書，六曰家史，七曰別傳，八曰雜記，九曰地理書，十曰都邑簿。」文中所謂「近古」，據裴子野《宋略・總論》有：「近古之弊化薄俗，宋氏之成敗得失」語，近古應當是指魏晉。

值得注意的是，這個時期雖然史書甚多，但其成就未能超越《史》、《漢》，因此不論是劉勰《文心雕龍・史傳》中所述〔註58〕，或唐代貞觀年間頒布的《修晉書詔》，對於這個時期前後出現的十八家晉書，並沒有給予很高的評價。

四、編年體與紀傳體並重

魏晉時期是編年體與紀傳體兩者並重，相輔而行。《史通・二體》說：「既而丘明傳《春秋》，子長著《史記》，載筆之體，於斯備矣。……然則班荀二體，角力爭先，欲廢其一，固亦難矣。後來作者不出二途。故晉史有王虞，而副以干紀；而宋書有徐沈，而分爲裴略。各有其美，並行於世。」上述論斷，沿襲兩晉以來對史書體裁的傳統看法。如王隱、虞預等十多家《晉書》是紀傳體，而陸機、干寶、鄧粲等的《晉紀》和孫盛的《晉陽秋》屬於編年體。徐爰、何承天、沈約等的《宋書》爲紀傳體，而裴子野《宋略》、王智深《宋紀》爲編年體。蕭子顯《南齊書》爲紀傳體，而吳均《齊春秋》爲編年體。梁代則有謝昊、許亨等人的紀傳體史書，和劉璠、何之元的編年體《梁典》。經北齊北周而入隋的王劭，既撰編年體的《齊志》二十卷，又撰紀傳體的《齊書》一百卷。同樣記錄北齊史事，紀傳體與編年體篇幅如此懸殊，正說明劉勰所言，後者「於文爲約」，前者「詳而易覽」。陳隋之後，兩體並重的傳統改變，正史都採用紀傳體裁。直到宋代司馬光修纂《資治通鑑》後，編年體才又活躍起來。

編年體易於省覽，便於瞭解歷史發展的趨勢，所以漢憲帝命令荀悅根據班固《漢書》另編更爲簡要的編年史書《漢紀》。但也有人持相反意見，如東晉袁宏，說讀這些書是「煩穢雜亂，睡而不能盡也。聊以暇日，撰集爲《後漢紀》。」他所參考的書籍，除了上述諸書外，還有《漢山陽公紀》、《漢靈獻起居注》、《漢名臣奏》以及諸郡耆舊先賢傳，凡數百卷。據王鳴盛《十七史商榷》三八《後漢紀》條，袁宏其書

〔註58〕《文心雕龍・史傳》：「魏代三雄，記傳互出，《陽秋》、《魏略》之屬，《江表》、《吳錄》之類，或激抗難徵，或疏闊寡要，……。」

所載史事，基本皆見於范氏《後漢書》。這說明了兩家所依據的史料大致相同。袁宏書的特點，是編年體而兼採紀傳體之長，如楊彪之事屢見，但到了建安二十五年記彪以壽終時，又詳細追敘其平生及其子楊修之事，類似簡要的傳記穿插入編年體中。又如孫盛所作《晉陽秋》，其書爲編年體，但敘事中夾有人物傳記。寓傳記於編年體中的作法，可能是當時所習用的。

　　《三國志》，西晉陳壽（二三三～二九七）撰，分爲魏、蜀、吳三書，計《魏書》三十卷（本紀四卷、傳二十六卷）、《蜀書》十五卷（全爲傳）、《吳書》二十卷（全爲傳），共六十五卷，只有紀和傳，而無表和志。記錄了魏文帝黃初元年（西元二二〇年）至晉武帝太康元年（西元二八〇年），三國時期共六十年的歷史。採用三國並列的形式，在紀傳體斷代史中可謂別創一格。要如何反映歷史全貌，並非易事。陳壽認爲三國有分有合，地位有輕有重，雖各立一書，但又爲曹魏皇帝立紀，作爲全書的總綱。同時爲了把握歷史的整體面貌，《魏書》中爲董卓、袁紹等立傳；《蜀書》中替割據西南的劉焉等立傳；《吳書》則爲佔據東南的劉繇立傳，反映出陳壽總攬三國全局的史才。書中雖以曹魏爲正統，但其用本紀手法所作之傳，用的是編年體，分別使用各自的年號，表明陳壽並不忽略蜀、吳兩國。劉知幾對此有言：「陳壽國志，載孫、劉二帝，其實紀也，而呼之曰傳。」可見其用心良苦。《三國志》行文簡潔流暢，寫出許多傳神人物，其中寫名士的風雅、武將的威猛、謀臣的智慧，皆栩栩如生，後人稱陳壽「善敘事，有良史之才」。然而《三國志》部分內容過於簡略，造成史事漏載，是其缺點。幸有裴松之補充大量內容，才使後世對於三國歷史有較爲充分的認識。

五、人物傳記與譜諜之學興盛

　　魏晉時期被稱爲是一個開明時代，各類人物競出其間。名士的放誕、隱士的飄逸、孝子的至性、忠臣的勁節，前後輝映。於是撰寫這一時期的人物傳記，成爲風氣。據《隋書・經籍志》著錄雜傳二百一十七部，一千二百八十六卷。以部數論，居各類史書之冠；以卷數論，僅次於正史、儀注與地理三類〔註59〕。其中有單傳、類傳，也有以地域爲中心的合傳。如梁元帝的《忠臣傳》，皇甫謐的《高士傳》、《逸士傳》、《列女傳》，釋慧皎的《高僧傳》等，都是類傳。而謝承的《會稽先賢傳》、習鑿齒的《襄陽耆舊記》、陸凱的《吳先賢傳》，則是以地域爲中心的合傳。各種類型的人物，如忠臣、孝子、良吏、高士、名士、高僧、文士、列女，甚而美女、神

〔註59〕按《隋書・經籍志》，正史類 3083 卷，儀注類 2029 卷，地理類 1432 卷。

仙等〔註60〕，都寫入傳記。

　　魏晉時期史學還有一個特點就是譜牒之學的出現。《史通・書志》記載：「譜牒之作，盛於中古。漢有趙岐《三輔決錄》、晉有摯虞《族姓記》，江左有兩王《百家譜》，中原有《方思殿格》。蓋氏族之事盡在是矣。」在這段時間裡，社會上地位崇高者為世族，世族為了突顯其家族的特殊地位，於是撰寫家譜、族譜大為興盛，數目奏增，種類繁多，成為一科專門之學。據《隋書・經籍志》譜系類記載，漢初得《世本》，敘述黃帝以來祖世所出。西漢有帝王年譜，東漢有鄧氏家譜，晉摯虞有《族姓昭穆記》。《隋志》所錄四十一部〔註61〕，通計亡書合五十三部，幾乎全為魏晉南北朝時期著作。實際上當時譜系之書遠不止此。從劉孝標所注《世說新語》中所引用的家譜即達四十種左右；又據《隋志》宋劉湛、齊王儉、王逡之、梁王僧孺、賈執、傅昭等編有《百家譜》或《百家譜》的拾遺、抄、集抄等。顏之推的〈觀我生賦〉自注說：「中原冠帶隨晉渡江者百家，故江東有百家譜。」可見百家之稱主要指南渡僑姓大族，百家譜是其家譜，但也不一定限於百家。東南諸族另有《東南譜集抄》之類，並不在百家之數。

　　族譜的編集，早在東晉末年已盛行，據《南史・王僧儒傳》記載：「始晉太元中（三七六～三九六），員外散騎侍郎平陽賈弼篤好譜狀，乃廣集眾家，大搜群族，所撰十八州，一百一十六部，合七百一十二卷」。《南齊書・賈淵傳》：「朝廷給弼之令史書吏，撰定繕寫，藏秘閣。」以後王僧儒亦集《十八州譜》。晉太元時有實州僑州各九，合十八之數，但郡則實郡八十四，僑郡四十餘，或僑郡之數有出入。隋志不載，只在注中提到梁武帝「總境內十八州譜，六百九十卷，亡」。疑此十八州譜乃合北方僑姓與南方高門，兼包士族與庶族在內，故而卷帙如此龐大。《隋志》除宋、齊、北魏、北齊等皇室宗譜，以及如京兆韋氏譜、謝氏譜之外，還有以一州或一郡氏族為對象的譜錄，如《冀州姓族譜》、《江州諸姓譜》等。

　　東晉後期，曹弼開創了譜學。他的子孫世傳其學，綿延近二百年。《新唐書・柳沖傳》說：「王氏之學本於賈氏。」王氏當指宋王僧綽、齊王儉父子一家。王僧綽在元凶劭時被殺，僧綽門客太學博士賈匪之株連而死，說明了賈王兩家的關係密切。此一情形，正符合隋志譜系中所記載「齊梁之間，其書轉廣」。除了這些專精譜學的人之外，熟悉各族譜系，是宋齊以後士大夫學識修養的重要組成部分，如梁傅昭「尤善人物。魏晉以來，官宦簿伐，姻通內外，舉而論之，無所遺失」。梁元帝《金樓子・

〔註60〕《隋書・經籍志》著錄了《美婦人傳》六卷，作者不詳。《神仙傳》更多，如葛洪的《神仙傳》十卷。

〔註61〕包括《竹譜》、《錢譜》、《錢圖》各一卷，性質不同，實係附錄。

戒子》也說：「譜牒所以別貴賤，明是非，尤宜留意。或復中表親疏，或復通塞升降，百世衣冠，不可不悉」。宋齊以後譜學日盛，是其來有自的。

對此情形，鄭樵在《通志‧氏族略》記載：

> 自隋唐而上，官有簿狀，家有譜系，官之選舉，必由於簿狀，家之婚姻，必由於譜系。歷代並有圖譜局，置郎令史以掌之，仍令博通古今之儒，知撰譜事。凡百官族姓之有家狀者，則上之，官為考定詳實，藏於秘閣，副在左戶。若私書有濫，則糾之以官籍；官籍不及，則稽之以私書。此追古之制，以繩天下，使貴有常尊，賤有等威者也。所以人尚譜系之學，家藏譜系之書。

魏晉時期造成「人尚譜系之學，家藏譜系之書」的盛況，因為官方選舉人才，憑藉譜狀；家族締結婚姻，也要稽考譜系。這種情況的產生，則源自於九品中正制度。

六、非儒家價值體系的史學形式——佛、道史籍

魏晉時期史學發展，還有一個前所未有的特點，就是佛教與道教史書在紀傳體史籍中佔有一席之地。原因是大量佛經譯為漢文，僧人感到有必要編制目錄，作為史學分支之一的佛經目錄學，也在此時建立。

魏收（五〇六～五七二）的《魏書》立〈釋老志〉敘述佛教與道教歷史，為中國史學上的創舉。梁慧皎著《高僧傳》，記述自後漢至梁初的中國和外國僧人共二百五十七人，附見者二百餘人。全書分十門：一譯經，二義解，三神異，四習禪，五明律，六亡身，七誦經，八興福，九經師，十唱導。以後唐代宋代僧人撰著《高僧傳》，大體都沿襲這樣的體制。

齊王儉的《七志》和梁阮孝緒的《七錄》，都著錄了佛經和道經。在儒家典籍目錄如《漢書‧藝文志》的影響之下，不少僧人先後編制了各種「經錄」。這些目錄都已亡佚，其中最值得注意的是東晉道安（三一二～三八五）於孝武帝寧康二年（三七四）在襄陽寫定的《綜理眾經目錄》。據梁僧祐所說，道安的目錄不只是臚列經名，而且「詮品譯才，標列歲月」。即依年代先後，逐家匯列，以經名為目，下注異名及譯出的歲月，並略述譯經始末及譯筆優劣。這種方法，比當時流行的各種儒家典籍目錄，要細緻的多，也確切有用的多。梁僧祐（四四五～五一七）在道安之書的基礎上，撰寫《出三藏記集》，在體例上又有發展。全書分為四大部分：一撰緣記，敘述佛經及譯經的起源；二詮名錄，即歷代出經名目，按時代及譯者分類；三總經序，收錄諸經序文與後記；四述列傳，即譯經人的傳記。

道家史籍有東晉葛洪撰《神仙傳》，梁陶弘景《真誥》中亦保存道士傳記，但所

述事蹟不盡眞實。葛洪的《抱朴子‧遐覽》列舉道書多種，類似總目。宋元嘉十四年（四三七），道士陸修靜撰成《靈寶經目》，是當時道經的正式總目錄。

自東漢末年，佛教傳入中國以後，一度聲勢浩大，魏晉南北朝時期就出現了相當多有關佛教人士的傳記。如僧人慧皎的〈高僧傳〉、法顯的自傳〈法顯傳〉，到了唐代還有一部僧侶的傳記《大慈恩寺三藏法師傳》。

《大慈恩寺三藏法師傳》共十卷，八萬餘字。敘述唐代高僧玄奘（六○二～六六四）事蹟，前五卷由玄奘弟子慧立所作，慧立原爲幽州照仁寺住持，後來參加玄奘主持的譯經工作達二十年之久，玄奘去世後，他爲表彰其師功績，將玄奘取經事蹟寫出。初稿完成後，他擔心有所遺缺，藏於地穴之中，秘不示人，直到臨終前才取出。到了西元六八八年，玄奘的另一個弟子彥悰將這五卷重新加以整理，並增添五卷寫玄奘歸國後的譯注活動。《大慈恩寺三藏法師傳》對玄奘的一生有完整而詳盡的介紹，作者懷抱極爲崇敬的心情描述了他「不求財利，無冀名譽」西去取經的過程，旅途的遙遠、道路的艱險、食物的缺乏、官方的阻撓、盜匪的威脅及惡獸的騷擾，但這一切都不能阻擋他的決心，他始終抱定一個宗旨：「若不至天竺終不東歸一步……寧可就西而死，豈歸東而生。」終於將梵語佛教經典六百餘部取回，前後共歷時十六年，途經五萬餘里。回到東土後，他拒絕太宗皇帝要他還俗從政的要求，投入翻譯佛經的工作中，「專務翻譯，無棄寸陰。每日自立課程，若晝日有事不允，必兼夜續之。遇己之後方乃停筆。」經過十八年，共翻譯經、論七十四部，一三三五卷。

第三章 別傳的義涵、興起與時代背景

　　《三國志》裴松之注中曾引〈管輅別傳〉，此傳乃管輅之弟管辰所撰。又裴注引〈孫資別傳〉時亦言：「資之別傳，出自其家。」〔註1〕可見遲至曹魏，「別傳」作為一種特殊人物傳記形式已經產生。在〈管輅別傳〉卷末，管辰云：

> 向使輅官達，為宰相大臣，膏腴流於明世，華曜列于竹帛，使幽驗皆舉，秘言不遺，千載之後，有道者必信而貴之，無道者必疑而怪之；夫妙與神合者，得神則無所惑也。恨輅才長命短，道貴時賤，親賢遐潛，不宣於良史，而為鄙弟所見追述：既自闇濁，又從來次遠，所載卜占事，雖不識本卦，捃拾殘餘，十得二焉。〔註2〕

從這裡可以看出，這一類傳記之所以被稱為「別傳」，是因為所記載的人事不列於正史之故。本章將逐一探討別傳的義涵與緣起、別傳興盛的原因、別傳與紀傳體史書之區別以及別傳的種類與人物類型。

第一節　別傳的義涵與興起的原因

一、別傳的定義

　　「別傳」之「別」，顧名思義，即為區別、另外之意。別傳是在正史紀傳體之後，其產生與發展不能不受到紀傳體史書的影響，但與之相較彼此又有區別。劉知幾則將魏晉時期別傳又稱之為「別錄」或「私傳」〔註3〕，他說：

> 賢士貞女，類聚區分，雖百行殊途，而同歸於善。則有取其所好，各

〔註1〕《三國志・魏志・孫資傳》注引。
〔註2〕《三國志・魏志・方技傳・管輅傳》注引。
〔註3〕《史通》卷十〈雜述篇〉。

爲之錄，若劉向《列女》、梁鴻《逸民》、趙采《忠臣》、徐廣《孝子》，此謂之別傳也。

又說：

降及東京，作者彌眾。至如名邦大都，地富良才，高門甲族，代多髦俊，邑老鄉賢，競爲別錄；家牒宗譜各成私傳。〔註4〕

從劉知幾所言來看，其所謂別傳有不同的解釋，一是指「類聚區分」的類傳；一是所謂「別錄」與「私傳」。劉知幾說這些別錄或私傳，不是國家的記錄而是由私家纂寫，此乃魏晉門閥世族社會下的特殊產物。且這種類型的別傳，比較偏重於個人個性的發揮。

清代湯球則認爲別傳是「別乎正史而名之」，指正史和家譜以外的個人傳記。綜上所述，這一類傳記之所以被稱爲別傳，是因爲所記載的人事不列於正史之故。但實際上，別傳之「別」還有分別之意。在《隋書・經籍志》子部別集小序：

別集之名，蓋漢東京之所創也，自靈均以降，屬文之士眾矣，然其志尚不同，風流殊別，後之君子，欲觀其體勢，而見其心靈，故別聚焉。

「別集」，也就是個別的文集，因「志尚不同，風流殊別」，每個人都有不同的文風，故以別集稱之，表示與眾不同之意。同樣的，個人的別傳，也有相同的意味。因此魏晉時期的別傳代表了兩種不同的意義，一是別傳與正史列傳的不同，一是別傳之間彼此的不同。

綜上所述，魏晉時期的別傳，至少代表兩種意義，一是「別乎正史而名之」，因爲別傳不是官修的，故無正史裡濃厚的色彩；加上這段期間儒家經典的地位衰退，其他的思想紛紛脫穎而出，沒有太多儒家的規範，企圖塑造某種典型，以爲後人鑒戒，因此別傳中社會生活的表現遠超過了政治色彩，也可稱得上是社會性的個人傳記。尤其在隋唐之後，因爲官修史學的形成，這一類個人傳記資料，遂逐漸隱退於個人的文集之中。二是作「區別」或「分別」之意，因爲「志尚不同，風流殊別」，故稱之爲「別」，用以表示每一位傳主的獨特性，以及傳主與傳主之間彼此的不同。這兩種意義，都彰顯出魏晉時期個人意識的醒覺以及對個人性格的尊重與肯定。

二、別傳的興起

據《隋書・經籍志》敘述別傳的淵源，可以追溯到周代。周代對於個人的傳記，由地方選擇個人的傳記資料，經過選擇與刪削〔註5〕，層層向中央呈報，最後集於

〔註4〕《史通・煩省》。
〔註5〕依據《隋書・經籍志・史部・雜傳類・小序》卷三十三，選擇與刪削的標準，完全

內史寫成傳記。這種官方式的個人傳記，是以後中國正史列傳的雛形。《漢書‧酷吏傳》曰：「湯、周子孫貴盛，故別傳。」顏師古注曰：「言所以不列於酷吏之篇也。」班固給張湯、杜周兩人另外單獨列傳，以顯其貴，以彰其盛，無疑是針對《漢書‧酷吏傳》而言。

清人王兆芳在《文體通釋》中說：

> 別傳者，別，分也，傳文分別於正傳之外，與之異處也。主於續事正
> 傳，搜遺重錄。源出〈東方朔別傳〉，流有後世別傳甚多。

王氏認為別傳起源於〈東方朔別傳〉，然除該傳外，東漢以前人物別傳尚有〈鄒衍別傳〉、〈李陵別傳〉、〈劉向別傳〉等。如〈鄒衍別傳〉曰：

> 鄒子博識善敘事，有禹、益之鴻才，道深東海，名重西山，日月不能
> 亂其輝，金玉無以比其貴。

《北堂書鈔》卷九十七引「劉晝鄒衍別傳」，文字對仗工整，似六朝風格，此傳疑為六朝人所撰。其次〈李陵別傳〉中傳文多引用〈李陵答蘇武書〉，亦疑為六朝人所撰。《史通‧雜說下》：「《李陵集》有〈與蘇武書〉，詞彩壯麗，音句流靡。觀其文體，不類西漢人，殆後人所為，假稱李陵作也。」而〈東方朔別傳〉則為東方朔之佚事人集，其內容超出《史記‧滑稽列傳》和《漢書‧東方朔傳》的記載。《史通‧采撰》曰：「及其記事也，公明與方朔同時。」這段話說明了東方朔與管輅二人之佚事是同時流傳的，管輅是三國魏人，東方朔之別傳應不會早於此。〈劉向別傳〉中有其《別錄》的佚文，擬為後人集作，劉向為西漢末期人，其別傳不可能更早，時間上限應當不會早於東漢時期。然別傳最早產生於何時，目前還難以確定。現存篇章雖然有以西漢人物為傳主的作品，然其作者是否為西漢時人，尚屬闕疑。

魏晉時期是我國史學發展的高峰期，各類史書體裁中，雜傳類蔚為大國，雜傳類中又以「別傳」為最常見。清人章宗源《隋書經籍志考證》統計：「凡別傳一百八十四家」。另據《二十五史補編》所收錄清代人補編的三國、晉各種藝文志所引的別傳篇目，尚可再增加若干種。但此時期的散傳、雜傳有不少是散佚後的殘篇。依據《隋書‧經籍志‧雜傳類》著錄的雜傳計有二一七部，一二八六卷，且對雜傳的源流及分類論述如下：

> 漢時，阮倉作《列仙圖》，劉向典校經籍，始作《列仙》、《列士》、《列
> 女》之傳，皆因其志向，率爾而作，不在正史。後漢光武，始詔南陽，撰
> 作風俗，故沛、三輔有耆舊節士之序，魯、廬江有名德先賢之贊。郡國之

根據個人對於儒家道德規範，如「敬敏任卹」、「孝悌睦淵，有學者」或「有德行學藝者」。

> 書，由是而作。魏文帝又作《列異》，以序鬼物奇怪之事，稽康作《高士傳》，以敘聖賢之風。

雖然雜傳是作者「因其志尚，率爾而作」，不能視爲「正史」的史學作品，但推其本原，也屬史學的一個旁支。

別傳，在東漢末年出現，魏晉時期形成。雖然《隋書・經籍志》中「雜傳類」只著錄了六種別傳，但在《三國志》裴松之注、《世說新語》劉孝標注，以及《北堂書鈔》、《太平御覽》、《藝文類聚》、《文選》等類書之注裡引用了各式別傳達二〇五種之多，可見別傳爲當時史傳的重要支流之一。

三、別傳興盛的原因

別傳的形式與風格，在東漢時期已經確立，其產生與成熟，和當時社會環境有密切關係。

（一）史學發展與中正品狀

個人的價值觀轉變和史學的發展，對於人物傳記的產生有深遠的影響。商代人們崇信鬼神，周代出現「敬天保民」的思想，春秋戰國到西漢，人的作用愈來愈重要，僅靠編年列事的史體已經不能滿足時代的需求，於是出現第一部紀傳體史書——《史記》。東漢時期社會文化又有重大的發展，班固撰寫《漢書》被人告發，漢明帝並沒有阻止他，而是以嘉賞的態度令其繼續撰寫。東漢當代撰寫的《東觀漢紀》從漢明帝開始，一直貫穿整個東漢時期，很多史家集於一起，奉旨創作，成爲我國第一部官修的當代史書。史書類別增多後，紀傳體史書之外，編年體和各種雜史、人物雜傳、故事、職官等，都已出現。東漢時期史學著作已呈現繁榮景象，這些也都是以人物爲中心的，體現著人的價值和意義，其中，人物別傳也就是在這個環境中產生並成熟。

東漢時期的別傳，傳主大多是當時的名士，如張純、孔融、彌衡等；黨錮名士李固、郭林宗等；也有方士等等。別傳的內容詳細記載這些名士的言行舉止、社會活動，如對名節的追求、聚會、清談、交遊等。以〈鍾離意別傳〉爲例，主要圍繞著鍾離意爲官清政廉明、愛民如子；〈郭林宗別傳〉記述了他幼時家貧，貨賤遊學等事，對郭林宗成名之後的交遊及人倫識鑑記載詳細。人倫識鑑部分，寫其對於孟德公、茅容、叔優、季道、孟敏、賈淑等人的品題，不厭其詳。且東漢時，在上位者以名立教，提倡名節，察舉選官必采名譽，「故可以得名者，必全力以赴，好爲苟難，

遂成風俗」〔註6〕。在這種風氣的推波助瀾之下，出現了一批名節馳騁的名士，各具風采、各顯風流，爲東漢社會增添斑斕的色彩。且隨著士大夫們對於名譽的追求，人物評論盛極一時，鄉舉里選有新的發展，許多的名士以鑑識獎拔人物出名，如「天下言拔士者咸稱許郭」〔註7〕。士人一經名士品題，身價倍增，前程似錦。人物品論進一步推動人們對於名譽的追求，造就了更多的名士。「學而優則仕」，士人獲得名譽之後本是爲了入仕，但在東漢後期，名聲具有獨立的價值，不再是單純入仕的手段。或揚名養譽、或悠悠林泉、或以人倫識鑑爲高、或以行爲放誕爲異，鄭玄注《禮記・月令》曰：「名士，不仕者。」又「聘名士」下，孔《疏》引蔡邕言曰：「名士者，謂其德行貞絕，道術通明，王者得臣而隱居不在位也。」藉以說明名士別於一般的士大夫。名士風采成爲眾人仰慕和仿效的對象後，葛洪《抱朴子》外篇〈正郭〉引諸葛元遜言曰：「林宗隱不修遁，出不逢時，實欲揚名養譽而已。……後進慕聲者未能考之於聖王之典，論之於先賢之行，徒惑華名，咸竟准的。學之者如不及，謗之者則盈耳。」在東漢以名立教、褒獎名節這樣多種因素及社會背景中，出現專門記述名士言行及相關社會現象的別傳。

有歷史的紀錄，就不免有史家的評價，承襲儒家價值體系演化而來的「太史公曰」，或是班固《漢書・古今人表》，都是司馬遷與班固對於歷史人物的評價。〈古今人表〉將歷史人物自聖人、仁人、智人到愚人，分爲上上、上中、上下、中上、中中、中下、下上、下中、下下九等。這種分類方式，依據的是《論語・季氏》：「生而知之，上也；學而知之，次也；困而學之，又其次也；困而不學，民斯爲下矣」的標準，分成「可與爲善，不可爲惡」的上智，「可與爲善，可與爲惡」的中人，以及「可以爲惡，不可與爲善」的下愚。立〈古今人表〉的目的，是爲了「顯善昭惡」，因此「篇章博舉，通於上下，略差名號，九品之敘」〔註8〕。所謂「通於上下」正是《漢書》意旨所在，突破上下時間的限制，將古往今來的歷史人物納入九等之內，進而加以評論。再以此評論爲基礎，作爲《漢書》選擇當代歷史人物敘事的標準。所以，〈古今人表〉可以當作《漢書》凡例，相當於《史記》列傳之首的〈伯夷列傳〉。二者不同之處在於司馬遷選擇消極的儒者，班固選擇積極的儒家作爲歷史人物評價的標準，成爲以後正史論贊的標準版型，此乃《文選》將班固論贊置於〈史論〉篇之首的原因。

將不同性格與類型的歷史人物置於九等框架之中，並以儒家思想標準加以評

〔註6〕趙翼《廿二史札記》卷五。
〔註7〕《後漢書・許紹傳》。
〔註8〕班固在〈敘傳〉也有「旁貫五經，上下洽通」之說。

論，也有不妥與不盡客觀之處。故范曄批評班固是「既任情無例，不可作甲乙辨，後贊於理近無得」。事實上從東漢末年開始，歷史人物傳記的類型已有擴大的現象，魚豢的《魏略》是記載東漢末年較爲詳盡的一部史籍，雖然早已散佚，但從各家轉引的殘篇中，可以發現它有〈儒宗〉、〈純固〉、〈清介〉、〈勇俠〉、〈苛吏〉、〈游說〉、〈妄倖〉、〈止足〉等類傳，加上東晉王隱《晉書》又有〈處士〉、〈才士〉、〈寒雋〉、〈鬼神〉等類傳。這些類傳的出現，象徵魏晉史家已經漸漸突破《漢書》單純以儒家道德規範評論人物的藩籬，更自由地從各方面評價歷史人物。而別傳的出現，也是建立在這個轉變的基礎上。

　　構成曹魏時期建立九品官人之法的品狀，不但爲魏晉時期別傳提供豐富的資料來源，也對別傳的寫作與評論方式產生影響。「品狀」淵源於兩漢地方察舉制度的「行狀」，是吏部選用官吏時，依據中正所提供有關被選者的個人資料。內容詳細記載了個人的才能、父祖的官爵及族望。並且由大小中正加以評狀，然後以黃紙寫定，連同相關的資料都存放在吏部，以備政府選舉與用人時參考。〔註9〕兩晉時期，世家子弟多由職閒廩重的秘書郎或著作佐郎開始起家。著作佐郎所掌是有關於史料蒐集的工作，不論在職時間長短，到職之時，都必須撰寫名臣傳一篇。〔註10〕名臣傳內容的來源就是中正品狀所提供的資料，因此吏部儲存的大批資料，也成爲魏晉時期別傳的重要來源。

（二）個人意識的提升

　　魏晉時期的別傳，是一種以個人爲單位的傳記，流行於東漢末年至東晉末年的兩百年間。面對魏晉時期的風雲變幻、變革急遽，爲社會上的人物提供了廣闊豐富的舞台，也爲時人和後人採擷這個時期人物的異行趣事提供了有利的條件。加上這兩百年不僅是中國歷史與文化的變動時期，也是中國史學脫離經學而獨立發展的關鍵時期，人們不在滿足於以往官修傳記那樣單調、刻板的記事方式，因此別傳應運而出。然而遺憾的是，和魏晉南北朝時期其他樣式的傳記作品一樣，此一時期的人物別傳多已散佚，目前只能從《三國志》、《後漢書》、《世說新語》、《水經注》、《文選》等注引中見到片斷；合計上述諸書，加上《北堂書鈔》、《藝文類聚》、《太平御覽》等類書所引錄的別傳作品，可達百種以上。

　　除了九品中正之外，劉邵的《人物志》歸結了漢末以來人物品評鑒識的風氣，

〔註9〕據《南史》卷五十九〈王僧儒傳〉所記，晉籍在户曹前廂，有東西二庫，即存放品
　　　　狀之處。
〔註10〕《史通》卷九〈覈才〉篇。

對於人物的觀察分析，提出系統的研究。在序文中言及孔子序門人以為四種，論眾才以辨三等：首列有中庸至德的聖人，然後是以德為目的兼才，次為偏至之才，這是他所謂的三度；除此之外，還有抗者過之，拘者不逮的狂狷之人等等。這種分類方式，雖然採用儒家觀點，可是在基本上卻忽略儒家為善去惡的倫理道德觀念，而是以當時流行的崇名核實的思想為基礎，因此分析劉劭的《人物志》時，必須要突破班固《漢書‧古今人表》的框限，根據當時流行的思想與現實政治的實際需要，鑄造新的人格標準。這與東漢末年儒家思想衰退，士人追求個人個性有相當的關係。

《世說新語》中三十六種個性類型，正是魏晉時期思想轉變過程裡，儒家道德規範鬆解，新的價值觀念形成的階段。劉孝標一千一百多條的補注中，引用了大量的魏晉別傳資料，前後出現的人物也多達六百四十一人。《世說新語》記載機智的論辨、生活的情調、藝術的情趣、感情的奔放，都說明了個人意識逐漸抬頭。其中像阮籍、嵇康就是代表人物，他們攻擊禮法，批評儒家對個人個性的約束，提倡「越名教而任自然」〔註11〕。從嵇康與山濤絕交書中，提出的「七不堪」與「二不可」〔註12〕中，就是個性發揮的極致表現。這樣的轉變結合漢末以來知識份子自我意識的醒覺，使得個人個性獲得徹底的解放與發展。也因為這些新性格類型的出現，人物的評價也有了新標準，這對於魏晉時期人物別傳，提供了新的材料選擇。

（三）東漢末年的畫讚與碑文

《續漢書‧郡國志》注引應劭《漢官儀》：

> 郡府聽事壁諸尹畫贊，肇自建武，訖于陽嘉，注其清濁進退，所謂不隱過，不虛譽，甚得述事之實。

應劭的父親擔任司隸校尉時，曾下令諸官府與郡國，各上前人像讚，應劭將這些像讚連綴起來成為狀，其目的是為了「存乎鑒者」，而其所記載「甚得述事之實」，已具備個人傳記的條件。魏晉以後，個人畫像盛行，像讚也因而特別發達，顧愷之所畫的古代聖賢像皆有讚，這些畫讚沒有脫離儒家勸誡的目的。而魏晉時期人物的像讚，如《隋書‧經籍志‧史部‧雜傳類》中有《會稽先賢像讚》五卷，未著撰人。又《東陽堂像讚》一卷，題為晉南平太守留叔先撰，已被視為人物傳記的一種。

東漢桓靈之後，「碑」從助葬的器物演變成辨識死者身分的器物，刊刻碑文的風氣也漸漸盛行，在酈道元的《水經注》中，引用這類材料有百種之多，同時將撰寫者的姓名也刊於碑表之上。當時有許多碑文出於大家之手，如孔融、蔡邕等都是當

〔註11〕嵇康〈養生論〉。
〔註12〕見《文選》卷四十三〈嵇叔夜與山巨源絕交書〉。

時的文章大家，《後漢書·孔融傳》卷七十記：「所著詩、頌、碑文、論議、方言、策文、表、檄、教令、書記凡二十五篇」；又如《後漢書·蔡邕傳》卷六十中，稱其所著詩賦銘誄畫記，凡四百餘篇；其他如《蔡中郎集》有〈司空文烈侯揚公碑〉、〈陳太邱碑〉、〈郭有道碑〉等等〔註13〕，可見在其著作中碑銘佔了相當大的份量。《文心雕龍·誄碑篇》有「孔融所創，有摹伯喈」之說，魏晉時期繼承此一傳統，雖然當時一再下令禁斷私碑，如建安十年，曹操以天下彫敝，禁立碑；晉武帝咸寧四年，詔曰：「碑表私美，長虛偽莫甚於此，一禁斷之。」但事實上卻無法完全禁絕，如《晉書》卷五十六〈孫綽傳〉：「于時文士，綽為其冠。溫、王、郗、庾諸公之薨，必須綽為碑文，然後刊石焉。」其中《藝文類聚》卷四十五、四十六、四十七就分別引孫綽的〈丞相王導碑〉、〈太宰郗鑒碑〉、〈太尉庾亮碑〉、〈司空庾冰碑〉等。

碑文寫作方式必須「資乎史才，其序則傳」〔註14〕，這種寫作體裁，雖不免溢美之辭，但不論敘事或取材，都和以個人為單位的別傳性質相似。如陶淵明所寫的〈晉故征西大將軍長史孟府君傳〉，後來直接形成〈孟嘉別傳〉，也是《晉書·孟嘉傳》的主要材料來源；〈晉平西將軍周處碑〉，即是〈周處別傳〉的藍本，這些都是很好的證明。

（四）佛經會譯子注的影響

「會譯子注」之意，是以同本異譯之經典相互參校，將幾種不同說法及來源的材料，分別列於其中一則經文之下，這是魏晉時期佛家僧人所流行的講經、注經形式。湯用彤說：「合列經文，有似會譯，而分列數事，取一經文為母，其他經事數列為子，雖非注疏，……後世之會譯子注，蓋均原出於此。」〔註15〕會譯子注也稱「合本子注」，也就是同源數譯。如支愍度《合維摩詰經序》說：「或辭句出入，先後不同；或有無離合，多少各異。……若偏執一經，則失兼通之功，廣披其三，則文繁難究。」陳寅恪〈支愍度學說考〉解釋云：「子注之名，由於以子從母，即為子注。」釋氏講經，集合一經數種不同譯本，採擇其中一種為主要母本，其餘則為子注。使聽經的眾僧易於領悟。這種由講經逐漸演變為注經的方式，在魏晉時期非常盛行。同時也影響到當時講經與注經的形式，以及史書的注疏，如裴松之「並皆抄內以備

〔註13〕《後漢書·郭泰傳》（卷六十八）：「（蔡邕）謂盧植曰：『吾為碑多矣，皆有慚德，為郭有道，無愧色耳。』」又《文選》卷二十八〈為范始興求太宰碑〉注引〈陳寔別傳〉記：「寔卒，蔡邕為立碑刻銘。」
〔註14〕《文心雕龍·誄碑篇》。
〔註15〕湯用彤：《魏晉南北朝佛教史》第五章〈漢晉講經與注經〉。

異聞」〔註16〕的注疏形式，即援此而來。對於《三國志》體例的補闕與備異，集中在材料的匯集與整理，也包括人物別傳的部分。其後也影響到司馬光纂修《長編》，《長編》的體例爲：「紀、志、傳及雜史、文集，盡檢出一閱，其中事同文異者，則擇一明白詳備者錄之。」及「彼此年月事跡，有違戾不同者，則請選擇其一，證據分明，情理近于得實者，修入正文，餘書注于其下。」與會譯子注有異曲同工之妙，而《長編》的完成，對於《資治通鑑》的撰寫有莫大的助益。

四、別傳與紀傳體史書的區別

紀傳體史書與別傳相較，其區別可從形式、內容及作傳宗旨三方面表現出來，茲說明如下：

（一）形式方面

在紀傳體史書中，紀、傳、表、志渾然一體，構成史書的主體骨架，所謂「紀以包舉人端，傳以委曲細事，表以譜列年爵，志以總括遺漏。」〔註17〕其中傳在全書的意義在於「委曲細事」以釋「繫日月以成歲時，書君上以顯國統」〔註18〕的紀。《史通・列傳》：「蓋紀者，編年也；傳者，列事也。編年者，歷帝王之歲月，猶《春秋》之經；列事者，錄人臣之行狀，猶《春秋》之傳。《春秋》則傳以解經；《史》、《漢》則傳以釋紀。」由此看來，紀傳體史書中的人物傳記除了是以整體形式存在之外，還可以分爲合傳、類傳、附傳等。

別傳則是獨立記述一個人的事蹟，從形式來看，每一篇別傳都是獨立成篇，與其他別傳沒有關係。但仍有特殊情況，如《三國志》中的〈機雲別傳〉是陸機、路雲二兄弟的合傳〔註19〕，〈邵薈別傳〉是王邵、王薈兄弟的合傳〔註20〕。

（二）內容方面

我國史學傳統重視秉筆直書，即要求史家著史講求實事求是、文質相稱。如班固稱讚司馬遷說：

> 然自劉向、揚雄博極群書，皆稱遷有良史之才，服其善序事理，辯而不華，質而不俚，其文直、其事賅，不虛美、不隱惡，故謂之實錄。〔註21〕

〔註16〕〈上三國志注表〉。
〔註17〕劉知幾《史通・二體》。
〔註18〕劉知幾《史通・本紀》。
〔註19〕《三國志》注卷五十八。
〔註20〕《世說新語・雅量》。
〔註21〕《漢書・司馬遷傳》。

劉知幾在《史通・惑經》中更明確指出：「良史以直筆實錄爲貴」，並且在〈採撰〉、〈言語〉、〈敘事〉、〈品藻〉、〈直筆〉、〈曲筆〉等篇論述了史料的採集與鑒別，以爲史料採集宜廣且必須是當代雅言，事無邪僻，才能取信一時，擅名千載；若爲廣載史料而妄加鬼怪神物、詼諧異端、街談巷議之言，則「穢莫大焉」。

　　然從現存的別傳內容與同時期的正史相比，則可發現別傳將趣聞軼事、奇言異行、神怪之事等均納入其中，一般史學家所重視的軍政大事往往疏略或一筆帶過，此爲別傳的特色。以〈東方朔別傳〉與《漢書・東方朔傳》比較爲例，別傳中可見之佚文共計二十餘事，其中僅有三事與正史本傳相同，與本傳相異者二，本傳不見載之事達二十。而這些佚文依其內容可分爲兩大類，一類是機智幽默的辯難〔註22〕，另一類多爲神奇之事。故《漢書・東方朔傳》曰：「世所書他事皆非也。」師古注曰：「謂如東方朔別傳及俗用五行時日之書，皆非時事也。」

（三）作傳宗旨

　　先秦兩漢史學有辨嫌明微，褒善貶惡的思想，所以「孔子成《春秋》，而亂臣賊子懼」〔註23〕。司馬遷作《史記》，繼承了這種思想，班固在論及司馬遷史記體例時，嘗云：「二十八宿環北辰，三十幅共一轂，運行無窮，輔弼股肱之臣配焉，忠信行道以奉主上，作三十世家。扶義淑儻，不會失時，立功名於天下，作七十列傳。」〔註24〕而魏晉時期的別傳內容，只有少數含有彰善懲惡的意思，如〈梁冀別傳〉、〈董卓別傳〉、〈曹瞞別傳〉，大多數的只是記錄不同時期的名士風采、事跡和言語，並不含有什麼特殊意旨，正是所謂「因其志尚，率爾而作」〔註25〕。

　　如《三國志》裴松之注中引用不少別傳資料。其在〈上三國志注表〉中，提到他作注的宗旨與原因，可歸納爲四方面：其一「補缺」，即「壽所不載，事宜存錄者，則罔不畢取以補其闕」。如〈郭淮傳〉中，寫郭淮進封陽曲侯時，只記載了「邑凡二千七百八十戶，分三百戶，封一子亭侯」寥寥數字，內容簡潔平淡，但裴注引了《世語》，補充了一段動人的故事：

> 淮妻，王凌之妹。凌誅，妹當從坐，御史往收。督將及羌、胡渠帥數
> 千人叩頭請淮表留妻，淮不從。妻上道，莫不流涕，人人扼腕，欲劫留之。
> 淮五子叩頭流血請淮，淮不忍視，乃命左右追妻。於是追者數千騎，數日

〔註22〕如爲殺上林鹿者機智辯難，使之得以赦免。語見《事類賦注》卷二十三，《藝文類聚》卷二十四，《太平御覽》卷四、五、七。
〔註23〕《孟子・滕文公下》。
〔註24〕《漢書・司馬遷傳》。
〔註25〕《隋書・經籍志》。

而還。淮以書白司馬宣王曰：「五子哀母，不惜其身；若無其母，是無五子；無五子，亦無淮也。今輒追還，若於法未通，當受罪於主者，觀展在近。」書至，宣王亦宥之。〔註26〕

郭淮對於妻子因連坐受罰一事，從一開始不願上表求情，到後來命左右追還妻子，並在上司馬宣王的書信中，展現出母子之情與父子之愛，讀來令人心有戚戚然。

其二「備異」，即「同說一事而辭有乖離，或出事本異疑不能判，並皆抄納以備異聞」。同一事若說法不一，一併收入，以備異聞。如〈呂布傳〉中，寫呂布被殺之景為：

遂生縛布，布曰：「縛太急，小緩之。」太祖曰：「縛虎不得不急也。」布請曰：「明公所患不過於布，今已服矣，天下不足憂。明公將布，令布將騎，則天下不足定也。」太祖有疑色。劉備進曰：「明公不見布之事丁建陽及董太師乎！」太祖頷之。布因指備曰：「是兒最巨信者。」於是縊殺布。

呂布之死究竟死於何人之口，歷來說法不一。陳壽認為是劉備進諫之故，但當時也有其他說法，裴注一併舉出，如引《英雄記》說：

布謂太祖曰：「布待諸將厚也，諸將臨急皆叛布耳。」太祖曰：「卿背妻，愛諸將婦，何以為厚？」布默然。

又引《獻帝春秋》說：

布問太祖：「明公何瘦？」太祖曰：「君何以識孤？」布曰：「昔在洛，會溫氏園。」太祖曰：「然。孤忘之矣。所以瘦，恨不早相得故也。」布曰：「齊桓舍射鉤，使管仲相；今使布竭股肱之力，為公前驅，可乎？」布縛急，謂劉備曰：「玄德，卿為坐客，我為執虜，不能一言以相寬乎？」太祖笑曰：「何不相語，而訴明使君乎？」意欲活之，命使寬縛。主簿王必趨進曰：「布，勁虜也。其眾近在外，不可寬也。」太祖曰：「本欲相緩，主簿復不聽，如之何？」

承上述呂布自然死於曹操之手。但曹操是因自己痛恨而殺之，還是因為聽了劉備或王必的勸諫而殺之，則不得而知。裴注不輕信任何一種說詞，一一加以注出，有利於後世史家考證辯析。

其三「糾謬」，即「紕繆顯然，言不附理，則隨違矯正以懲其妄」。其宗旨在於糾正原文的錯誤。如司馬氏廢齊王芳，〈三少帝記〉中說太后事先知情，司馬師與太

〔註26〕此段引文亦可見於《世說新語·方正》第五劉孝標注引，唯文字略有出入。

后合謀，並借太后之口訴齊王芳荒淫無道，被廢乃大快人心之事。但事實並非如此，裴注引《魏略》加以糾正：

> 景王將廢帝，遣郭芝入白太后，太后與帝對坐。芝謂帝曰：「大將軍欲廢陛下，立彭城王據。」帝乃起去。太后不悅，芝曰：「太后有子不能教，今大將軍意已成，又勒兵於外以備非常，但當順旨，將復何言！」太后曰：「我欲見大將軍，口有所說。」芝曰：「何可見邪？但當速取璽綬。」太后意折，乃遣傍侍御取璽綬著坐側。芝出報景王，景王甚歡。又遣使者授齊王印授，當出就西宮。帝受命，遂載王車，與太后別，垂涕，始從太極殿南出，群臣送者數十人，太尉司馬孚悲不自勝，餘多流涕。王出後，景王又使使者請璽綬。太后曰：「彭城王，我之季叔也，今來立，我當何之！且明皇帝當絕嗣乎？吾以爲高貴鄉公者，文皇帝之長孫，明皇帝之弟子，於禮，小宗有後大宗之義，其詳議也。」景王乃更召群臣，以皇太后令示之，乃定迎高貴鄉公。是時太常已發二日，待璽綬於溫。事定，又請璽綬。太后令曰：「我見高貴鄉公，小時識之，明日我自欲以璽綬手授之。」

此段說明，把司馬師（景王）以武力相威脅，逼迫齊王芳退位，而太后起初不知情，繼而無法力挽狂瀾的這段歷史昭示天下。司馬師害怕太后反對自己廢帝，陳兵宮外，以備非常。太后也擔心司馬師篡奪帝位，三次拒絕將璽綬給司馬師。裴注對傳中各個人物之間的關係交代的非常清楚，也糾正了其中的謬誤之處。

其四爲「評論」，即「時事當否及壽之小失，頗以愚意有所論辨」。裴注以案語形式評論陳壽原文的得失。如〈周瑜傳〉中，寫曹操打敗劉表，準備攻打孫權。孫權手下將士一味懼曹，都勸孫權投降。唯獨周瑜力排眾議，希望與曹操決一雌雄，且馬上請命，帶兵拒曹。但裴注認爲事實並非如此，陳壽考證未詳，故補充道：

> 臣松之以爲建計拒曹公，實始魯肅。於時周瑜使鄱陽，肅勸權呼瑜，瑜使鄱陽還，但與肅暗同，故能共成大勳。本傳直云，權延見群下，問以計策，瑜擺撥眾人之議，獨言抗拒之計，了不云肅先有謀，殆爲攘肅之善也。

裴松之認爲拒曹之計，出於魯肅，周瑜只是應和之人，而陳壽只寫了周瑜的勸辭，未提到魯肅，頗有奪魯肅之功。裴注加以補充說明，有利於後人更眞實、全面瞭解傳主，剖析傳記人物。裴注的廣泛蒐集，彌補了陳壽著文記事簡潔的不足，也使得三國時期的人物形象更具風采。

綜上所述，別傳是魏晉時期流行的一種人物傳記，多爲一人一傳，單獨成篇；且多記載傳主的生活小節、趣聞軼事，甚至於奇言異行。作傳之人「率爾而作」，故

立傳的旨意不一，且傳主多在正史之中有傳，別傳則有自己獨特的特點，與紀傳體正史中人物傳記有所區別，故名別傳。

第二節　別傳產生的時代背景

東漢末年，政局動盪不安，陷入分崩離析之中。因為政治的不穩定，使得經過黨錮之禍及政治鬥爭的知識份子，對於政治的興趣逐漸消滅。尤其東漢滅亡之後，新的權力中心一時無法建立，更增添了士人對於政治的疏離。此時另一個新興的社會力量——世家大族，在政治、社會與文化各方面都扮演著極其重要的角色。出身世家大族之士，因其地位高低非政治所能改變的，故關心家族的興廢程度遠勝於國家的治亂興衰。因此東漢末年至魏晉時期，留下許多世家大族的好尚反應及社會生活的紀錄。造成此種現象的背景原因如下：

一、政治的解構與重組

西元一○五年，東漢和帝駕崩，子劉隆即位，生才百日，鄧后臨朝，與其兄鄧騭掌握朝政，開啟了東漢後期外戚專權的政局。次年劉隆過世，劉祜即位，方十歲，是為安帝。安帝在位十九年，死後閻后臨朝，與其兄閻顯擅權，立劉懿為帝。但劉懿三月即位，十月即為宦官孫程等所殺。孫程又立十一歲的劉保為帝，開始東漢後期宦官專權的政局。此後，外戚宦官便交替專權，直至桓靈之世達於極致。如靈帝呼宦官張讓趙忠為父母，公開賣官鬻爵等。對此有良知的士大夫，自是無法坐視不顧，於是以陳蕃、李膺為首的太學生運動，應運而起。然宦官見此危機，便先發制人，前後捕殺了九百多人，史稱「黨錮之禍」。

東漢末年兩次黨禍，造成士人心理極大的轉變。當時重要的人物，本以忠於朝廷、忠於君主，以名節自高，以維護政權統一為目的，反對外戚和宦官專權擅政。如陳蕃曾上疏桓帝，引《春秋》論災變，言辭懇切，謂：「願察臣前言，不棄愚忠。」〔註27〕可惜終不見察。益以堅拒請託而觸怒當時權傾朝野的大將軍梁冀，因救李膺而得罪宦官，最後和竇武謀誅宦官未成而被殺。「樹立風聲，抗論惛俗，驅馳險阨之中，與刑人腐夫同朝爭衡，終取滅亡之禍。」〔註28〕一心忠於朝廷，卻終至罹禍。故謝承在《後漢書‧陳蕃傳》論及：「陳蕃家貧，不好掃室，客怪之者，或曰：『可一掃乎！』蕃曰：『大丈夫當為國掃除天下，豈徒室中乎！』」其昭昭之心，剴切之

〔註27〕袁山松《後漢書‧桓帝紀》。
〔註28〕《後漢書‧陳蕃傳》後論。

辭如在目前。

另一重要人物李膺，他懲辦奸佞，數被黜免，而無所屈折。直到第二次黨禁禍起，有人勸其逃走，他仍矢志不移，道：「事不辭難，罪不逃刑，臣之節也。」〔註29〕乃詣獄，最終被拷問至死。他們滿腔忠憤，被瀟灑風流之舉榮名於世，因忠以成名，卻也因忠以見害。

范滂也是一位有「澄清天下之志」的黨人〔註30〕。袁山松在《後漢書》記其入獄後，訊問黨人之時，他年少位列於後，卻越位而前，慷慨陳辭：「竊聞仲尼之言，見善如不及，見惡如探湯。欲使善善齊其情，惡惡同其行，謂王政之所思，不悟反以為黨。」范滂此言，忠憤悲壯，足以感動人心。當是時，詔下急捕，督郵抱詔書而泣，縣令解印綬欲與俱亡，後代士人讀此每每感動不已，蘇軾幼年讀范滂傳而誓作孟博，足資證明。

重要黨人事實上都是當時士林的菁英，在社會上有很高的聲望。桓帝延熹九年（西元一六六年）第一次黨錮之禍，收捕李膺等二百餘人下獄，黨人並不因此而為社會所非議，反倒是聲望因而驟起。但士人對於朝廷的疏離加深，把原本對於政權的向心力，轉向了重視自我；把崇拜聖人變為崇拜名士。士人之間，互相標榜，獨立的人格與意識在士人心理的地位逐漸提高。第一次黨禁，李膺下獄之後，遇赦放歸鄉里，居陽城山中，「天下士大夫皆高尚其道，而污穢朝廷」。第二次黨錮之禍，李膺、范滂等百餘人皆死於獄中；被指為黨人，濫入黨中、死徙廢禁者多達六七百人。這一次打擊更甚，卻也更進一步提高了黨人的社會聲望。趙翼《廿二史劄記》卷五對此曾有評論：

> 其時黨人之禍愈酷而名愈高，天下皆以名入黨人中為榮。范滂初出獄歸汝南，南陽士大夫迎之者車千輛。景毅遣子為李膺門徒，而錄牒不及，毅乃慨然曰：「本謂膺賢，遣子師之，豈可因漏名而幸免哉！」遂自表免歸。皇甫規不入黨籍，乃上表言，臣曾薦張奐，是阿黨也。臣昔坐罪，太學生張鳳等上書救臣，是臣為黨人所附也，臣宜坐之。張儉亡命困迫，望門投止，莫不重其名行，破家相容。此亦可見當時風氣矣。

「黨人之禍愈酷而名愈高，天下皆以名入黨人中為榮。」名士的瀟灑風流與慷慨赴義，在當時震撼人心。其影響之大、層面之廣，在此之前少有，這種帶有英雄悲劇的歷史事件，反映出了「士的群體自覺」〔註31〕。換言之，也是一種對於經學束縛、

〔註29〕《後漢書・黨錮列傳・李膺傳》。
〔註30〕司馬彪《續漢書・黨錮傳》。
〔註31〕見余英時〈漢晉之際士之新自覺與新思潮〉，《新亞學報》第四卷第一期。

正統名教的掙脫，一種明顯的疏離表現。

　　對於政權的疏離，另一群士人的出發點與表現方式卻有很大的不同，他們選擇隱居以避禍，如《後漢書・周䁗傳》記載：

> 召覽爲郡將，卑身降禮，致敬於䁗。䁗恥復報之，因杜門自絕。後太守舉孝廉，復以疾去。時梁冀貴盛，被其徵命者，莫敢不應，唯䁗前後三辟，竟不能屈。後舉賢良方正，不應。又公車徵，玄纁備禮，固辭廢疾。常隱處竄身，慕老耽清靜，杜絕人事，巷生荊棘，十有餘歲。至延熹二年，乃開門延賓，游談宴樂，及秋而梁冀誅，年終而䁗卒。

這是採取隱居遠禍以自全的方式，其他尚有姜肱、袁閎、韋著、李懸、魏桓、徐稚、茅容等人。他們與黨人不同之處在於以一種冷眼旁觀的態度對待政權，不若黨人慷慨激昂，從容赴義。雖然同樣選擇遠禍全身，其中許劭與郭林宗，採取的又是另一種方式，他們鑑識人倫、獎拔人才，以獲令譽，之所以不仕，實爲自保自全。《後漢書・許劭傳》記載有人勸他出仕，他回答說：「方今小人道長，王室將亂，吾欲避地淮海，以全老幼。」另外在其別傳中亦記載：

> 汝南中正周裴表稱許劭：「高□遺風，與郭林宗、李元禮、盧子干、陳仲弓齊名，劭特有知人之鑒。自漢中葉以來，其狀人取士，援引扶持，進導招致，則有郭林宗。若其看形色，目童龀、斷冤滯、摘虛名，誠未有如許劭之懿也。」……兄子政常抵掌擊節，自以爲不及遠矣。許幼時謝子微便云：『此賢當持汝南管籥。』樊子昭□□之子，年十五六，爲縣小吏，劭一見便云：『汝南第三士也，此可保之。』後果有令名。〔註32〕

此段引文可以證明許劭的高風亮節與特出的知人之明，與他齊名者還有郭泰（字林宗）等人，郭嘗云：「天下所廢，不可支也。……雖在原陸，猶恐滄海橫流，吾其魚也，況可冒沖風而乘奔波乎！未若巖岫頤神，娛心彭老，優哉游哉，聊以卒歲。」〔註33〕不任仕途也不隱居埋名，他們以自己的風采和識鑑，聳動士林。對此，符融用「海之明珠，未耀其光；鳥之鳳凰，羽儀來翔」來形容郭林宗〔註34〕。《後漢書・郭林宗傳》也稱其：「身長八尺，容貌魁偉，褒衣博帶，周遊郡國」。他游洛陽後返歸故里，衣冠諸儒送至河上，車輛千輛。他與李膺同舟渡河，望者以爲神仙。〔註35〕

〔註32〕見《古小說鈎沈》一書引《劭別傳》、《續談助》四。

〔註33〕見《抱朴子・外篇・正郭篇》。

〔註34〕引自謝承《後漢書・符融傳》。

〔註35〕見《太平御覽》卷三八〇所錄〈郭林宗別傳〉：「林宗遊洛陽，始見河南尹李膺。膺大奇之，遂相友善。於是名震京師。後歸鄉里，衣冠諸儒，送至河上，車數千兩。林宗唯與李膺同舟而濟，眾賓望之，以爲神仙焉。」此事又見於《藝文類聚・舟車

他在鄉里閉門教授，弟子以千數，生前在士林中聲望之高，有類聖人。死後，四方之士來送葬的有千餘人。這些事蹟在其別傳中均有詳盡的紀錄。〔註36〕

另外如司馬徽也是採取寄情酒色，裝聾作啞的態度處世，如〈司馬徽別傳〉中記載：

> 徽字德操，潁川陽翟人。有人倫鑒識，居荊州，知劉表性暗，必害善人，乃括囊不談議，時人有以人物問者，初不辨其高下，每輒言佳。其婦諫曰：「人質所疑，君宜辨論，而一皆言佳，豈人所以咨君之意乎？」徽曰：「如君所言亦復佳。」其婉約遜遁如此。〔註37〕

> 嘗有妄認徽豬者，便推與之，後得其豬，叩頭來還，徽又厚辭謝之。〔註38〕

> 劉表子琮往候徽，遣問再不，會徽自鋤園，琮左右問『司馬君在耶？』徽曰：『我是也。』左右見其醜陋，罵曰：『死傭！將軍諸郎欲求見司馬，汝何等用奴，而自稱是耶？』徽歸，刈頭，著幘出見琮。左右見徽，故是向老翁，恐向琮道之，琮起，叩頭辭謝。徽乃謂曰：『卿真不可，然吾甚羞之，此自鋤園，唯卿知之耳。』有人臨蠶求簇箔者，徽自棄其蠶而與之。或曰：『凡人損己以贍人者，謂彼急我緩也。今彼此正等，何為與人？』徽曰：『人未嘗求，己。求之不與，將慚，何有以財物令人慚者。』人謂劉表曰：『司馬德操奇士也，但未遇耳。』表後見之曰：『世間人為妄語，此直小書生耳。』其智而能愚，皆此類。荊州破，為曹操所得，操欲大用，會其病死。〔註39〕

有「人倫識鑒」是司馬徽的長才，而「婉約遜遁」則是他的處世態度。面對鄉人的冤枉和劉琮的侮辱，他這種見侮不以為辱的修養功夫，正是老莊一派「其行身也徐而不費，無為也而笑巧。人皆求福，己獨曲全」的人生哲學。雖然其妻無法瞭解，但他依然故我，大智若愚，故能保全生命，遠離政治是非之圈。

當然也有一些人原非真名士，只不過借品評以揚名而已。於是出現了結黨分部，互相謗訕之弊。更甚者營己治私，求勢逐利。徐幹論東漢末年此風之弊，甚為真切：

> 君不識是非，臣不辨黑白，取士不由於鄉黨，考行不在於閭閻，多

部·舟》卷七十一。

〔註36〕參見本文附錄頁二一五至二一六。

〔註37〕見《世說新語·言語》劉孝標注引《司馬徽別傳》。

〔註38〕同前註。

〔註39〕同前註。

助者爲賢才，寡助者爲不肖，……民見其如此者，知富貴可以從眾爲也，知名譽可以虛嘩獲也，乃離其父兄，去其邑里，不修道藝，不治德行，講偶時之說，結比周之黨，汲汲皇皇，無日以赴，更相嘆揚，迭爲表裡，檮杌生莘，憔悴布衣，以欺人主，惑宰相，竊選舉，盜榮寵者，不可勝數也。……桓、靈之世，其甚者也。自公卿大夫，州郡牧守，王事不恤，賓客爲務，冠蓋填門，儒服塞道，饑不暇餐，倦不獲已，殷殷沄沄，俾夜作晝。下及小司，列城墨綬，莫不相高以得人〔註40〕，自秩以下士，星言夙駕，送往迎來，亭傳常滿；吏卒傳問，炬火夜行，閭寺不閉；把臂掖腕，扣天矢誓，推托恩好，不較輕重。文書委於官曹，繫囚積於圄圄，而不遑省也。詳察其爲也，非欲憂國恤民，謀道講德也，徒營己治私，求勢追利而已。〔註41〕

士人與政權、儒家正統思想之間的隔閡，已成一個普遍的趨勢。對政權的疏離是共同的，而疏離之後的去向與方式並不相同；如結黨是相同的，而品格情操之高下，用心與手段之優劣，卻大相殊異。政權統一時，儒家的思想與經典爲士大夫的精神支柱，成爲士人彼此之間的凝聚力量，但隨著政權動亂，士大夫之間並未有一個共同的精神支柱出現，故士之群體自覺只剩下結黨這一部份，但從實際情形來看，單就這一點，似乎並不能充分說明處於動盪變化時刻，士人所表現的真實情況。故而人生價值信仰、行爲準則、人際關係、生活方式、思維模式等都在重新尋求衡量，取無定向，人各異趣。

　　魏晉時期，政治混亂，殺戮不止，士人爲保全性命，自然會走上老莊談玄說理、隱名避禍的路上。不論是思想或是生活層面，正處於一個變動不居的時期，這樣的風氣，到了兩晉，更加流行。

二、儒學的衰微與史學文學的轉變

　　漢末，董卓的廢帝，群雄蜂起，東漢告亡。現實政治中君臣之義已紊亂，儒家正統思想便惶惶無棲身之地，始自鄧后臨朝起，此種情形便史不絕書。如《後漢書·儒林傳序》：

　　　　及鄧后稱制，學者頗懈。時樊准、徐防並陳敦學之宜，又言儒職多非其人。於是制詔公卿妙簡其選，三署郎能通經術者，皆得察舉。自安帝覽

〔註40〕原作「相商」，俞樾曰：「相商無義，應作相高。」見其所作《春在堂叢書·讀中論》。俞說是。

〔註41〕見《中論·譴交篇》。

政，薄於藝文，博士倚席不講，朋徒相視怠散，學舍頹敝，鞠為園蔬、牧兒芻豎，至於薪刈其下。順帝感翟酺之言，乃更修黌宇。凡所構造，二百四十房，千八百五十室。試明經下第補弟子，增甲乙之科員各十人，除郡國耆儒皆補郎、舍人。本初元年，梁太后詔曰：「太將軍下至六百石，悉遣子就學，每歲輒於鄉射月一會殤之，以此為常。」自是游學增盛，至三萬餘生。然章句漸疏，而多以浮華相尚，儒者之風蓋衰矣。

主政者希望復興儒學以維護大一統政權，但不管採取何種措施，何種變化，儒學的衰微卻依舊無法挽回。君臣之義既亂，《春秋》大義便無法曲為之說。兩漢儒學以符命說災異，至此亦慢慢失去效力。安帝時，孔長彥擅長章句之學，延光元年（西元一二二年），河西雨大雹，安帝召問長彥，長彥對曰：「此皆陰乘陽之徵也。今貴臣擅權，母后黨盛，陛下宜修盛德，慮此二者。」安帝雖有所感悟，而長彥卻因此受到外戚的憎惡。儒家的正統思想，與現實政治形勢，已經不能相容，故其式微，自是理所當然。

儒家大一統思想既與政治局勢相牴牾，五經與政權之間的關係，就開始不知不覺的變化。干預政權的力量以及權威性慢慢下降，以經學求致用的士人與政權的關係也相應發生變化，從政權維護的角度變成批評者，如《後漢書・黨錮列傳》序說：

> 逮桓、靈之間，主荒政謬，國命委於閹寺，士子羞與為伍。故匹夫抗憤，處士橫議。遂乃激揚名聲，互相題拂，品核公卿，裁量執政，婞直之風，於斯行矣。

曹丕《典論》亦稱：

> 桓、靈之際，閹寺專命於上，布衣橫議於下，干祿者殫貨以奉貴，要名者傾身以事勢，位成乎私門、名定乎橫巷，由是戶異議，人殊論，論無常檢，事無定價，長愛怨、興朋黨。〔註42〕

匹夫抗憤、處士橫議，品核公卿、裁量執政，反映出士人與政權之間的距離。而曹丕所謂「戶異議、人殊論」，更進一步說明這種疏離狀態，進而導致儒學獨尊地位的喪失，思想的重新建構與活躍。

儒家思想失去原有權威，使得原來籠罩其下的其他各家思想、文學與藝術，獲得獨立發展的機會。史學在這個時期，也漸漸開始脫離儒家經學的羈絆，原來附驥在《漢書・藝文志・春秋類》的史書，經過四百年的演變與增加，形成《隋書・經籍志》中獨立的「史部」，這是魏晉史學超越兩漢、睥睨隋唐的重要關鍵。從東漢末

〔註42〕《意林》卷五，四部叢刊本。

年開始，經學本身也開始轉變，在《世說新語・文學》中記載了馬融與鄭玄間師承家法關係的轉變，這種轉變對後來鄭玄遍注群經，不別今古、不守家法有一定的影響。其中「不別今古、不守家法」就是東漢經學解釋轉變的重要關鍵。

余英時先生在唐翼明先生《魏晉清談・序》中說道：

> 我始終認為自漢末到魏晉，士大夫的精神還有其積極的、主動的、創造的新成分，不僅僅是因為在政治上受壓迫和挫折才被動地走上了虛無放誕的道路。我認為這個新成分便是「個體自覺」或「自我發現」。

余英時〈漢晉之際士之新自覺與新思朝〉一文中稱郭林宗與許劭在評論人物時已運用抽象的概念，而非純粹具體的褒貶。而魏晉士人在個人生命的表現上，無論是思想情感、行為模式或人生理想等方面，皆自標風采，不同流俗。而此一知識階層的特質，錢穆先生曾經說過：

> 然於當時三百年學術風尚主要精神所在，則未見有為之抉發者。是毀譽抑揚，是為不得其真也。蓋凡一時代之學術風尚，必有其一種特殊之精神，與他一時代迥然不同者。必明乎此，而後可以推闡其承先啓後之跡，與其功罪得失之所在也。余嘗謂先秦諸子，自孔子至於李斯，三百年學術思想，一言以蔽之，為「平民階級之覺醒」。今魏晉南朝三百年學術思想，亦可以一言以蔽之，曰「個人自我之覺醒」是已。〔註43〕

當時政局動盪，戰亂頻仍，人們對於自身的命運難以把握，因此對生命的珍惜和對人生意義的追尋，便成為文學與哲學中常見的思索與問題。連曹操功業如此彪炳的人物，也慨嘆「對酒當歌，人生幾何。」文學中個人之情的宣洩佔據了道德的訓誡和政治的領域。文學也成為某些規避和厭惡政治的文人的精神棲居之所。於是文學中政治意識與倫理意識的部分淡化了，審美的意識卻覺醒了。文學理論中重眞情、重形式、重個人風格，在此時期迥異於前代。魯迅曾說：「曹丕的一個時代可說是『文學的自覺時代』，或如近代所說是為藝術而藝術的一派。」〔註44〕

魏晉玄學無論在形式或內容上都與兩漢時期思想有顯著的不同。玄學主張「以無為本」、「得意忘言」、「以寡治多」、「無為而治」，使民「無心於欲」、「無心於為」。玄學家特別推崇《老子》、《莊子》、《周易》，稱之為三玄，在本體上，他繼承了老莊思想，在政治理論上則承襲了儒家較多，結合了老子的無為、莊子的虛無、《周易》的玄妙、《論語》的上尊下卑。清談玄學祖尚虛無，以無事為貴，以痛飲為快，「高

〔註43〕見《國學概論》（台北：台灣商務印書館）第六章〈魏晉清談〉，頁一四六至一四七。
〔註44〕魯迅：〈魏晉風度及文章與藥及酒之關係〉，《魯迅全集》第三卷，北京：人民文學出版社，一九八一年。第504頁。

談老莊，說空終日，雖云談道，實長華競。」〔註45〕

魏晉玄學，重言意之辨。而「言意之辨」的方法論，爲文學創作和文學理論開闊了新思路。〔註46〕經學家解釋經典文本，拘泥於字句，解詩則失去詩的韻味；玄學的方法則是體味其精神而不拘於文字。如《世說新語・輕詆》中劉孝標注引〈支遁傳〉說：

> 遁每標舉會宗，而不留心象喻，解釋章句，或有所漏，文字之徒，多以爲疑。謝安石聞而善之曰：「此九方皋之相馬也，略其玄黃，而取其雋逸。〔註47〕

對於文字之徒及守文者，即指恪守經學傳統的書生，言意之辨是其無法理解與掌握的。陶淵明自稱「好讀書，不求甚解」〔註48〕，指得就是不纏繞在字句之上，不鑽牛角尖。除了陶淵明，當時還有其他記載「不求甚解」的解釋。如《晉書・阮籍傳》說他「讀書不甚研求，而默識其要。」顏延之《五君詠・向秀》：「探道好淵玄，觀書鄙章句。」可見不拘泥於字辭章句之上，並非一二人之風氣，而是一個時代的風氣。明人楊愼《丹鉛雜錄》說：「《晉書》云陶淵明讀書不求甚解，此語俗世所見，後世不曉也。於思其故，自兩漢以來，訓詁甚行，說五千之文，至於二三萬言。陶心知厭之，故超然眞見，獨契古初，而晚廢訓詁，俗士不達，便謂其不求甚解矣。」可知「不求甚解」毫無貶意，而是很高的境界。陸機和劉勰都認眞思考過文學創作中語言表達的問題，提出「意不稱物，文不逮意」，「言所不追，筆固知止」之說，已不僅僅是停留在修辭層面上，進而探究其哲學藝術的成就。

文學思想的轉變，是從士人心態的轉變開始的。建安時期，從重功利轉到非功利，中國士人從春秋戰國時期百家爭鳴的活躍思想，到定儒術於一尊，皓首窮經，傾注畢生精力於法古崇盛解經，嚴守成說〔註49〕。再從儒家經典的禁錮束縛解脫出來，擺脫經學的束縛，正統思想也開始動搖。原來在儒家道德規範約束之下的個人，個性和感情都獲得解放的機會。並且在玄學思想的影響之下，揚棄儒家繁瑣、古板、矯揉做作的禮俗，尋求個人心靈上自由自在的樂趣。於是率性而行、回歸自然、任

〔註45〕《晉書》卷七十七〈殷浩傳〉。

〔註46〕參考湯用彤〈言意之辨〉，《湯用彤學術論文集》。文中說：「言意之辨，……實爲玄學家所發現之新眼光新方法」。「玄學統系之建立，有賴於言意之辨」。

〔註47〕《高僧傳》中有一段記載與此大同小異：「每至講肆，善標宗會，而章句或有所遺，時爲守文者所陋。」

〔註48〕見楊勇撰：《陶淵明集校箋》（台北：正文書局，一九八七年），卷六，〈五柳先生傳〉並贊，頁二八七。

〔註49〕從春秋戰國到漢代，以建立正統觀念爲核心，建立天君臣民嚴格的等級，如《漢書・王襃傳》所云：「《記》曰：共惟《春秋》法五始之要，在乎審己正統而已。」

真自得，讓受到傳統壓抑的個人個性和感情，同時獲得解放，出現儒家道德規範以外的個性新類型。這種新類型，影響了當時史學家評論人物的標準，由於這種新標準，開關了魏晉時期以人物爲主的別傳寫作。其中《世說新語》就是一個很好的例子。《世說新語》所敘述的人物時代，從二世紀晚期東漢末年到四世紀末的晉宋之際，這兩百年正處於中國歷史上變動最大的時代，也是魏晉史學轉變的時期。《世說新語》中所出現的六百多個人物，就分佈在這段時期；所記載的論辨機智、生活情趣也都說明了這段時期個人意識的醒覺。

三、九品中正制的盛衰

秦漢以來，伴隨中央地方官僚體制的發展，考課與監察制度逐漸完備，對象是從中央到地方的各級官吏〔註50〕。因此這兩項制度直接涉及吏治好壞與社會治亂。東漢末年，所實行的州郡察舉孝廉的選舉考課制度，因名實難符，逐漸廢弛。三國時，吳國孫權曾經實行過考課制，在《三國志·吳書·陸凱傳》中記載陸凱上疏孫皓曰：

> 先帝時，居官者咸久於其位，然後考績黜陟。今州縣職司，或蒞政無
>
> 幾，便徵召遷轉，迎新送舊，紛紜道路，傷財害民，於是爲甚。

可惜的是，孫權如何實行考課現已無法得知，且至孫皓之後完全蕩然無存了。同樣的情形在蜀國，諸葛亮亦曾「考微勞，甄壯烈」〔註51〕，然而詳情如何不得而知。曹魏統治時期雖然吏治較爲良好，卻沒有建立正式考課制度，久而久之，漸漸暴露弊端，關於此點可從建安末年劉廙所上之表〔註52〕中得見，考課問題便一再被提至朝廷議事中討論，明帝景初元年（西元二三七年），吏部尚書盧毓提出：「古者敷奏以言，明試以功。今考績之法廢，而以毀譽相進退，故眞偽渾雜，虛實相蒙。」〔註53〕後散騎常侍劉劭受詔作《都官考課七十二條》，然該書一出，議者紛紜，散騎郎杜恕極表贊成，認爲應該同時制定州郡考課之法，他說：「使具爲課州郡之法，法具施行，立必信之賞，施必行之罰。」〔註54〕而司隸校尉崔林則反對說：「萬目不張舉其綱，眾毛不整振其領。……若大臣能任其職，式是百辟，則孰敢不肅，烏在考課哉！」〔註55〕司空椽傅嘏也反對說：「夫建官均職，清理民物，所以立本也，循

〔註50〕《漢書·百官公卿表》注引《漢官典職儀》。
〔註51〕《資治通鑑》卷七十一魏明帝太和二年。
〔註52〕見本論文第六章第一節第二部分，頁一三六。
〔註53〕《三國志·魏書·盧毓傳》。
〔註54〕《三國志·魏書·杜畿傳子恕附傳》。
〔註55〕《資治通鑑》卷七十三魏明帝景初元年。

名考實，糾勵成規，所以治末也。本綱未舉而造制未呈，國略不崇而考課是先，懼不足以料賢愚之分，精幽明之理也。」〔註56〕可惜的是關於這次建立考課制度的議論久議不決，最後因「會明帝崩，不施行」〔註57〕，議論持續了將近三年，終於不了了之。

實際上當時官吏黜陟繫於中正，中正品第的對象包括本州郡的現職官吏，這些官吏散佈於中央各部門和全國各地，然中正能對其有多少了解與認識，值得懷疑。當時中護軍夏侯玄對此評論道：

> 台閣臨下，考功校否，眾職之屬，各有官長，旦夕相考，莫究於此。閭閻之議，以意裁處，而使匠宰失位，眾人驅駭，欲風俗清靜，其可得乎？……苟開之有路，而患其飾真離本，雖復嚴責中正，督以刑罰，猶無益也。豈若使各帥其分，官長則各以其屬能否獻之台閣，台閣則據官長能否之第，參以鄉閭德行之次，擬其倫比，勿使偏頗。中正則唯考其行跡，別其高下，審定輩類，勿使升降。〔註58〕

依夏侯玄之意，理想的情況是諸司長官考課屬下，分為等第，上報尚書台，尚書台根據諸司長官的考課，參照中正的品第，對各級官吏實行黜陟。然實際狀況卻不然，中正侵奪諸司長官的考課權，也侵奪尚書台的黜陟權，中正以主觀品第官吏，造成官吏必須走後門巴結奉承中正。對此情形，錢穆先生有言：

> 中正評語，連做官人未做官人通體要評，而吏部憑此升黜，如是則官吏升降，其權操之中正，而不操之於本官之上司。這是把考課銓敘與選舉混淆了。於是做官的必各務奔競，襲取社會名譽，卻不管自己本官職務與實際工作，而其上司也無法奈何他。〔註59〕

此段論述，當是針對夏侯玄之議所發。魏晉中正的輩目〔註60〕，及門閥社會人物評論的齊名〔註61〕形式，都淵源於東漢士人的齊名類比。因為東漢士人共同對抗宦豎，

〔註56〕《三國志・魏書・傅嘏傳》。
〔註57〕明帝駕崩於景初三年，西元239年。
〔註58〕《三國志・魏書・夏侯尚傳子玄附傳》。
〔註59〕詳見錢穆先生撰：《中國歷代政治得失》（台北：東大圖書公司，1977年）：頁53。
〔註60〕《太平御覽》卷二六五引傅子：「魏司空陳群，始立九品之例，評次人才之高下，各為『輩目』，州置都以總其議。」所謂「輩目」，即是在定品之前，由中正選擇同類的人物相互比較，然後決定品狀。以程序言，輩在狀之前，但二者關係卻是互為表裡，亦即品狀之中已包括輩目，而輩目對於人才的較量又決定品的高下。
〔註61〕「齊名」可以說是與輩目同一形式的另一種名稱。是當時門閥社會內部的類比，如同一家族中的人物，或二個同等家族之間的比較。

因而有三君、八俊、八廚等的人物類比品評形式〔註62〕，在本質上，仍然是以兩漢地方選舉的鄉里評議為基礎，在根本上就存在地域性的差異，因此一旦原有的關係消失，內部就產生區域性的分化，這種分化情況包含學術及社會層次，但最突出的還是地域性的差異。東漢政權崩解之後，形成群雄割據的局面。魏晉時期士人之中各言其地風土之美、人物之俊，彼此的往復論難都以此為據，也形成魏晉史學裡，出現了以不同地區為主的先賢傳與耆舊傳。又「九品官人法」建立最初的目的在於抑制世家大族，但後來的發展卻反而變成為世族服務，支持世家大族門楣不墜的重要支柱。其中「輩目」與「齊名」的類比人物〔註63〕評論方法，不僅是魏晉時期雜傳的資料來源，對雜傳中的郡書、家史、類傳、別傳也有啟發作用。

　　除了九品中正之外，劉劭的《人物志》歸結了漢末以來人物品評鑒識的風氣，對於人物的觀察分析，提出系統的研究。在序文中言及孔子序門人以為四種，論眾才以辨三等：首列有中庸至德的聖人，然後是以德為目的兼才，次為偏至之才，這是他所謂的三度。除此之外，還有抗者過之，拘者不逮的狂狷之人等等。這種分類方式，雖然採用儒家觀點，可是在基本上卻忽略儒家為善為惡的倫理道德觀念，而是以當時流行的崇名核實的思想為基礎。因此分析劉劭的《人物志》時，必須要突破班固《漢書‧古今人表》的框限，根據當時流行的思想與現實政治的需要，重新鑄造新的人格標準。這與東漢末年儒家思想衰退，士人追求個性亦有密切的關係。

四、人物品藻之風盛行

　　《世說新語‧政事》劉孝標注引〈泰別傳〉記載：

> 泰字林宗，有人倫鑑識，題品海內人士，或在幼童，或在里肆，後皆
> 成英彥，六十餘人。自著書一卷，論取士之本，未行，遭亂亡失。

這條別傳材料非常重要。據此，知道郭林宗著有一部關於品藻人物、選擇人才的專門著作，只是尚未流傳便遇戰亂亡失了。除了郭泰的著作，在《後漢書》卷六十八〈許劭傳〉也紀錄：「天下言拔上者，咸稱許、郭。」許劭與郭林宗為東漢時期品題人物的名家，在品評、識鑒人物方面，對當時及後世都有深遠的影響。《晉書》卷七十四〈桓彝傳〉稱其「性通朗，早獲盛名。有人倫識鑒，拔才取士，或出於無聞，或得之孩抱，時人方之許、郭。」可見許劭及郭林宗二人在當時的影響力。分述如下：

〔註62〕《後漢書》卷六十七〈黨錮傳‧序〉。
〔註63〕類比的範圍或以一個家族與婚姻集團，或是兩個以上同等門閥社會家族中的個人。

（一）許劭之人物品評

許劭字子將，汝南平輿人。「少峻名節，好人倫，多所賞識。若樊子昭、和陽士者，並顯名於世」〔註64〕所謂「好人倫」，即喜好人物識鑒與品評。許劭品鑒的人物數量眾多，且創立了「月旦評」的品藻形式〔註65〕。「月旦評」在品鑒人物的歷史上具有重要指標，方式改為每月更換題目評論人物，形成有組織的品鑒會議。參與者皆可發表意見，避免個人品論的主觀與偏頗。鍾繇對此法評價頗高，他說：

孫權稱臣，斬送關羽。太子書報繇，繇答書曰：「臣同郡故司空荀爽言：『人當道情，愛我者一何可愛！憎我者亦一何可憎！』顧念孫權，了無嫵媚。」太子又書曰：「得報，知喜南方。……若權復點，當折以汝南許劭月旦之評。權優遊二國，俯仰荀、許，亦已足矣。〔註66〕

對於月旦評，有識之士仍然重視。正因為許劭擅長於鑒別人物，朝野士人爭相交攀，因為一經許劭品題，便可見重於世人。如：

曹操微時，常卑辭厚禮，求為己目。劭鄙其人而不肯對，操乃伺隙脅劭，劭不得已，曰：「君清平之奸賊，亂世之英雄。」操大悅而去。〔註67〕

（橋）玄謂太祖曰：「君未有名，可交許子將。」太祖乃造子將，子將納焉，由是知名。〔註68〕

此文下裴松之注又引孫盛《異同雜語》：

（曹操）嘗問許子將：「我何如人？」子將不答。固問之，子將曰：「子治世之能臣，亂世之奸雄。」太祖大笑。

「英雄」是漢晉之間人物品藻的一個名目，許劭經不起曹操的威脅，評為「英雄」，自然令曹操心喜不已，足見其名望之高。

評鑑謝子微：

召陵謝子微，高才遠識，見劭年十八時，乃嘆息曰：「此則希世出眾之偉人也。」劭始發明樊子昭於鬻幘之肆，出虞永賢於牧豎，召李淑才鄉閭之間，擢郭子瑜鞍馬之吏，援楊孝祖，舉和陽士，茲六賢者，皆當世之令懿也。其餘中流之士，或舉之於淹滯，或顯之於童齒，莫不賴劭顧嘆之榮。凡所拔育，顯成令德者，不可殫記。其探摘偽行，抑損虛名，則周之

〔註64〕《後漢書》卷六十八〈許劭傳〉。

〔註65〕《後漢書》卷六十八〈許劭傳〉：「初，劭與靖俱有高名，好共核論鄉黨人物，每月輒更其品題，故汝南俗有『月旦評』焉。」

〔註66〕《三國志》卷十三〈鍾繇傳〉裴松之注引《魏略》。

〔註67〕《三國志》卷一〈魏武帝紀〉。

〔註68〕《三國志》卷一〈魏武帝紀〉裴松之注引《世語》。

單襄，無以尚也。〔註69〕

許劭品鑒人物內外兼顧，既發掘其內在精神，也注重其外在的儀態。

關於「月旦評」，《晉書》卷六十二〈祖逖傳〉附〈祖納傳〉對此有所討論：

> 納嘗問梅陶曰：「君鄉里立月旦評，何如？」陶曰：「善褒惡貶，則佳法也。」納曰：「未益。」時王隱在坐，因曰：「尚書稱『三載考績，三考黜陟幽明』，何得一月便行褒貶！」陶曰：「此官法也。月旦，私法也。」隱曰：「易稱『積善之家必有餘慶，積不善之家必有餘殃』，稱家者豈不是官？必須積久，善惡乃著，公私何異！古人有言，貞良而亡，先人之殃；酷烈而存，先人之勛。累世乃著，豈但一月！若必月旦，則顏回食埃，不免貪污；盜蹠引少，則為清廉。朝種暮獲，善惡未定矣。」

祖納認為一個人的善惡短長，必須經過長時間觀察才能充分揭示出來，而「月旦」之品人，僅限於一個月的時間，難以做出準確的判斷，因此月旦評的品鑒人物方式，不可完全相信。祖納的看法有其道理，但月旦評在當時是一種及時且迅速的人物評論活動，其價值仍不可抹煞。除祖納外，葛洪對於「月旦評」的評價也是趨向負面，視其為「弊俗」，他說：

> 漢末俗弊，朋黨分部。許子將之徒，以口舌取戒，爭訟論議，門宗成讎，故汝南人士無復定價，而有月旦之評，魏武帝深亦疾之，欲取其首，爾乃奔波亡走，殆至屠滅。〔註70〕

葛洪認為月旦評是一種結黨營私，後漢時期黨人的形成與此關係密切。其後果導致「朋黨分部」，士人不團結。〔註71〕朋黨的組成與分裂，其背景與原因眾多，葛洪的看法只能當成是其中的一項，不可視之為全部。

（二）郭林宗之人物品鑒

葛洪《抱朴子》外篇有〈正郭〉一文專論郭林宗。案《後漢書》卷六八〈郭林宗傳〉：

> 郭泰字林宗，太原界休人也。家世貧賤。早孤，母欲使給事縣廷。林宗曰：「大丈夫焉能處斗筲之役乎？」遂辭。就成皋屈伯彥學，三學業畢，

〔註69〕《三國志》卷二十三〈和洽傳〉，裴注引《汝南先賢傳》。
〔註70〕《抱朴子》外篇〈自敘〉。
〔註71〕《後漢書‧黨錮列傳》：「初，桓帝為蠡吾侯，受學於甘陵周福，及即帝位，擢福為尚書。時同郡河南尹房植有名當朝，鄉人為之謠曰：『天下規矩房伯武，因師獲印周仲進。』二家賓客，互相譏揣，遂各樹朋徒，漸成尤隙，由是甘陵有南北部，黨人之議，自此始矣。」

博通墳籍。……性明知人，好獎訓士類。

本傳又說：「其獎拔士人，皆知所鑒。」他所甄拔的人物有左原、茅容、孟敏、庾乘、宋果、賈淑、史叔賓、黃允、謝甄和王柔等等。「又識張孝仲當牧之中，知范特祖郵置之役，召公子、許偉康并出屠酤，司馬子威拔自卒伍，及同郡郭長信、王長文、韓文布、李子政、曹子元、定襄周康子、西河王季然、雲中丘季智、郝禮眞等六十人，并以成名。」郭林宗評論人物有幾個特點：

其一，善於發現人物的獨特之處。如《後漢書·孟敏傳》所附：

　　孟敏字叔達，鉅鹿楊氏人也。客居太原。荷甑墮地，不顧而去。林宗見而問其意。對曰：「甑以破矣，視之何益？」林宗以此異之，因勸令游學。十年知名，三公俱辟，並不屈云。

此事亦記載於劉孝標注《世說新語·黜免》第二十八中〈郭林宗別傳〉條，唯文字上略有不同〔註72〕，然意思相同，可相互佐證。又《後漢書》卷七十六《循吏列傳·仇覽》記載：

　　覽入太學。時諸生同郡符融有高名，與覽比宇，賓客盈室。覽常自守，不與融言。融觀其容止，心獨奇之，乃謂曰：「與先生同郡壤，鄰房牖。今京師英雄四集，志士交結之秋，雖務經學，守之何固？」覽乃正色曰：「天子修設太學，豈但使人游談其中！」高揖而去，不復與言。後融以告郭林宗，林宗因與融貲就房謁之，遂請留宿。林宗嗟嘆，下床爲拜。

孟敏及仇覽都是特立獨行之士，爲郭林宗所敬重。除了正面的評鑑，郭氏也有異於常人的敏銳觀察，見微知著，如評論謝甄、邊讓及史叔賓三人云：

　　謝甄字子微，汝南召陵人也。與陳留邊讓并善談論，具有盛名。每共候林宗，未嘗不連日達夜。林宗謂門人曰：「二子英才有餘，而并不入道，惜乎！」甄后不拘細行，爲時所毀。讓以輕侮曹操，操殺之。〔註73〕

又：

　　史叔賓者，陳留人也。少有盛名。林宗見而告人曰：「牆高基下，雖得必失。」後果以論議阿旺敗名云。〔註74〕

郭林宗不因謝甄、邊讓及史叔賓三人盛名所惑，有著與世俗迥異的獨特看法，後來

〔註72〕郭林宗別傳曰：「鉅鹿孟敏字叔達，敦樸質直，客居太原，雜處凡俗，未有所名。嘗至市買甑，荷儋墮地壞之，徑去不顧。適遇林宗，見而異之，因問曰：『壞甑可惜，何以不顧？』客曰：『甑既已破，視之何益？』林宗賞其介決，因以知其德性，謂必美士，勸令讀書，遊學十年遂知名，三府並辟不就，東夏以爲美賢。」

〔註73〕見《後漢書》本傳附〈謝甄傳〉。

〔註74〕見《後漢書》本傳附〈史叔賓傳〉。

均被證實，可見他善於觀察品鑒人物的本質。

其二，崇尚內在精神與道德情操。如《後漢書‧茅容傳》所載：

> 茅容字季偉，陳留人也。年四十餘，耕於野，時與等輩避雨樹下，眾
> 皆夷踞相對，容獨危坐愈恭。林宗行見之而奇其異，遂與共言，因請寓宿。
> 旦日，容殺雞為饌，林宗謂為己設，既而以供其母，自以草蔬與容同飯。
> 林宗起拜之曰：「卿賢乎哉！」因勸令學，卒以成德。

從茅容遇雨避之樹下依然正襟危坐，與眾人夷踞相對，形成強烈對比，愈發可見茅
容謹慎有守的一面。再以茅容為母設饌，自以草蔬為食，益見其孝行。又《後漢
書‧郭林宗》：

> 泰之所名，人品乃定，先言後驗，眾皆服之。故適陳留則友符偉明，
> 游太學則師仇季智，之陳國則親魏德公，入汝南則交黃叔度。初，太始至
> 南州，過袁奉高，不宿而去；從叔度，累日不去。或以問泰。泰曰：「奉
> 高之器，譬之氾濫，雖清而易挹。叔度之器，汪汪若千頃之陂，澄之不清，
> 擾之不濁，不可量也。」已而果然，太以是名聞天下。

此段前半敘述郭泰每到一處，立即拜見高士，言其求賢若渴之急。此事亦見於《太
平御覽》卷四四四所錄〈郭林宗別傳〉[註75]。後半敘林宗對袁奉高、黃叔度二人
洞見深明，評價準確。此事《後漢書集解》卷五十三列傳中〈郭林宗別傳〉亦有記
載[註76]，唯文字略有出入。

由於郭林宗善於品評人物，言不虛發，故馳譽當世，聲望極高。《後漢書‧郭林
宗傳》記載：

> 身長八尺，容貌魁偉，褒衣博帶，周游郡國。嘗於陳梁間行遇雨，巾
> 一角墊，時人乃故折巾一角，以為「林宗巾」。其見慕皆如此。

時人愛屋及烏，連他不經意的服飾裝扮都加以模仿[註77]。不僅如此，他一言九鼎，
具左右朝野的能力。時人得其褒揚，往往令人刮目相看，而某些素有高名之士，一
旦受到郭林宗的批評，便會遭人冷落，可見他對三國時期的人才品藻影響甚巨。

[註75] 其文曰：「郭泰，字林宗。入潁川，則友李元禮；至陳留，則結符偉明；之外黃，則
親韓子助；過蒲亭，則師仇季智也。」

[註76] 郭泰別傳曰：「時林宗過薛恭祖，恭祖問曰：『聞足不見袁奉高，車不停軌，鑾不輟
軛，從叔度乃彌信宿也？』」

[註77] 此事亦見於《藝文類聚‧卷六十七衣冠部‧巾帽》中〈郭林宗別傳〉曰：「林宗常行
陳梁之間。遇雨，故其巾一角霑而折。二國學士著巾，莫不折其角。云作林宗巾，
其見儀則如此。」

第四章　別傳的篇數、作者與人物類型

現存的別傳數量約有二百多種，時代分佈從戰國至東晉時期。所記人物也有將近二百位，人物種類有英雄豪傑、知識分子、文人雅士、佛教僧侶、方技術士與清談之士等等，類型豐富。本章就所輯佚蒐錄之別傳史料，參之以正史、《世說新語》、《太平御覽》、《藝文類聚》、《文選李善注》、《北堂書鈔》、《初學記》、《文心雕龍義證》、《古小說鉤沈》、《續談助》等，從現存的別傳篇數、作者與傳主類型三方面加以論述。

第一節　現存的別傳篇數

《隋書・經籍志》不僅創立了史部，且有十三種分類，共八百一十七部，一萬三千二百六十四卷。〔註1〕在《隋書・經籍志》的史部分類中，「別傳」屬於「雜傳」中的一類。「雜傳」不僅是魏晉時期新出現的史學形式，且作品的數量豐富。據《隋書・經籍志・雜傳》的小序說：

> 操行高潔，不涉於世者，《史記》獨傳夷齊，《漢書》但述楊王孫之傳，其餘皆略而不說。又漢時，阮倉作《列仙圖》，劉向典校經籍，始作〈列仙〉、〈列士〉、〈列女〉之傳，皆因其志尚，率爾而作，不在正史。後漢光武，始詔南陽，撰作風俗，故沛、三輔有者舊節士之序，魯、盧江有名德先賢之讚。郡國之書，由是而作。魏文帝又作《列異》，以序鬼物奇怪之事，嵇康作《高士傳》，以敘聖賢之風。因其事類，相繼而作者甚眾，名目轉廣，而又雜以虛誕怪妄之說。推其本源，蓋亦史官之末事也。載筆之士，刪採其要焉。魯、沛、三輔，序贊並亡，後之作者，亦多零失。今取

〔註1〕《隋書・經籍志》卷三十三。

　　其見存，部而類之，謂之雜傳。〔註2〕

雜傳是作者「因其志尚，率爾而作」的史書，雖不能視爲正史，但推本其源，也是史官之末事。雖然在雜傳類所著錄的史學著作中，屬於別傳的著作不多。但事實上，別傳卻是魏晉時期非常流行的史學寫作形式，而且數量豐富。魏晉以後史書及其它著作的注釋，如《三國志》裴松之注，《世說新語》劉孝標注；和唐宋類書如《太平御覽》、《北堂書鈔》、《初學記》以及《藝文類聚》，都蘊藏豐富的別傳資料。據逯耀東先生所統計結果如下〔註3〕：

書名／人物時代	《三國志》裴注	《世說新語》劉注	《太平御覽》	《北堂書鈔》	《藝文類聚》	《初學記》	合 計
戰國				1			1
西漢		1	4				5
東漢	3	4	15	3	3		28
三國	19	7	35	3	10	2	76
西晉	11	14	31	3	5	3	67
東晉		64	22	7	10	4	107
合計	33	90	107	17	28	9	284

　　上表綜合共引用二百八十四傳次，以時代區分，戰國時代的人物別傳一種，西漢時代的五種，東漢時代的二十八種，三國時代七十六種，西晉時代六十七種，東晉時代一百零七種。刪去重出的部分，所得結果如下：

時代	戰國	西漢	東漢	三國	西晉	東晉	合計
數量	1	5	12	52	46	95	211

　　以上統計各書所引用的別傳共二百十一種，這個數目和《隋書‧經籍志‧史部‧雜傳》中所著錄的郡書、家傳、別傳、志異、佛道等著作的總和相等。表中數據顯示東晉時代的別傳佔第一位，三國時代次之，西晉時代第三，東漢時代第四，至於西漢及西漢以前的別傳就微不足道了。但是值得注意的是，沒有一部人物別傳屬於

〔註2〕《隋書》卷三十三。
〔註3〕詳見逯耀東：《魏晉史學的思想與社會基礎》（台北：東大圖書公司，二○○○年初版）：頁一○四～一○五。

東晉以後的朝代〔註4〕，且東漢末年及三國時代的別傳作品，也多出於兩晉人的手筆。

　　另一方面，由於東漢末年儒家思想影響力減弱，促成個人意識的醒覺。《世說新語》所敘述的上下時限，正與魏晉別傳流行的時期相吻合，分析其中所記載三十六種人物類型，也可以對魏晉時期別傳的流行背景，有某種程度的瞭解。

第二節　別傳的作者與傳主

　　雖然「別傳」最早出現於戰國時代，但大量出現卻是在曹魏之後。裴松之爲《三國志》作注，其中所引東漢至曹魏這一時期人物爲傳主的別傳作品，便達二十多種。其後劉孝標注《世說新語》，所引的魏晉人物別傳亦有八十多種。別傳作者大多不可考，推測很可能是因爲別傳多出於民間，後世引錄者重其事有別於正史，遂載之以備異聞，對於作者則略而不錄了。

　　分析現存作者可考的別傳，其與傳主之間，多半爲血緣或姻戚關係，互相立傳。在魏晉時期特殊的社會結構之中，九品官人法，詳細記載個人與家族情況的品狀，是別傳寫作的重要資料來源。同時該法中對人物類比評論的齊名和輩目〔註5〕，對別傳的寫作形式也有重要的影響。因爲類比的品評形式，往往是一個家族，或以門第相當而結合的婚姻，或兩家郡望相等的家族，彼此之間所作的比較評論。所有輩目或齊名的類比評論，限制在這個系統之中，如「某少有美譽，與某齊名」、「某少慕簡曠，亦有才俊，與某齊名」、「某與某齊名，俱起家爲某官」等等，形成一個封閉的社會型態，也成爲別傳寫作的固定形式。

　　承上所述，故有學者以爲別傳多爲家傳，如姚振宗《補後漢藝文志》中言：

　　　　別傳多是家傳，何顒使君家傳其一也；范書列女傳序云：「若梁嫕李
　　姬，各附家傳。」言各附梁竦、李固傳後也；惠氏（棟）〈崔駰傳〉補注
　　亦云：「棟按駰，瑗諸傳大趣本〈崔氏家傳〉。」

〔註4〕《三國志》裴注所引用的材料至西晉爲止，《世說新語》劉注所引用的材料至東晉末年。或因著作本身範圍限制，未引用南北朝時代的別傳著作。但這種現象也同樣出現在《太平御覽》中，《太平御覽》所引用的材料範圍非常廣泛，從上古到隋唐以後，其引用了一〇七種別傳，卻沒有一種是東晉以後的著作。《藝文類聚》、《北堂書鈔》、《初學記》亦復如此。因此將別傳發展的下限至於東晉，是可以肯定的。

〔註5〕齊名與輩目，就是由中正選擇與被品評者同等的人物相互類比，以衡量所給予的品第是否得當，然後決定品狀。如《晉書·劉毅傳》記載：「夫名狀以當才爲清，品輩以得實爲平。」又《太平御覽》卷二六五所引《傅子》：「魏司空陳群，始立九品之例，評次人才之高下，各爲輩目。」

《三國志》卷十四《魏書・劉放傳》注引《孫資別傳》載帝問誰可用爲射聲校尉事。
裴松之自注亦稱：

> 臣松之以爲孫、劉於時號爲專任，制斷機密，政事無不綜。資、放被
> 託付之問，當安危所斷，而更依違其對，無有親任，理豈得然？案本傳及
> 諸書並云放、資稱贊曹爽，勸召宣王，魏室之亡，禍基於此。資之別傳，
> 出自其家，欲以是言掩其大失，然恐負國之玷，終莫能磨也。

若言別傳多爲家傳，理由似乎不夠充足。實則別傳是魏晉時期常見的一種史學著作
形式，或出其家，或撰自其親婭，或由門生故舊所纂述。逯耀東先生曾列表說明別
傳的作者與傳主的關係如下〔註6〕：

傳　主	作　者	作者與傳主關係	材料來源	備　　註
辛憲英	夏侯湛	外孫	《三國志》卷二十五〈辛毗傳〉注	
羊秉	夏侯湛	姻戚	《世說新語・言語篇》注	《世說新語・賞譽篇》注引〈羊氏譜〉
顧悅之	顧愷之	父子	《世說新語・言語篇》注	《世說新語・夙惠篇》注引《顧愷之家傳》
曹肇	曹毗	同族	《書鈔》卷一三〇，《御覽》卷六八九	《隋志》有曹毗撰《曹氏家傳》一卷
杜蘭香	曹毗		《御覽》、《類聚》	
顧譚	陸機	姻戚	〈吳志〉卷七〈顧譚傳〉注	
張昌蒲	鍾會	母子	〈魏志〉卷二十八〈鍾會傳〉注	本傳稱鍾會爲其母傳
傅巽	傅玄	同族	〈魏志〉卷二十一〈傅嘏傳〉注引〈傅子〉	《隋志・子部・儒家類》有《傅子》十二卷
焦先	傅玄		〈魏志〉卷二十九〈方技・杜夔傳〉注	
馬鈞	傅玄		〈魏志〉卷二十八〈方技傳〉注	
嵇康	嵇喜	兄弟	《書鈔》卷六十八	

〔註6〕摘錄自逯耀東先生：《魏晉史學的思想與社會基礎》（台北：東大圖書股份有限公司，
　　　二〇〇〇年二月），頁一一四至一一七。

管輅	管辰	兄弟	〈魏志〉卷二十八〈方技傳〉注	
管輅	閻纘		〈魏志〉卷二十八〈方技傳〉注	
任嘏	陳威等	故吏	〈魏志·王昶傳〉注	
王弼	何劭		〈魏志〉卷二十一〈王粲傳〉注	又見《晉書》劭本傳
荀粲	何劭		〈魏志〉卷十〈荀彧傳〉注	又見《晉書》劭本傳
孟嘉	陶潛	外孫	《世說新語·文學篇》注	《陶集》有〈晉故征西大將軍長史孟府君碑〉
顏含	李闡弘	姻戚	《太平御覽》卷二一九、三九八	《建康志》有〈晉右光祿大夫平西侯顏府君碑〉
山濤	袁宏		《世說新語·文學篇》注	《三國志》注引作《山濤行狀》
王堪	謝朗		《世說新語·賞譽篇》注	
孫登	孫綽		《水經·洛水注》	綽有《高士傳》,見《水經·洛水注》
嵇康	孫綽		《文選》卷二十一注	
趙至	嵇紹	世誼	《世說新語·文學篇》注	《世說》作《趙至敘》,《御覽》作《趙至別傳》或《自敘》
郭文	葛洪		《晉書》卷九十四〈郭文傳〉	
郭文	庾蘭		《晉書》卷九十四〈郭文傳〉	
曹瞞	吳人		〈魏志〉卷一〈武紀〉注	〈魏志〉作《曹瞞傳》,《御覽》作《曹瞞別傳》
阮籍	江逌		《晉書》卷八十三本傳	

上述作者與傳主之間的關係,其中屬於直系親屬的兩種,即鍾會為其母張昌蒲傳,顧愷之為其父悅之傳。屬於旁系親屬的有兩種,即嵇喜為其弟嵇康傳,管辰為其兄管輅傳。屬於同宗的兩種,即傅玄為傅巽傳,曹毗為曹肇傳。屬於姻戚的有五種,及夏侯湛為其外祖母辛憲英傳,表叔祖父羊秉傳;陶淵明為其外祖孟嘉傳,陸機為姑祖父顧譚傳,李闡弘作顏含別傳。其他如嵇紹為嵇康之子,趙至嘗從嵇康遊,且

嵇紹的從兄茂齊，與趙至同年相親，故此嵇紹因爲世誼關係，而爲趙至寫傳。還有作者與傳主關係不可考，或者無關係的有闞澤的〈管輅別傳〉，何劭的〈王弼傳〉、〈荀粲傳〉，袁宏的〈山濤別傳〉，謝朗的〈王堪別傳〉，孫綽的〈孫登傳〉、〈嵇康傳〉，傅玄的〈焦先〉、〈馬鈞別傳〉，江逌的〈阮籍序贊〉，庾闡、葛洪分別所寫的〈郭文別傳〉，以及吳人所著〈曹瞞傳〉。以上別傳的作者中，除了〈曹瞞傳〉的作者不可考，以及〈任嘏別傳〉的作者無法肯定之外，其他作者撰寫傳記仍有跡可尋。據逯耀東先生考證推闡：如袁宏曾撰寫《名士傳》，共分正始、竹林、中朝三部分，山濤名列於竹林之中，〈山濤別傳〉或即其中一篇。又據《水經·洛水注》引孫綽〈高士傳序〉云：「又在蘇門山，別作登傳。」所以〈嵇康別傳〉及〈孫登傳〉，可能是《高士傳》中之一。至於謝朗所作〈王堪別傳〉，案《世說新語·賞譽篇》稱其「作著作郎，嘗作〈王堪傳〉」，兩晉時著作郎不論在任時間久暫，到任之初，都必須撰寫人物傳記一篇，闞澤本傳稱其「才堪佐著」，曾被舉入著作，但因其非甲族而不能用，裴松之也稱其「有良史風，爲天下補綴遺脫」，因而作〈管輅傳〉。何劭「陳說近代事，若指諸掌」，而作〈王弼傳〉、〈荀粲傳〉。

　　由上述表列可知，魏晉時期別傳作者與傳主之間，多因血緣或姻戚關係，而相互立傳，但亦有門生故舊所纂述者。可見別傳在魏晉時期，已經是一種非常流行的寫作形式，成爲雜傳寫作的基礎。

第三節　別傳的人物類型

　　現存別傳人物的主要分佈時期，上自東漢末年，如曹操、禰衡、孔融等，下至東晉時期。依據人物的出生身份與功業成就，別傳人物的類型，大體可分爲英雄豪傑、知識分子、文人雅士、佛教人士、方技之士、竹林之士與玄學清談之士等，舉例說明如下：

一、英雄豪傑

　　魏晉以來有一批以三國英雄人物爲主角的別傳作品，如《曹操別傳》、《諸葛亮別傳》、《費禕別傳》、《趙雲別傳》等皆爲此類。

　　如《曹瞞傳》中所記關於曹操之事，諸如假裝中風，以騙叔父〔註7〕；與許攸

〔註7〕見《三國志》裴注引〈曹瞞傳〉云：「太祖少好飛鷹走狗，游蕩無度，其叔父數言之於嵩。太祖患之，後逢叔父於路，乃陽敗面喎口；叔父怪而問其故，太祖曰：『卒中惡風。』叔父以告嵩。嵩驚愕，呼太祖，太祖口貌如故。嵩問曰：『叔父言汝中風，已差乎？』太祖曰：『初不中風，但失愛於叔父，故見罔耳。』嵩乃疑焉。自後叔父

閒論糧草〔註8〕以及行軍打仗等，與《三國志‧武帝紀》中所載的重大軍事政治相較，無疑是瑣碎平常的。

又如《費禕別傳》記蜀國費禕出使東吳：

> 孫權每別酌好酒以飲，禕視其已醉，然後問以國事，並論當世之務，辭難累至。禕輒辭以醉，退而撰次所問，事事條答，無所遺失。權乃以手中常所執寶刀贈之，禕答曰：「臣以不才，何以堪明命？」然刀所以討不庭，禁暴亂者也，但願大王勉建功業，同獎漢室，臣雖闇弱，終不負東顧。〔註9〕

又記其不拘禮法儀節：

> 於時軍國多事，公務煩猥，禕識悟過人，每省讀書記，舉目暫視，已究其意旨，其速數倍於人，終亦不忘。常以朝晡聽事，其間接納賓客，飲食嬉戲，加之博弈，每盡人之歡，事亦不廢。〔註10〕

寫出費禕識悟過人、忠貞不阿、不辱使命的形象，同時也刻畫了他不為儒家禮教框框所拘的性格。從這樣的人物身上，得以捕捉傳主所處的時代氛圍。

再如《趙雲別傳》所記：

> 雲身長八尺，姿顏雄偉，為本郡所舉，將義從吏兵詣公孫瓚。時袁紹稱冀州牧，瓚深憂州人之從紹也，善雲來附，嘲雲曰：「聞貴州人皆願袁氏，君何獨迴心，迷而能反乎？」雲答曰：「天下洶洶，未知孰是，民有倒懸之厄，鄙州議論，從仁政所在，不為忽袁公私明將軍也。」遂與瓚征

有所告，嵩終不復信，太祖於是益得肆意矣。」

〔註8〕見《三國志》裴注引〈曹瞞傳〉云：「公聞攸來，跣出迎之，撫掌笑曰：『子遠，卿來，吾事濟矣！』既入坐，謂公曰：『袁氏軍盛，何以待之？今有幾糧乎？』公曰：『尚可支一歲。』攸曰：『無是，更言之！』又曰：『可支半歲。』攸曰：『足下不欲破袁氏邪，何言之不實也！』公曰：『向言戲之耳。其實可一月，為之奈何？』攸曰：『公孤軍獨守，外無救援而糧穀已盡，此危急之日也。今袁氏輜重有萬餘乘，在故市、烏巢，屯軍無嚴備；今以輕兵襲之，不意而至，燔其積聚，不過三日，袁氏自敗也。』公大喜，乃選精銳步騎，皆用袁軍旗幟，銜枚縛馬口，夜從間道出，人抱束薪，所歷道有問者，語之曰：『袁公恐曹操鈔略後軍，遣兵以益備。』聞者信以為然，皆自若。既至，圍屯，大放火，營中驚亂。大破之，盡燔其糧穀寶貨，斬督將睦元進、騎督韓莒子、呂威璜、趙叡等首，割得將軍淳于仲簡鼻，未死，殺士卒千餘人，皆取鼻，牛馬割唇舌，以示紹軍。將士皆恟懼。時有夜得仲簡，將以詣麾下，公謂曰：『何為如是？』仲簡曰：『勝負自天，何用為問乎！』公意欲不殺。許攸曰：『明旦鑒于鏡，此益不忘人。』乃殺之。」

〔註9〕《三國志‧蜀書》卷四十四裴松之注引。又見於《太平御覽》卷四九七所錄〈費禕別傳〉及《藝文類聚》卷六十。

〔註10〕同前註。亦見《太平御覽》卷四三二所錄〈費禕別傳〉。

討。時先主亦依託瓚，每接納雲，雲得深自結託。雲以兄喪，辭瓚暫歸，先主知其不反，捉手而別，雲辭曰：『終不背德也。』先主就袁紹，雲見於鄴。先主與雲同床眠臥，密遣雲合募得數百人，皆稱劉左將軍部曲，紹不能知。遂隨先主至荊州。」〔註11〕

此段記趙雲身長八尺，姿顏雄偉，時袁紹為冀州牧，公孫瓚深悠冀州人歸附袁紹，及趙雲來附，才放下心中巨石。趙雲嘗言：「天下洶洶，未知孰是，民有倒懸之厄，鄙州議論，從仁政所在，不為忽袁公私明將軍也。」誠慷慨激昂，一片赤誠。後隨劉備同拒袁紹，為劉備主騎。英雄惺惺相惜，遂隨劉備至荊州。後劉備與曹操戰於當陽長阪坡，劉備敗走，唯趙雲不僅為其保護弱子劉禪，護衛甘夫人，使之均倖免於難。後劉備入蜀，趙雲鎮守荊州。

益州既定，時議欲以成都中屋舍及城外園地桑田分賜諸將，雲駁之曰：「霍去病以匈奴未滅，無用家為。今國賊非但匈奴，未可求安也。須天下都定，各反桑梓，乃其宜耳。」益州人民，初罹兵革，田宅皆可歸還，今安居復業，然後可役調，得其歡心。』先主即從之。〔註12〕

夏侯淵敗，曹公爭漢中地，運米北山下，數千萬囊。黃忠以為可取，雲兵隨忠取米，忠過期不還，雲將數十萬騎輕行出圍，迎視忠等。值曹公揚兵大出，雲為公前鋒所擊，方戰，其大眾至，勢逼，遂前突其陣，且鬥且卻。公軍敗，已復合，雲陷敵，還趣圍。將張著被創，雲復馳馬還營迎著。公軍追至圍，此時沔陽長張翼在雲圍內，翼欲閉門拒守，而雲入營，更開大門，偃旗息鼓。公疑有伏兵，引去。雲雷鼓震天，惟以戎弩於後射公軍，公軍驚駭，自相蹂踐，墜漢水中死者甚多。先主明旦自來至雲營圍視昨戰處，曰：「子龍一身都是膽也！」作樂飲宴至暝，軍中號雲為虎威將軍。〔註13〕

趙雲抱以天下為己任之襟懷，在益州既定之後，仍不以為滿足，望天下都定。別傳記趙雲等待軍援糧食不至，情勢所逼遂衝鋒突圍，幸而曹操生性多疑，恐有伏兵，不敢攻營而退，反而自相蹂躪，死傷慘重。趙雲捐軀赴難，視死如歸的壯烈行事，無怪乎劉備稱「子龍一身都是膽也」！別傳所記詳於正史，征戰突圍之事彷彿歷歷在目。透過具體的人物形象及事跡，將魏初時期梗概多氣的風貌呈現出來。

〔註11〕《三國志‧蜀書》卷三十六裴松之注引。
〔註12〕同前註。
〔註13〕同前註。

二、知識份子

在魏晉時期的人物別傳中，記載爲數不少的的知識份子，別傳作者能夠發揮傳記文學記事靈活的手法，掌握傳主獨特的個性，試以經學大師馬融與鄭玄爲例說明：

> 玄年十二，隨母還家，正臘宴會，同列十數人，皆美服盛飾，語言閒通，玄獨漠然如不及。母私督數之，乃曰：「此非我忘，不在所願也。」〔註14〕

> 馬融爲儒，教養諸生，常有千數。善鼓琴，好吹笛，達生任性，不拘儒者之節。居宇器服，多存侈飾，常坐高堂，施絳紗帳，前授生徒，後列女樂，弟子以次相傳，鮮有入其室者。〔註15〕

對於這兩位儒學大師，別傳作者分別以簡潔的描述，或記其淡泊遠志，或記其達生侈飾，刻畫出兩位大師迥異的性格。

再如荀彧、禰衡、孔融及司馬徽等三國文士，傳主所處的時代大致相同，均爲變革劇烈之時。然而時代賦予他們各自不同的性格特徵，如記荀彧。荀彧建功最著，曾被曹操大加褒賞，稱其「以亡爲存，以禍爲福，謀殊功異。」〔註16〕官至尚書令，頻頻封侯增邑，居守許都，助曹直接控制漢室。不啻爲曹操首要謀臣。其事見諸別傳者甚多，茲引數則說明之。

> 彧別傳載太祖表曰：「臣聞慮爲功首，謀爲賞本，野績不越廟堂，戰多不踰國勳。是故典阜之錫，不後營丘，蕭何之土，先於平陽。珍策重計，古今所尚。侍中守尚書令彧，積德累行，少長無悔，遭世紛擾，懷忠念治。臣自始舉義兵，周游征伐，與彧戮力同心，左右王略，發言授策，無施不效。彧之功業，臣由以濟，用披浮雲，顯光日月。陛下幸許，

〔註14〕《後漢書·鄭玄傳》注引〈玄別傳〉。

〔註15〕《藝文類聚》卷六十九〈馬融別傳〉。

〔註16〕見《三國志·魏書》卷十裴松之注引〈彧別傳〉，原文如下：「太祖又表曰：『昔袁紹侵入郊甸，戰於官渡。時兵少糧盡，圖欲還許，書與彧議，彧不聽臣。建宜住之便，恢進討之規，更起臣心，易其愚慮，遂摧大逆，覆取其眾。此彧睹勝敗之機，略不世出也。及紹破敗，臣糧亦盡，以爲河北未易圖也，欲南討劉表。彧復止臣，陳其得失，臣用反旆，遂吞凶族，克平四州。向使臣退於官渡，紹必鼓行而前，有傾覆之形，無克捷之勢。後若南征，委棄兗、豫，利既難要，將失本據。彧之二策，以亡爲存，以禍致福，謀殊功異，臣所不及也。是以先帝貴指縱之功，薄搏獲之賞；古人尚帷幄之規，下攻拔之捷。前所賞錄，未副彧巍巍之勳，乞重平議，疇其戶邑。』彧深辭讓，太祖報之曰：『君之策謀，非但所表二事。前後謙沖，欲慕魯連先生乎？此聖人達節者所不貴也。昔介子推有言『竊人之財，猶謂之盜』。況君密謀安眾，光顯於孤者以百數乎！以二事相還而復辭之，何取謙亮之多邪！』太祖欲表彧爲三公，彧使荀攸深讓，至于十數，太祖乃止。」

> 彧左右機近，忠恪祗順，如履薄冰，研精極銳，以撫庶事。天下之定，
> 彧之功也。宜享高爵，以彰元勳。」彧固辭無野戰之勞，不通太祖表。
> 太祖與彧書曰：「與君共事已來，立朝廷，君之相爲匡弼，君之相爲舉人，
> 君之相爲建計，君之相爲密謀，亦以多矣。夫功未必皆野戰也，願君勿
> 讓。」彧乃受。〔註17〕

然荀彧並非事事支持曹操，如荀彧曾阻止曹操恢復古置九州以廣冀州的計畫，雖然曹操聽其言，但內心不悅。當他提出相反意見時，曹操便覺察到荀彧已非昔日，反而成爲絆腳石，故決意除之。在建安十七年，荀彧又婉轉堅拒曹操晉爵魏公時，操便心不能平。便藉口用兵孫權之機，表請荀彧勞軍於譙，把荀彧調離樞要尙書之職。荀彧留軍，曹操餽贈食物，然打開盒子一看，竟空無一物，彧心知肚明操暗寓了無用處，於是飲藥自盡。〔註18〕別傳亦記載：「彧自爲尙書令，常以書陳事，臨薨，皆焚毀之，故奇策密謀不得盡聞也。」〔註19〕荀彧死時時年五十，諡號爲「敬侯」。而其奇策密謀均已焚燬，不得盡聞，對於還原史實，實爲憾事。

記禰衡：

> 衡字正平，少有才辯，而氣尙剛傲，好矯時慢物。興平中，避難荊州，
> 建安初游許下，始達潁川，乃陰懷一刺，既而無所之適，至於刺字漫滅。
> 許都建，賢士大夫四方來集，或問衡曰：「盍從陳長文，司馬伯達乎？」
> 對曰：「吾焉從屠沽兒游邪？」又問：「荀文若，趙稚長云何？」衡曰：「文
> 若可借面吊喪，稚長可使監廚請客。」惟善魯國孔融及弘農楊修，嘗稱曰：
> 「大兒孔文舉，小兒楊德祖，餘子碌碌不足數也。」……署爲鼓吏，裸辱
> 曹操，孔融復見操，說衡狂疾，令求自新。……衡著官布單衣，以枚捶地
> 數責罵操，及其先祖無所不至。操乃力外廄具騎馬三匹，並騎二人，須
> 臾外給啓馬辦。曹公謂孔文舉曰：「禰衡小人無狀乃爾，孤今殺之無異於
> 腐鼠雀耳，顧此子有異才，遠近聞之，將謂孤不能容物。劉景升天性險急，
> 不能容受此子，必當殺之。」乃以衡置馬上，兩騎挾送至南陽也。〔註20〕

記司馬徽：

> 徽字德操，潁川陽翟人，有人倫見識。居荊州，知劉表性暗，必害善
> 人，乃括囊不談議時人。有以人物問徽者，初不辯其高下，每輒言佳。其

〔註17〕見《三國志‧魏書》卷十裴松之注引〈彧別傳〉。
〔註18〕見《三國志‧魏書》卷十裴松之注引《魏氏春秋》。
〔註19〕見《三國志‧魏書》卷十裴松之注引〈彧別傳〉。
〔註20〕《補後漢書藝文志》輯〈禰衡別傳〉。

婦諫曰：「人質所疑，君宜辯論，而一皆言佳，豈人所以咨君之意乎？」
徽曰：「如君所言，亦復佳。」其婉約遜遁如此。嘗有妄認徽豬者，便推
與之，後得其豬，叩頭來還，徽又厚辭謝之，劉表子琮往候徽，遣問在不，
會徽自鋤園，琮左右問：「司馬君在耶？」徽曰：「我是也。」琮左右見其
醜陋，罵曰：「死傭！將軍諸郎欲求見司馬君，汝何等田奴，而自稱是邪？」
徽歸，刈頭者幘出見琮。琮左右見徽，故是向老翁，恐向琮道之。琮起，
叩頭辭謝，徽乃謂曰：「卿真不可，然吾甚羞之，此自鋤園，唯卿知之耳。」
有人臨蠶求簇箔者，徽自棄其蠶而與之。或曰：「凡人損己以贍人者，謂
彼急我緩也，今彼此正等，何為與人？」徽曰：「人未嘗求己，求之不與
將慚，何有以財物令人慚者。」人謂劉表曰：「司馬德操，奇士也，但未
遇耳。」表後見之曰：「世間人為妄語，此直小書生耳。」其智而能愚皆
此類。荊州破，為曹操所得，操欲大用，會其病死。」〔註21〕

透過別傳細緻生動的描述，除了可見狂放傲物的禰衡和委婉遁世的司馬徽，同時也
看到了不同類型的知識份子的其性格特徵。

再者如孫吳虞翻。虞翻字仲翔，會稽餘姚人，自其高祖以來便通經入仕，世代
出任郡首縣令。虞翻少時卓然有風格，《三國志‧吳書》裴注引《吳書》曰：「翻少
好學，有高氣。年十二，客有候其兄者，不過翻，翻追與書曰：『僕聞虎魄不取腐芥，
磁石不受曲針，過而不存，不亦宜乎！』客得書奇之，由是見稱。」所謂「有高氣」，
正體現出虞翻獨有的狂狷性格，除高氣之外，《三國志》中還稱其「狂直」〔註22〕、
「亮直」〔註23〕、「疏直」〔註24〕，都是指其性格剛烈直爽，勇於諫爭。史籍載其
對於仕孫策、孫權頗盡心力，孫策好馳騁游獵，虞翻則諫之「君子不重則不威」〔註
25〕。孫策率眾擊討山越，斬其渠帥，令左右分行逐賊，獨騎與翻相得山中，虞翻則
執弓矢步行護衛，助孫策平定三郡。因此孫策稱許虞翻為吾之蕭何。孫策死後，虞
翻助孫權取得王位，曾說：「翻已與一郡吏士，嬰城固守，必欲出一旦之命，為孝廉
除害，惟執事圖之。」〔註26〕迫使孫暠退兵，故任為騎都尉。孫權即位後，虞翻數
次犯顏諫爭，權心中不悅，又因其性不協俗，多見毀謗，故遷貶至丹楊涇縣，後因

〔註21〕《世說新語‧言語篇》注引〈司馬徽別傳〉。
〔註22〕見《三國志》卷五十二《吳書‧諸葛瑾傳》：「虞翻以狂直流徙，惟瑾屢為之說。」
〔註23〕見《三國志》卷五十七《吳書‧虞翻傳》：「翻性疏直。」
〔註24〕見《三國志》卷五十七《吳書‧虞翻傳》注引《吳書》載孫權評翻言：「虞翻亮直，
　　　　善於進言，國之周舍也。」
〔註25〕見《三國志》卷五十七《吳書‧虞翻傳》。
〔註26〕見《三國志》卷五十七《吳書‧虞翻傳》注引《會稽典錄》。

呂蒙等人斡旋，不久得釋，這是虞翻第一次被流放。後來孫權設宴，自起行酒時，「翻伏地陽醉，不持；權去，翻起坐。」〔註27〕惹惱了孫權，欲手劍擊之，後因大司農劉基緩夾進諫，翻得以免除一死。但已經造成孫權極度的不滿。後又因虞翻抨擊孫權與張昭的談論〔註28〕，遂貶摘至交州。雖未定罪名，虞翻卻心知肚明，此去一別，已無生還之日。《翻別傳》記載可明其心志：

> 翻放棄南方，云「自恨疏節，骨體不媚，犯上獲罪，當長沒海隅，生無可與語，死以青蠅爲弔客，使天下一人知己者，足以不恨。」以典籍自慰，依易設象，以占吉凶。〔註29〕

從「自恨疏節，骨體不媚」二語仍可見其骨梗剛直之性，在流徙十九年後，虞翻卒於嶺南。

又如謝鯤字幼輿，據《晉書‧謝鯤傳》記：「鯤少知名，通簡有高識，不修威儀，好老易，能歌善鼓琴，王衍、嵇紹並奇之。」謝鯤善清談，個性曠達且不拘禮法，不慕名利亦不計榮辱。當他爲豫章太守時，受王敦之脅同詣健康，然王敦志在篡位奪權，不願入覲朝廷，謝鯤正色曰：「近者，明公之舉，雖欲大存社稷，然四海之內，實懷未達。若能朝天子，使群臣釋然，萬物之心，於是乃服。仗民望以從眾懷，盡衝退以奉主上，如斯，則勛侔一匡，名垂千載。」〔註30〕在王敦勢盛之時，謝鯤勇於諷諫，用詞委婉，臨難不懼，實屬難得，故時人以爲名言。〈鯤別傳〉亦載：「鯤之諷切雅正，皆此類也。」〔註31〕以王敦之狡詐，更突顯出謝鯤的骨髓剛直。眞假名士，當下立判。

三、文人雅士

《文士傳》最早見於《三國志》裴松之注所引，又見於《世說新語》劉孝標注，可見此傳應爲晉人所作。關於其作者，裴注或稱張隱，或稱張騭。又《三國志》卷十裴注引《文士傳‧張衡》稱作者爲「張衡」，此「衡」顯然爲僞文。據裴氏稱張騭者爲多，且數言「張騭假僞之辭」、「張騭虛妄僞作」〔註32〕，或「隱」乃「騭」之僞文。兩唐志著錄此書亦作「張騭傳」，惟《隋志》作「張隱撰」，《太平御覽》引書

〔註27〕見《三國志》卷五十七《吳書‧虞翻傳》。
〔註28〕見《三國志》卷五十七《吳書‧虞翻傳》：「翻性疏直，數有酒失。權與張昭論及神仙，翻指昭曰：『彼皆死人，而語神仙，世豈有仙人也！』權積怒非一，遂徙翻交州。」
〔註29〕見《三國志》卷五十七《吳書‧虞翻傳》裴注引《翻別傳》。
〔註30〕見《晉書‧謝鯤傳》所引。
〔註31〕見《世說新語‧規箴》劉孝標注引。
〔註32〕《三國志‧魏志‧王粲傳》注。

分別列張騭《文士傳》、張隱《文士傳》、張鄴《文士傳》，實當爲一書。《隋書·經籍志》著錄《文士傳》五十卷，然後世散佚，現輯裴、劉二注所引尙可得二十九人，其中裴注引十五人：「曹肇、彌衡、何楨、棗祗、丁異、王粲、阮瑀、劉楨、鄭胄、孫丞、殷禮、朱異、張溫、陸景、華融」。劉注引十六人：「顧榮、邊讓、彌衡、劉楨、孫楚、潘尼、郭象、夏侯湛、稽康、涑晢、張翰、陸雲、陸機、楊修、阮籍、張華」。兩注所引有重複相合之處。

東漢末年桓帝延熹九年（一六六）和靈帝建寧二年（一六九）的兩次黨錮之禍，前後曾捕殺當時的學者名吏九百多人，對當時的士風造成了深刻的影響，如范曄《後漢書·黨錮列傳》中記載：

> 逮桓、靈之間，主荒政繆，國命委於閹寺，士人羞與爲伍，故匹夫抗憤，處士橫議，遂乃激揚名聲，互相題拂，品覈公卿，裁量執政，婞直之風，於斯行矣。

還有一批倖免於難的文士，如郭泰、袁閎、申屠蟠之流，或往土窟，或藏樹穴，韜光遁世，養性全眞，採取明哲保身的人生態度。到了魏晉時期，在群雄繼起、內亂頻仍的社會動亂中，文士學者動輒見殺，如孔融、楊修、丁儀、丁異之死於魏；稽康、張華、陸機、路雲、潘岳等死於晉，都是例證。對於當時的知識份子而言，這無疑是沈重的打擊。面對社會現實的殘酷，很多人採取了消極避世的態度，或裝瘋賣傻、狂傲矯世；或寄情山水、歸耕田園；或高談玄理，追慕老莊，竟蔚成一代的風氣。永嘉之亂後，中原士大夫自黃河流域南渡江左，在大亂中又面臨一個新的環境，舉目有山河之異，草木興悲之嘆，同樣的也激起強烈的自我意識。在《世說新語·言語》中有二段記載：

> 魏洗馬初欲渡江，形神慘悴，語左右云：「見此茫茫，不覺百端交集。苟未免有情，亦復誰能遣此！」

> 過江諸人，每至暇日，輒相要出新亭，藉卉飲宴。周侯中坐而嘆曰：「風景不殊，舉目有山河之異！」皆相視流淚。唯王丞相愀然變色曰：「當共戮力王室，克復神州，何至作楚囚相對泣邪？」

自東漢末年至晉室南渡，一直是處於分崩離析的狀況之中，也沒有出現過一個強而有力的統一政權。不論是民族、宗教、思想、社會都處於不安與崩離之中，面對這樣大巨大的危機，知識份子或發出喟嘆傷悲，或極欲力圖振作，在別傳中也有詳實的記載。如禰衡與孔融均生於建安時期，個性上慷慨純正，文學上亦重視氣度。孔融稱禰衡爲：「忠果正直，志懷霜雪，見善若驚，疾惡如仇。」又說：「飛辯騁辭，

溢氣忿湧，解疑釋結，臨敵有餘。」〔註33〕兩人雖年齡相距甚多，然交情至深，可見一斑。別傳中也記載了此段忘年之交的情誼，茲引二則如下：

> 禰衡有逸才，少與孔融交，時衡未滿二十，而融已五十，禰衡才秀，忘年殷勤。〔註34〕

> 禰正平年少，與孔文舉作爾汝交。時衡年未滿二十，而融已五十餘矣。〔註35〕

對於禰衡的文學造詣，別傳中亦有二段紀錄可資印證：

> 黃射大會賓客，人有獻鸚鵡者。射舉卮酒於衡曰：「願先生賦之，以娛嘉賓。」衡攬筆而作，文不加點，辭彩甚麗。〔註36〕

> 衡，字正平。黃射作章陵太守，衡俱有所之見蔡伯喈所爲碑，正平一過視之，嘆之言好，後各歸章陵。自恨不令使寫之，正平曰：「吾雖一過，皆識其所言，唯第四行中，石盡磨滅，兩字不分明。」因援筆書之，初無遺失，唯兩字不著。〔註37〕

首段記宴飲歡愉時，有客獻鸚鵡，願其爲賦記之，以愉嘉賓。只見禰衡覽筆而作，如行雲流水，行於所當行，文不加點，辭彩豔麗。次段記其過目不忘之特異功能，連石碑上第四行有二字，字跡漫渙不能辨，都能牢記在心。

江東吳地有四大家族——朱、張、顧、陸。其中陸氏一族出自齊宣王田氏之後。宣王封少子通於平原陸鄉，因以爲氏焉。漢中大夫陸賈，子孫過江，居吳郡吳縣。後嗣陸遜、陸抗、陸凱秉持忠義之風，陳壽評曰：「忠壯質直，皆節慨梗梗，有大丈夫格業。」〔註38〕路氏忠義之風歷經東漢、孫吳之世，在西晉時期，尚有陸抗之子陸機、陸雲兄弟二人中流砥柱。據《晉書·陸機傳》所載：「時中國多難，顧榮、戴若思等咸勸機還吳，機負其才望，而志匡世難，故不從。」又：「時成都王穎推功不居，勞謙下士。機既感全濟之恩，又見朝廷屢有變難，謂穎必能康隆晉室，遂委身焉。」此段出仕爲官的過程，在別傳中記載更爲詳細。茲錄如下：

> 〈機雲別傳〉曰：「晉太康末，俱入洛，造司空張華，華一見而奇之，

〔註33〕見《後漢書·禰衡傳》孔融薦禰衡書。
〔註34〕《初學記》卷十八引《文士傳·禰衡》。此段文字又見於《古小説鉤沈》中所引《衡別傳》、《續談助》四。《紺珠集》二引作「禰正平年未及冠，而孔文舉已逾五十，相與爲爾汝交。」
〔註35〕《續談助》（台北：新文豐出版公司，一九八四年六月初版）卷四，頁八二。
〔註36〕《藝文類聚·雜文部二·賦》卷五十六〈禰衡別傳〉。
〔註37〕見《太平御覽》卷四三二〈禰衡別傳〉。
〔註38〕見《三國志·陸凱傳》卷六十一。

曰：『伐吳之役，利在獲二俊。』遂爲之延譽，薦之諸公。太傅楊駿辟機爲祭酒，轉太子洗馬、尚書著作郎。雲爲吳王郎中令，出宰浚儀，甚有惠政，吏民懷之，生爲立祠。後並歷顯位。機天才綺練，文藻之美，獨冠於時。雲亦善屬文，清新不及機，而口辯持論過之。于時朝廷多故，機、雲並自結於成都王穎。穎用機爲平原相，雲清河內史。尋轉雲右司馬，甚見委仗。無幾而與長沙王搆隙，遂舉兵攻洛，以機行後將軍，督王粹、牽秀等諸軍二十萬，士龍著〈南征賦〉以美其事。機吳人，羈旅單宦，頓居群士之右，多不厭服。機屢戰失利，死散過半。初，宦人孟玖，穎所嬖幸，乘寵豫權，雲數言其短，穎不能納，玖又從而毀之。是役也，玖弟超亦領眾配機，不奉軍令。機繩之以法，超宣言曰陸機將反。及牽秀等譖機於穎，以爲持兩端，玖又搆之於內，穎信之，遣收機，并收雲及弟耽，並伏法。機兄弟既江南之秀，亦著名諸夏，並以無罪夷滅，天下痛惜之。機文章爲世所重，雲所著亦傳於世。〔註39〕

上述除了記載二兄弟任職經過及文學成就，也提到陸機領兵失利，路雲與宦人受孟玖不和二事。後二人受孟玖等佞臣所謗，言其將反，成都王司馬穎聽信孟玖之讒言，竟將二兄弟殺害了。當時天下對於二人無罪卻遭夷滅，均深感痛惜嘆惋。在別傳中另有一段紀錄，內容雖近讖緯因果之說，然亦足以引之爲鑑。處於亂世，往往有身不由己之嘆，然殺身傷名，亦足以悼嘆。

初，抗之克步闡也，誅及嬰孩，識道者尤之曰：「後世必受其殃！」

及機之誅，三族無遺，孫惠與朱誕書曰：「馬援擇君，凡人所聞，不意三陸相攜暴朝，殺身傷名，可爲悼歎。」〔註40〕

除了事功，路機、路雲在文學史上的成就更高，影響更廣。別傳記載：「雲亦善屬文，清新不及機，而口辯持論過之。」〔註41〕

當時與陸機以詩交遊的潘尼，別傳對其生平也有簡要概述：

尼別傳曰：「尼少有清才，文辭溫雅。初應州辟，後以父老歸供養。居家十餘年，父終，晚乃出仕。尼嘗贈陸機詩，機答之，其四句曰：『猗歟潘生，世篤其藻，仰儀前文，丕隆祖考。』位終太常。尼從父岳，字安仁。」〔註42〕

〔註39〕《三國志‧吳書》卷五十八，裴松之注引，事亦并見於《晉書》。
〔註40〕同前註。
〔註41〕《昭明文選‧表下》卷三十八李善注引。
〔註42〕《三國志‧魏書》卷二十一，裴松之注引。

潘尼少有清才，與叔父潘岳俱以文章見著於當時。個性靜退不競，以勤學著述為先。初應州辟，後以父老，辭官奉養，直至父終，乃復出仕。曾任太常博士、太子舍人等職。其人如其文，溫文儒雅，擔任宛令時，任寬而不縱，恤隱勤政，處事公平。在〈潘岳別傳〉中也有相同的記載，茲引如下：

> 岳別傳曰：「岳美姿容，夙以才穎發名。其所著述，清綺絕倫。為黃門侍郎，為孫秀所殺。尼、岳文翰，並見重於世。」〔註43〕

以上所記載的文士，儘管他們的言行不盡相同，但其所表現的人生態度，或婞直抗上，或稟氣堅貞，或心在山林，或縱情恣酒，也代表了三國兩晉時期知識份子的心態。

四、佛教人士

自東漢末年，佛教傳入中國以後，一度聲勢浩大，魏晉南北朝時期就出現了相當多有關佛教人士的傳記。如法顯的自傳〈法顯傳〉，僧人慧皎的《高僧傳》。其中《高僧傳‧支遁傳》記載支遁云：

> 每至講肆，善標宗會，而章句或有所遺，時為守文者所陋，謝安聞而善之。……郗超後與親友書云：「林法師神理所通，玄拔獨悟，數百年來，紹明大法，令真理不絕，一人而已。

支遁為東晉時高僧，俗姓關，號道林，陳留人（一說河東林慮）。嘗隱修於支硎山，別稱為支硎，世稱支公或林公。少有神理，聰明秀轍徹，對《般若經》下過很深的功夫，著有《逍遙篇》。二十五歲出家，謝安、王羲之等與之結交，善談玄理，傾動一時，在《世說新語‧賞譽》第八劉孝標注引〈支遁別傳〉記載：

> 遁任心獨往，風期高亮。

> 遁神心警悟，清識玄遠。嘗至京師，王仲祖稱其造微之功，不異王弼。

沙門獲名士談坐之歡迎，固乃因緣際會，然支遁為各界名士所敬重，在於他談佛，也談老莊，不僅使玄學與佛學交流，在闡發新說方面也開出一片新的視野，尤其是他對莊子〈逍遙遊〉的闡釋，在向秀、郭象之外，標新立異〔註44〕，對名理與玄致

〔註43〕同前註。

〔註44〕支遁注《逍遙篇》全文已佚，僅存一段於《世說新語‧文學》注引之中：「夫逍遙者，明至人之心也。莊生建言大道，而寄指鵬鷃。鵬以營生之路曠，故失適於體外；鷃之在近而笑遠，有矜伐於心內。至人乘天而高興，遊無窮於放浪，物物而不物於物，則遙然不我得，玄感不為不疾而速，則逍然靡不適，此所以為逍遙也。若夫有欲當其所足，足於所足，快然有似天真，由飢者一飽，渴者一盈，豈忘烝嘗於糗糧，絕觴爵於醴哉？苟非至足，豈所以逍遙乎？」

之透析能超越群士，使人心服口服，無不崇敬。無怪乎王濛就讚嘆他精研玄理，尋求微言之功，不下於王弼。

又《世說新語・言語》記高座道人「不作漢語，或問此意，簡文曰：『以簡應對之煩。』」劉孝標注引〈高座別傳〉〔註45〕解釋道：

> 和尚，胡名尸黎密，西域人。傳云：「國王子，以國讓弟，遂爲沙門。永嘉中，始到此土，止於大市中。和尚天姿高朗，風韻道邁。丞相王公，一見奇之，以爲吾之徒也。周僕射領選，撫其背而嘆曰：『若選得此賢，令人無恨。』俄而周侯遇害，和尚對其靈坐，作胡咒數千言，音聲高暢，既而揮涕收淚，其哀樂廢興皆此類。性高簡，不學晉語，諸公與之言，皆因傳譯，然神領意得，頓在言前。」

透過別傳的註解，可以清楚明白胡人和尚尸黎密（高座道人）的容貌神態「天資高朗，風韻遒邁」，個性「高簡」，無怪乎丞相王公一見奇之，聽其爲周侯作胡咒，音聲高揚，聞者不哀悽揮淚。雖不諳晉語，然透過傳譯，仍可意得神領，頓在言前。

《世說新語・言語》另有一則記載佛圖澄與諸石（石勒、石虎等人）遊，寥寥數字看不出何以同遊，但劉注引〈澄別傳〉有較爲詳細的記錄，援引如下：

> 道人佛圖澄，不知何許人，出於燉煌，好佛道，出家爲沙門。永嘉中至洛陽，值京師有難，潛遁草澤，聞石勒雄異好殺害，因勒大將軍郭默略見勒，以麻油塗掌，占見吉凶數百里外；聽浮圖鈴聲，逆知禍福。勒甚敬信之。虎即位亦師澄，號『大和尚』。自知終日，開棺無尸，惟袈裟法服存焉。

此段別傳記載可與《後魏書》所記〔註46〕相互參見。據《高僧傳》所記，佛圖澄爲西域人。從他能夠於數百里外占見吉凶，聽浮屠鈴聲能預知禍福，及至圓寂開棺，竟無屍首，唯見袈裟法服諸事，不難得知石勒、石虎爲何如此宗信佛圖澄，並尊其爲「大和尚」。

五、方技之士

華佗爲東漢時名醫，別傳所記多爲其治癒疑難雜症病患之事，方法有針灸、外科手術等，妙手回春之術令人嘆爲觀止。茲舉數例說明之：

> 琅邪劉勳爲河內太守，有女年幾二十，左腳膝裹上有瘡，癢而不痛。

〔註45〕名爲「高座」之因，見《塔寺記》：『尸密黎，宋曰高座。在石子岡常行頭陀，卒於梅岡，即葬焉。晉成帝於冢邊立寺，因名『高座』。』

〔註46〕《後魏書》曰：「石勒時有天竺沙門佛圖澄少於烏萇國就羅漢入道。劉曜時到襄國，後爲石勒所宗信，號爲『大和尚』。」

創發數十日愈，愈已復發，如此七八年。迎佗使視，佗曰：『易療之。當得稻糠色犬一頭，好馬二匹。』以繩繫犬頸，使走馬牽犬。馬極輒易，計馬走犬三十餘里，犬不能行，復令步人拖曳，計向五十餘里。乃以藥飲女，女即安臥不知人。因取犬斷腹近後腳之前，所斷之處，向創口令去三二寸，停之須臾，有若蛇者從創中出，便以鐵錐橫貫蛇頭，蛇在皮中搖動良久，須臾不動，牽出，長三尺所，純是蛇，但有眼處而無童子，又逆鱗耳。以膏散著創中，七日愈。

又有人苦頭眩，頭不得舉，目不得視，積年。佗使悉解衣倒懸，令頭去地一二寸，濡布拭身體，令周一巾，候視諸脈，盡出五色。佗令弟子數人以鈹刀決 五色血盡，視赤血出乃下，以膏摩，被覆，汗出周一巾，飲以亭歷犬血散，立愈。

又有婦人長病經年，世謂寒熱注病者也。冬十一月中，佗令坐石槽中，旦用寒水汲灌，云當滿百。始七八灌，戰欲死，灌者懼，欲止，佗令滿數。至將八十灌，熱氣乃蒸出，囂囂高二三尺。滿百灌，佗乃然火溫床，厚覆良久，汗洽出著粉，汗參便愈。

又有人病腹中半切痛，十餘日中，須眉墮落。佗曰：「是脾半腐，可刳腹養療也。」佗便飲藥令臥，破腹視，脾半腐壞。刮去惡肉，以膏傅創，飲之藥，百日平復也。〔註47〕

除了治病療傷，華佗亦教人四體需經常勞動，使血脈流動，配合呼吸導引之術，用以強身固本〔註48〕，類今日預防重於治療的觀念。

管輅在易學方面屬於象數一派，他反對以玄學解易，在其別傳記載中可見其髫齔之時，便喜仰觀星辰，夜不肯寐；遊戲之時，亦喜就地畫作天文日月星辰，應對進退也異於常人，故自幼便可知將來必定不凡，如〈輅別傳〉曰：

輅別傳曰：輅年八九歲，便喜仰視星辰，得人輒問其名，夜不肯寐。父母常禁之，猶不可止。自言「我年雖小，然眼中喜視天文。」常云：「家雞野鵠，猶尚知時，況於人乎？」與鄰比兒共戲土壤中，輒畫地作天文及日月星辰。每答言說事，語皆不常，宿學者人不能折之，皆知其當有大異

〔註47〕 引文四則見《後漢書集解・華佗傳》卷八十二下引〈佗別傳〉。亦見《三國志・魏書》卷二十九裴松之注引。

〔註48〕 見《藝文類聚・方術部・養生》卷七十五引〈華他別傳〉曰：「佗嘗語吳普：『人體欲得勞動，但不當自使極爾。體常動搖，穀氣得消，血脈流通，疾則不生。卿見戶樞，雖用易腐之木，朝暮開閉動搖，遂最晚朽。是以古之仙者，赤松彭祖之爲導引，蓋取於此也。』」

之才。及成人，果明周易，仰觀、風角、占、相之道，無不精微。〔註49〕

管輅借《周易》占算，以卜吉凶禍福，類方術之士，故在《三國志·魏志》將其歸為方技類。關於管輅論《易》，在《輅別傳》記載：

> 輅辭裴使君，使君言：「何、鄧二尚書，有經國才略，於物理無不精也。何尚書神明精微，言皆巧妙，巧妙之志，殆破秋毫，君當慎之！自言不解易九事，必當以相問。比至洛，宜善精其理也。」輅言：「何若巧妙，以攻難之才，游形之表，未入於神。夫入神者，當步天元，推陰陽，探玄虛，極幽明，然後覽道無窮，未暇細言。若欲差次老、莊而參爻、象，愛微辯而興浮藻，可謂射侯之巧，非能破秋毫之妙也。」〔註50〕

裴使君即裴徽，他論何晏、鄧颺二人，有經國濟世的才略，對於萬事萬物之道裡無不精通。然何晏對於《易》有九事不明，必當以此相問。管輅言所謂「入神」，乃指「步天元、推陰陽、探玄虛、極幽明」，重象數之學，欲藉卜筮占算，以釋神秘，然後得以覽道，例如他為何晏占卦卜夢之吉凶一事，何晏嘗謂輅曰：「聞君非徒善論易，至於分蓍思爻，亦為神妙，試為作一卦，知位當至三公否？又頃夢青虫尾數十米鼻頭上，驅之不去有何意故？」〔註51〕管輅據艮、謙、壯三卦卦象，諷何晏專權如果不能考慮害盈之數，盛衰之期，必將失敗。原文摘錄如下：

> 輅曰：『鴟，天下賤鳥也，及其在林，食其桑椹，則懷其好音。況輅心過草木，注情葵藿，敢不盡忠，唯察之爾。昔元凱之相重華，宣慈惠和，仁義之至也。周公之翼成王，坐以待旦，敬慎之至也。故能流光六合，萬國咸寧，然後據鼎足而登金鉉，調陰陽而濟兆民。此履道之休應，非卜筮之所明也。今君侯位重東岳，勢若雷霆，望雲赴景，萬里馳風，而懷德者少，畏威者眾，殆非小心翼翼，多福之士。又鼻者艮也，此天中之山，高而不危，所以長守貴也。今青蠅臭惡之物而集之焉。位峻者顛，輕豪者亡，必至之分也。夫變化雖相生，極則有害。虛滿雖相受，溢則有竭。聖人見陰陽之性，明存亡之理，損益以為衰，抑進以為退。故山在地中曰謙，雷在天上曰大壯。謙則哀多益寡，大壯則非禮不履。伏願君侯上尋文王六爻之旨，下思尼父象象之義，則三公可決，青蠅可驅。』〔註52〕

果不其然，占卜後十餘日，何晏便遭殺害。是其果有遭乎？抑或管輅真能神機妙算、

〔註49〕見《三國志·魏志·管輅傳》裴注引《輅別傳》。

〔註50〕同前註。

〔註51〕見《世說新語·規箴》劉孝標注引。

〔註52〕同前註。

洞燭機先？

　　管輅與何晏辨《易》，不贊同何晏以老、莊解易，爲此他曾批評道：「說老莊則巧而多華，說易生義則美而多僞；華則道浮，僞則神虛。」〔註53〕當然這些批評，應屬門戶之見，玄學解易受士族清流所喜愛，象數之學、占算之術在當時也依然保存於民間。

六、竹林之士

　　關於竹林七賢，據《魏氏春秋》云：「康寓居河內之山陽縣，與之遊者，爲常見其喜慍之色。與陳留阮籍，河內山濤，河南向秀，籍兄子咸，琅邪王戎，沛人劉伶相與友善，遊於竹林，號爲七賢。」〔註54〕七賢正式活動時間當在正始之後，這些人避魏晉亂世，志趣相投，竹林之遊，飲酒清談，其流風餘韻，傳爲佳話美談。現存別傳所見史料，七賢僅餘三，分別爲阮籍、嵇康與向秀三人，其中阮籍僅一則：

　　　　　　阮籍別傳曰：「裕居會稽惔山，志存肥遁。」〔註55〕

且所記之事乃阮光祿（裕）在東山隱居，蕭然無事，對於寵辱不驚，常內足於懷。與阮籍無涉，故略而不論。

　　現存嵇康別傳史料，補正史不足甚多，故置於本文第六章第一節論述。

　　向秀，字子期，好老莊之學，其《莊子注》一書出現，使莊學盛行，提振玄風。西晉惠帝時郭象據向秀《莊子注》進一步發揮，於是莊學更盛，儒學之跡見鄙，道家之言遂盛。在《晉書‧向秀傳》以及〈向秀別傳〉均記載向秀注《莊子》時，曾和嵇康、呂安討論一事，茲舉別傳說明之：

　　　　　　秀與嵇康、呂安爲友，趣舍不同。嵇康傲世不羈，安放逸邁俗，而秀雅好讀書。二子頗以此嗤之。後秀將注莊子，先以告康、安。康、安咸曰：「此書詎復須注，徒棄人作樂事耳。」及成，以示二子。康曰：「爾故復勝不？」安乃驚曰：「莊周不死矣！」後注周易，大義可觀，而與漢世諸儒互有彼此，未若隱莊之絕倫也。秀本傳或言：「秀遊託數賢，蕭屑卒歲，都無注述，唯好莊子，聊隱崔譔所注，以備遺忘云。」〔註56〕

向秀與嵇康、呂安友誼深厚，然二人開始未曾預料向秀注莊，能發明奇趣，然書成之後，卻不禁驚呼「莊周不死矣！」可想見向秀此書評價之高，地位之崇。劉孝標注《世說》引戴逵《竹林七賢論》所言，讚譽此書：

〔註53〕見《三國志‧魏志‧管輅傳》裴注引《輅別傳》。
〔註54〕見《三國志‧魏書‧王粲傳》裴松之注引，《晉書‧嵇康傳》與此說亦同。
〔註55〕見《世說新語‧棲逸》劉孝標注引。
〔註56〕見《世說新語‧文學》劉孝標注引。

秀爲此義，讀之者無不超然，若已出塵埃而窺絕冥，始了視聽之表。

有神德玄哲，能遺天下，外萬物。雖復使動競之人顧觀所徇，皆悵然自有

振拔之情矣。

讀向秀《莊子注》，能使人超然心悟，拔脫世俗，進入「出塵埃而窺絕冥」的境界，此亦所謂悟「道」。如能體道，則如同神德玄哲，能遺天下，外萬物，使動競榮利之人亦能有所省悟而悵然自拔。此讚美說明《莊子注》妙析奇致，受到清談之士的嘆賞。

關於向秀的交遊及仕途，在別傳中亦有相關紀錄。向秀與嵇康、呂安情誼深厚，〈向秀別傳〉中記載：

秀字子期，河內人。少爲同郡山濤所知，又與譙國嵇康、東平呂安友

善，並有拔俗之韻。其進止無固必，而造事，營生業，亦不異常，與嵇康

偶鍛於洛邑，與呂安灌園於山陽，不慮家人有無，外物不足怵其心。〔註57〕

向秀作〈思舊賦〉云：「余與嵇康、呂安居止接近，其人並有不羈之才。嵇意遠而疏，呂安心曠而放，其後並以事見法。」〔註58〕嵇康過世之後，向秀赴洛陽見司馬昭，司馬昭問其「聞有箕山之志」一段，亦可見於〈向秀別傳〉：

後康被誅，秀遂失圖，乃應歲舉到京師，詣大將軍司馬文王。文王問

曰：「聞君有箕山之志，何能自屈？」秀曰：「常謂彼人不達堯意，本非所

慕也。」一坐皆悅，隨次轉至黃門侍郎、散騎常侍。〔註59〕

援詩附會本屬清談所慣見，然司馬昭與向秀的對答，雖屬應酬辭令，亦可見其智慧權變。後累官至黃門侍郎、散騎常侍，雖然得官，但仍懷念竹林舊好，尤其嵇康，他曾作〈思舊賦〉以借景抒懷、悼念故友。

七、清談之士

魏晉時期的玄談又稱爲清談，與玄學關係密切，因爲玄談之品題多爲玄學之內容。嚴格而論，玄談是由魏正始年間何晏、王弼所提出。時何晏爲吏部尚書，有威望，王弼爲其座上賓客，談論義理更爲其他賓客所不及，且理義超拔勝過何晏，此二人隱然成爲當時清談的領袖人物。〔註60〕然在此之前，玄學已有一個醞釀的過程，

〔註57〕見《世說新語‧言語》劉孝標注引。

〔註58〕見《晉書‧向秀傳》。

〔註59〕見《世說新語‧言語》劉孝標注引。

〔註60〕見《世說新語‧言語》記載：「何晏爲吏部尚書，有位望，時談客盈坐。王弼未弱冠，往見之。晏聞弼名，因條向者勝理，語弼曰：『此理，僕以爲理極，可得復難不？』弼便作難，一坐人便以爲屈。於是，弼自爲客主數番，皆一坐所不及。」劉孝標注引《文章敘錄》云：「晏能清言，而當時權勢，天下談士多宗尚之。」可見何晏以權位之重、學術之宗，倡導清談，而天下宗之。

即正始之前，荀粲、傅嘏、裴徽等人已經開始談論玄學問題，此事在《粲別傳》中亦有記載：

> 粲，太和初到京邑，與傅嘏談。嘏善名理，而粲尚玄遠，宗致雖同，倉卒時，或格而不相得意。裴徽通彼我之懷，爲二家釋。頃之，粲與嘏善。
> 〔註61〕

魏明帝太和初距正始約早了十餘年，荀粲與傅嘏的會談已有「名理」與「玄遠」二派之分。名理一派，雖有老莊思想，但以形名家爲主，談論內容較切近實際，處事方面保持法家精神，也不反對儒家。因此對於當時士大夫過於虛浮放誕行爲，表示反對，代表人物有傅嘏、劉邵、鍾會、裴頠、孫盛等。玄論派則以道家思想爲主，談論內容如「無爲」、「養生」、「夢」、「聲無哀樂」、「言盡意」等玄妙問題。他們反對禮法，輕薄儒家，行爲比較浪漫放縱。故傅嘏與荀粲的談論，便顯得格格不入。經過裴徽居中協調，才稍稍接近。此事亦可見於《三國志·魏志·荀彧傳》裴注引〈荀粲傳〉記載，荀粲於魏太和初年至京師，與傅嘏、裴徽談論「虛勝」和「玄遠」的問題。另外《輅別傳》中孔曜對管輅說：「冀州裴使君才理清明，能釋玄虛，每論易及老、莊之道，未嘗不注精於嚴、瞿之徒也。」〔註62〕這也是說明裴徽善談玄學，精通老、莊、易之義理。

本節將依名理派與玄論派，擇引別傳人物，並參之正史說明魏晉時期特有之清談玄學人物。

（一）名理派

1、傅　嘏

傅嘏與劉邵同時，係名理派初期重要人物。關於他的生平，在別傳中有一小段紀錄：

> 嘏，字昭先。年八歲喪母，號泣不絕聲，自然之哀，同於成人。年十四始學，疑不再問。三年中，誦五經，皆究其義，群言無不綜覽。〔註63〕

又據《三國志·魏書·傅嘏傳》記載，傅嘏原先投靠曹爽，但與何晏不和，未得重用。轉而親附司馬氏，曹爽被誅後，他受到司馬氏的重用。關於傅嘏與玄學間的關係，在《三國志·荀彧傳》裴注引何劭〈荀粲傳〉記載：「傅嘏善名理。」裴注又引《傅子》說他「好論才性，原本精微，甚少能及之。」可見傅嘏清談專主才性。才

〔註61〕見《世說新語·文學》劉孝標注引。
〔註62〕見《三國志》卷二十九《魏書·管輅傳》裴注引《輅別傳》。
〔註63〕見《太平御覽》卷三八五引〈傅嘏別傳〉。

是才幹，性爲性情，他主張才性相同。當時參與討論的人很多，同異離合各有不同的看法〔註 64〕，後來鍾會將此四種意見彙集成一書，名爲《四本論》，然此書已佚。

2、衛玠

衛玠字叔寶，於永嘉清流中享有盛名，他的祖父衛瓘在正始年間常常參與何晏、鄧颺等談論，成爲清談的前輩。王隱《晉書》云：「衛瓘善名理。」〔註 65〕又因爲衛瓘是名理派的一份子，故傅嘏也非常佩服他。《晉諸公贊》云：「瓘以明識清允稱，傅嘏極貴重之。」〔註 66〕衛玠受其祖父影響，清談本領高妙，時人亦重之。

衛玠少時，聰明可愛，姿容秀美，衛瓘視其爲神童，嘗云：「此兒有異，顧吾老，不見其大耳。」《晉書・衛玠傳》亦云：「總角乘羊車入市，見者皆以爲玉人，觀之者傾都。」在《玠別傳》中也記載有：「玠有虛令之秀，清勝之氣，在群伍之中，有異人之望。祖太保見玠五歲曰：『此兒神爽聰令，與眾大異，恐吾年老不及見爾。』」〔註 67〕可作爲參注。不僅如此，驃騎將軍王濟（玠之舅），俊爽有風姿，每見玠，也不禁讚嘆：「珠玉在側，覺我形穢。」〔註 68〕與衛玠同游時，彷彿明珠在側，光芒朗朗照人。此段說明亦可見於《玠別傳》：「驃騎王濟，玠之舅也，嘗與同遊，語人曰：『昨日吾與外生共坐，若明珠之在側，朗然來照人。』」〔註 69〕以及「玠在群臣之中，寔有異人之望。韶齔時乘白羊車於洛陽市上，咸曰：『誰家璧人！』於是家門州黨號爲『璧人』。」〔註 70〕衛玠不僅姿容優美，又好言玄理，在清談盛行之時，被視爲風流佳士。據《世說新語・賞譽》記載：

王平子邁世有俊才，少所推服。每聞衛玠言，輒嘆息絕倒。

劉孝標於此事之下引《玠別傳》說：

玠少有名理，善通莊老，琅邪王平子高氣不群，邁世獨傲，每聞玠之語議，至于理會之間，要妙之際，輒絕倒於坐，前後三聞，爲之三倒，時人遂曰：「衛君談道，平子三倒。」

說明了衛玠善言玄理，而令當時名士如王澄等人都爲之嘆息絕倒。王平子即王澄，

〔註 64〕見《世說新語・文學》劉孝標注引《魏志》：「尚書傅嘏論同，中書令李豐論異，侍郎鍾會論合，屯騎校尉王廣論離，文多不載。」

〔註 65〕見《世說新語・賞譽》劉孝標注引王隱《晉書》曰：「衛瓘有名理，及與何晏何晏、鄧颺等數共談講，見廣（按：樂廣）奇曰：『每見此人，則瑩然猶廓雲霧而睹青天也。』」

〔註 66〕見《世說新語・識鑒》劉孝標注引《晉諸公贊》曰：「瓘字伯玉，河東安邑人。少以明識清允稱，傅嘏極貴重之，謂之甯武子，仕至太保，爲楚王瑋所害。」

〔註 67〕《世說新語・識鑒》劉孝標注引。

〔註 68〕《晉書・衛玠傳》。

〔註 69〕《世說新語・容止》劉孝標注引。

〔註 70〕同前註。

乃王衍之弟，後爲王敦所殺。王澄義理雖不及衛玠，但其夙有盛名，他聞衛玠言理而絕倒，此話一傳，亦成爲讚譽衛玠的佳話。《世說新語・賞譽》又有一段記載：

> 王敦爲大將軍，鎮豫章。衛玠避亂，從洛投敦，相見欣然，談話彌日。於是，謝鯤爲長史，敦謂鯤曰：「不意永嘉之中，復聞正始之音，阿平若在，當復絕倒。」

劉孝標於此事之下復引《玠別傳》說：

> 玠至武昌，見王敦，敦與之談論彌日信宿，敦顧謂僚屬曰：「昔王輔嗣吐金聲於中朝，此子今復玉振於江表，微言之緒絕而復續，不悟永嘉之中復聞正始之音，阿平若在，當復絕倒矣。」

別傳所記，雖與正史略有出入，然對於爲玠之讚譽卻更爲詳細。清談玄言，濫觴於正始年間，逐漸發展成爲士人安身立命的精神支柱，雖然元康、永嘉時期，戰亂頻仍，然士族清談不衰，唯恐爲言絕續。王敦稱清談玄言爲金聲玉振，言衛玠所論乃「不意永嘉之中，復聞正始之音」，無異是對其清談義理深奧高妙的最高評價。

衛玠是樂廣的女婿，關於此點，《玠別傳》中記載：「娶樂廣女，裴叔道曰：『妻父有冰清之姿，婿有璧潤之望，所謂秦晉之匹也。』」〔註71〕婦公冰清，女婿璧潤，可見時人之讚譽。衛玠於永嘉六年渡江，同年死去，得年二十七歲。死後，葬南昌，後移至江寧。他的英年早逝，是因爲素有羸疾〔註72〕。關於他的過世，《世說新語・傷逝》記載：

> 衛洗馬以永嘉六年喪，謝鯤哭之，感動路人。咸和中，丞相王公教曰：「衛洗馬當改葬。此君風流名士，海內所瞻，可修薄祭，以敦舊好。」

劉孝標於此事之下復引《玠別傳》說：

> 玠，咸和中改遷於江寧。丞相王公教曰：「洗馬明當改葬，此君風流名士，海內民望，可脩三牲之祭，以敦就好。」

衛玠去世時，從謝鯤哭之，王導爲他移葬時言其「風流名士，海內所瞻」，可以看出當時社會對其何等崇敬。

3、裴 頠

裴頠在西晉清談中負有盛名，他善於談論，亦是家學淵源。太和初傅嘏與荀粲會談時作爲調人的裴徽，即是他的叔祖，他的叔叔裴楷與堂弟裴遐〔註73〕均爲情談

〔註71〕見《世說新語・言語》劉孝標注引。

〔註72〕見《世說新語・容止》劉孝標注引《玠別傳》：「玠素抱羸疾。」

〔註73〕《世說新語・文學》劉孝標注引鄧粲《晉紀》云：「遐以辯論爲業，善敘名理，辭氣清暢，泠然若琴瑟。聞其言者，知無不知，無不嘆服。」他是王衍的女婿。但因現

界的名人。王衍〔註 74〕曾云：「裴僕射善談名理，混混有雅致。」〔註 75〕在其別傳亦有：

> 裴僕射，時人謂言談之林藪。〔註 76〕

說明裴頠談理充分且風度亦佳。在玄風盛行之時，他不但崇尚儒學，亦作《崇有論》以名志，意在反對虛無思想與放浪行為，在晉書本傳中記載：「頠深患時俗放蕩，不尊儒術，何晏、阮籍素有高名於世，口談浮虛，不遵禮法，尸祿耽寵，仕不事事。至王衍之徒，聲譽太盛，位高勢重，不以物務自嬰，遂相放效，風教陵遲，乃著崇有之論以釋其弊。」此書針對當時正流行的「無」與「無為」思想而發揮「有」以及「有為」的理論。他也不贊同老子「有生於無」「無為而無不為」之說，因為無不可能生有，既有生的作用就是有，就是有為。若一味談虛無，貴無，會引起禮法上的鬆弛，反而導致不量的社會風氣。《崇有論》義理豐博，難以反駁，當時只有王衍可與他論辯。雖然彼此立場不同，但王衍對於裴頠的清談論辯，卻是相當佩服敬重的，無怪乎有「言談之林藪」的盛譽。

（二）玄論派

玄論派初期，以荀粲、何晏、夏侯玄、鄧颺、王弼諸人為主，與劉劭、傅嘏、鍾會等名理派相抗。何王之後，由竹林七賢到西晉王衍樂廣等人興起，是玄論派最盛之時。從調和儒家到反對禮法、避世隱居、放曠飲酒是此時期流行與共識。南渡之後，士大夫鑑於亡國之痛，清談的內容從專言老莊轉到幾個主題上面，據《世說新語‧文學》所載：「王丞相過江左，止道『聲無哀樂』、『養生』、『言盡意』三理而已。」除此之外，此時期清談家，多少受佛教影響，或專務佛理，或以佛理釋老莊，如支道林、王濛、殷浩、劉惔等。除了臣子之外，連當時的簡文帝也鍾情於清談。當他還是會稽王時，一時有名的清談之士，都集中在其門下，成為「入室之賓」，如王濛、劉惔、孫盛、支道林、許詢、韓伯等。茲以別傳為輔說明如下：

1、裴 徽

裴徽係裴潛之少弟，據《三國志‧魏書‧裴潛傳》裴注記載：「潛少弟徽，字文季，冀州刺史。有高才遠度，善言玄妙。」在《世說新語‧文學》又載：

> 王輔嗣弱冠詣裴徽，徽問曰：「夫無者，誠萬物之所資，聖人莫肯致

存別傳未有其紀錄，故不贅述。

〔註 74〕裴頠乃王戎之女婿。裴王二族，盛於魏晉時期，俱為清談大家，然王族偏玄論，裴家則重名理。

〔註 75〕見《世說新語‧言語》。

〔註 76〕見《古小說鉤沈》引〈頠別傳〉。此說亦見於《世說新語‧賞譽》。

言，而老子申之無已，何邪？」弼曰：「聖人體無，無又不可以訓，故言
必及有，老、莊未免於有，恆訓其所不足。」

裴徽為王弼之長輩，劉孝標注引《弼別傳》曰：「弼父為尚書郎，裴徽為吏部郎，
徽見異之，故問。」從上述引文裴徽問「夫無者，誠萬物之所資。」可見「以無為
本」的思想在士族之間已然流行；而王弼回答「聖人體無」，融合玄學與儒學，調和
儒道思想。

2、裴 楷

西晉名士如裴楷，與王戎齊名，對於中朝以後的玄言清談影響深遠。在《晉書・
裴楷傳》云：「楷明悟有識量，弱冠知名，尤精老易，少與王戎齊名。」鍾會也說「裴
楷清通，王戎簡要」〔註77〕。除了清談方面的成就，在德行方面，裴楷也有過人之
處，如《世說新語・德行》載：

> 梁王、趙王，國之近屬，貴重當時。裴令公，歲請二國租錢數百萬，
> 以恤中表之貧者。或譏之曰：「何以乞物行惠？」裴曰：「損有餘，補不足，
> 天之道也。」

劉孝標注此事時引《名士傳》云：「楷行已取與，任心而動，毀譽雖至，處之晏然，
皆此類。」裴楷募款周濟親友之貧者，類老子「損有餘，補不足」之思想，故神情
自若，處之晏然，不以毀譽為意。現存別傳資料雖未記載裴楷精通玄理，但記一事
亦可作為其不囿於物之註腳：

> 裴楷別傳曰：「楷營新宅，基宇甚麗，當移住，與兄共遊行，床帳儼然，
> 櫺軒疏朗，兄心甚願之，而口不言。楷心知其意，便使兄住。」〔註78〕

3、王 導

西元三一七年，琅邪王司馬睿於建康稱王，翌年即帝位，建立江左政權，是為
東晉。當時著名政治人物王導、謝安，身為宰輔權貴，身兼清談領袖。在政治上主
張清靜無為，思想上則崇尚玄學。據《晉書・王導傳》記載：「導少時有風鑑，識量
清遠。」在別傳中記載他「少知名，家世貧約，恬暢樂道，未嘗以風塵經懷也。」
〔註79〕在渡江之前，他曾與裴頠、阮瞻清談，故羊曼云「人久以此許卿」，可見王
導受永嘉時清談的影響，當時殷浩、桓溫、謝尚、王濛、王述等名士，均為其座上
賓客。在《世說新語・文學》記載：

〔註77〕見《世說新語・賞譽》。
〔註78〕見《藝文類聚・居處部四・宅舍》卷六十四。
〔註79〕見《世說新語・德行》劉孝標注引〈丞相別傳〉：「王導，字茂弘，琅邪人。祖覽，以
　　　　德行稱。父裁，侍御史。導，少知名，家世貧約，恬暢樂道，未嘗以風塵經懷也。」

殷中軍為庾公長史，下都，王丞相為之集，桓公、王長史、王藍田、
謝鎮西並在。丞相自起解帳帶麈尾，語殷曰：「身今日當與君共談析理。」
既共清言，遂達三更。

王導與殷浩共談析理，不覺光陰飛逝，竟已三更，可見當時清談之盛況。此次徹夜
長談，王導十分滿意，讚嘆曰：「正始之音，正當爾耳！」除企慕正始之音，王導亦
慕竹林名士，如《世說新語‧言語》記載：

周僕射雍容好儀形，詣王公，初下車，隱數人，王公含笑看之。既
坐，傲然嘯詠。王公曰：「卿欲希嵇、阮邪？」答曰：「何敢近舍明公，
遠希嵇、阮！」

周僕射即周顗，拜訪王導時，下車憑依數人，坐定則傲然嘯詠，此乃竹林名士以長
嘯代言的清談模式。亦可見兩人推崇嵇康、阮籍等竹林名士之風。

繼王導之後，謝安執政。據《晉書‧謝安傳》記載，他幼時「神識沈敏，風宇
調暢。」起初不願出仕，「寓居會稽，與王羲之及高陽許詢、桑門支遁遊處，出則漁
弋山水，入則言詠屬文。」王羲之崇道，許詢信佛，支遁為僧人，說明謝安在出仕
之前與清談名士交往甚密。不惑之年出仕為官，曾使桓溫篡奪陰謀受挫，又指揮謝
玄淝水之戰大勝苻堅。雖欲收復北方，然受客觀形勢所限，未能如願。施政方針與
王導同，主張為政務清靜，既知北方無法收復，則將心力集中在調和士家大族的紛
爭中，他以「秦任商鞅，二世而亡」〔註80〕為戒，強調為政寬恕，各得其所。他知
道清談可以達到朝野安靜無為，社會安定之效用，故崇尚清談。茲以東晉名士殷浩、
劉惔與王濛為例，參之別傳說明當時清談盛況。

4、殷　浩

殷浩字淵源，陳郡長平人。出身官宦世家，祖父、父親均曾為官。他自幼就喜
歡老莊之學，善於談論，與叔父殷融論辯，每每勝之，未及弱冠，就已出名。〔註81〕
在〈浩別傳〉有記載：「浩善老易，能清言。」〔註82〕當時能與他相抗者，唯孫盛
而已。〔註83〕

一次和孫盛析理，兩人竭力論辯，連侍者送上的食物也無暇品嚐，食物冷後加
熱，熱後變冷不下四回。雙方互不相讓，揮動麈尾，都落入餐飯之中，激烈爭辯一

〔註80〕見《世說新語‧言語》所載。
〔註81〕見《世說新語‧文學》劉孝標注引〈浩別傳〉：「浩字淵源，陳郡長平人。祖識，濮
　　　　陽相。父羨，光祿勳。　浩，少有重名，仕至揚州刺史、中軍將軍。」中興書曰：「建
　　　　元初，庾亮兄弟、何充等相尋薨，太宗以撫軍輔政，徵浩為揚州，從民譽也。」
〔註82〕見《世說新語‧政事》劉孝標注引。
〔註83〕見《世說新語‧文學》劉孝標注引《續晉陽秋》言。

直到夕陽西下依舊不分軒輊，最終兩人的對話頗為有趣：「殷乃語孫曰：『卿莫作強口馬，我當穿卿鼻。』孫曰：『卿不見決鼻牛，人當穿卿頰。』」〔註84〕就連對罵，也機鋒相對，饒富趣味。

5、劉惔

另一次在會稽王（簡文帝）處辯論「易象妙於見形」之時，群賢畢集，孫盛雄辯滔滔，在座之士均非其對手，後來連殷浩也敗陣，結果是劉惔到來，才將孫盛擊倒。〔註85〕可見劉惔清談論辯之功，在〈劉惔別傳〉記載：

> 惔有儁才，其談詠虛勝，理會所歸，王濛略同，而敘致過之，其詞當
> 也。〔註86〕

劉惔幼時即長於玄學，好老莊，任自然，具有獨立見解，在東晉清談中，長於義理，富有談鋒，受到名士的推崇。據《晉書・劉惔傳》記載：「及惔年德轉升，論者遂比之荀粲。……以惔雅善言理，簡文帝初作相，與王濛並為談客。」荀粲為正始名士，與王弼、何晏齊名，時人以劉惔比荀粲，洵為美譽。

劉惔曾任丹陽尹，而其為官清整，門無雜賓。他崇尚老莊，施政亦務無為清靜，死後孫綽為其銘誄曰：「居官無官官之事，處事無事事之心。」〔註87〕時人以為名言。

6、王濛

王濛與劉惔齊名，劉惔稱濛性至通，且自然有節。王濛亦謂「劉君知我，勝我自知。」〔註88〕稱濛「性至通」，指其於玄學造詣高深，在當時是很高的評價。而「自然有節」，據〈王濛別傳〉云：

> 濛之交物，虛己納善，恕而後行，希見其喜慍之色，凡與一面莫不敬
> 而愛之。然少孤，事諸母甚謹，篤義穆親，不脩小絜，以清貧見稱。〔註89〕

「自然有節」指王濛虛心接受善言，胸襟寬恕宏大，甚少見其喜怒形於色，故人皆敬之愛之。侍奉母親至孝，雖不修小節，然放達有節制。為官就職，首尾一人，深獲王導信任〔註90〕。至於清談玄理，重義理闡發，簡而有會，見〈王濛別傳〉記載：

〔註84〕見《世說新語・文學》。
〔註85〕見《世說新語・文學》。
〔註86〕見《世說新語・品藻》劉孝標注引。
〔註87〕見《晉書・劉惔傳》。
〔註88〕見《晉書・王濛傳》。
〔註89〕見《世說新語・賞譽》劉孝標注引。
〔註90〕見《世說新語・任誕》劉孝標注引王濛別傳曰：「丞相王導辟名士時賢，協贊中興，旌命所加，必延俊乂，辟濛為掾。」又見《藝文類聚・職官部四・中書侍郎》卷四十八引王濛別傳曰：「濛為中書郎，在職四年，首尾如一人，難與比肩故也。」

> 濛性和暢。能清言，識道貴理中，簡而有會，商略古賢顯默之際，辭
> 旨劭令往往有高致。〔註91〕

王濛清談以理之完善服人，而非以辭勝人，這也是他和劉惔之間的區別。但此二人在當時並駕齊名，時人以惔方荀奉倩，濛比袁曜卿，凡稱風流者，皆以惔、濛爲宗。在〈濛別傳〉也對此有記載：

> 濛別傳曰：「濛與沛國劉惔齊名，時人以濛比袁曜卿，惔比荀奉倩，
> 而共交友，甚相知賞也。」〔註92〕

若眞得要分出高下，《世說新語·品藻》云：「謝太傅謂王孝伯：『劉尹亦奇自知，然不言勝長史。』」孝伯是王恭，乃王濛之孫，亦爲清談名士。謝安論王濛與劉惔，顯然以濛爲高。可以想見王濛當時在清談界的崇高地位。

王濛過世時，劉惔哀慟不已，將犀把塵尾置於棺中，作爲陪葬之物，也意味知音永遠訣別。在〈濛別傳〉有：

> 濛以永和初卒，年三十九。沛國劉惔與濛至交。及卒，惔深悼之，雖
> 友於之愛，不能過也。〔註93〕

7、王胡之

可見清談除了爭勝，也有求知音者。另一人即是王胡之，他和殷浩曾爲虞亮佐吏，殷浩初至，胡之請求暫停公務而與殷浩清談，表現出他企慕殷浩之名。他認爲殷浩義理較深，在談論之中佔有優勢，但其實王胡之亦長於清談，謝安就曾說：「司州造勝遍決。」〔註94〕在《王胡之別傳》記載：

> 胡之好談講，善屬文辭，爲當世所重。〔註95〕
> 胡之常遺世務，以高尚爲情，與謝安相善也。〔註96〕
> 胡之別傳曰：「胡之潔身清約，以風操自居。」〔註97〕

司州即王胡之，別傳所記王胡之不但潔身清約，喜好談講，且善於文辭，爲當世所敬重。支道林亦嘗云：「見司州警悟交至，使人不得往，亦終日忘疲。」〔註98〕說明王胡之能在清談之中發人警悟，引人入勝，且盡日不知疲倦。

〔註91〕見《世說新語·賞譽》劉孝標注引。
〔註92〕見《世說新語·賞譽》劉孝標注引。
〔註93〕見《世說新語·傷逝》劉孝標注引。
〔註94〕見《世說新語·賞譽》。
〔註95〕見《世說新語·品藻》劉孝標注引。
〔註96〕見《世說新語·賞譽》劉孝標注引。
〔註97〕同前註。
〔註98〕見《世說新語·賞譽》。

第五章　別傳的敘事特徵與文學藝術

第一節　別傳的敘事特徵

　　魏晉時期撰史之風盛行，除正史外，亦出現人批雜傳野史。就雜傳而言，據清人姚振宗《隋書經籍志考證》一書統計，漢魏之際的雜傳共有四七○部之多，其中除了少數幾種為漢代人所作外，其餘均為魏晉南北朝時期的作品。又據清人章宗源《隋書經籍志考證》統計，散見於《三國志》、《後漢書》、《世說新語》、《水經注》、《文選》、《藝文類聚》以及《太平御覽》等書注引中的單篇散傳，也有一八四種之多。因雜傳多出自於「幽人處士」〔註1〕或「方聞之士」〔註2〕的「率爾而作」〔註3〕，在敘事方面突破了傳統史傳的範圍，也開展了唐代傳奇成熟的小說敘事模式。其中別傳隸屬雜傳一類，且由於魏晉別傳數量繁多，傳主的代表層面廣泛，加上作者不受正統史傳敘事的約束，別傳作品適足以反應了這一歷史時期的風貌。

　　在魏晉時期出現的人物別傳裡，有一些傳主生活的年代是在魏之前，這些人物別傳展現了東漢以來的社會型態以及傳統秩序的變化，也提供人們認識漢魏之際的歷史變化，如《太平御覽》中的〈鍾離意別傳〉。鍾離意生活在東漢光武帝及明帝時代，經過王莽之亂到光武中興，東漢時期雖然重新統治全國，然而整個社會風氣已變，昔日傳統的道德規範以及法律秩序受到強烈的衝擊，另一方面，富有責任感的仁人君子則以其不懈的努力及自身的潔行德操，維持日漸頹唐的社會綱紀。〈鍾離意別傳〉通過鍾離意生平行事的記述，塑造一位善恤民情、寬嚴並濟的廉吏形象：

〔註1〕焦竑：《國史經籍志‧傳記類序》（《續修四庫全書》影印本，（明）徐象校刻本）。

〔註2〕《宋三朝志‧傳記類序》（華東師大出版社，一九八五年，《文獻通考‧經籍考‧雜史各門總》）。

〔註3〕《隋書‧經籍志‧雜傳序》。

　　意字子阿，會稽山陰人也。太守竇翔召意署功曹史，意乃爲府立條式，威儀嚴肅，莫不靖恭。後日竇君與意相見，曰：「功曹頃立嚴科。」太守觀察朝晡吏無大小，莫不畏威。〔註4〕

　　意遷東平瑕丘令，男子倪直勇悍有力〔註5〕，便弓弩，飛射走獸，百不脫一，桀悖好犯長吏。意到官，召捕賊掾朱力謂之云：「令昔嘗破三軍之眾，不用尺兵；嘗縛暴虎，不用尺繩，但以良詐爲之耳。掾之氣勢安若，宜慎之。」因復召直子涉署門下，將游徼私出入，寺門無所關，白收涉鞭之。直走之寺門，吹氣大言，言無上下。意氣朱力直：「能爲子屈者，自縛誠令，不則鞭殺其子。」直果自縛。意告曰：「令前告汝嘗縛暴虎不用尺繩，汝自視何如虎自縛耶？」朱力獄械直父子，結連其頭，對榜欲死，掾吏陳諫，乃貸之。由是相率爲善。所謂上德之政，鷹化爲鳩，暴虎成狸，此之謂也。〔註6〕

　　意爲瑕丘令，立春遣戶曹吏檀建賷青幘幡白督郵，督郵不受，建留於家，還白意言受。它日意見督郵，而督郵謝意，言所以不受青幘幡者，已自有也。意還，召建問狀，建惶怖叩頭。意曰：「勿叩頭，使外聞也。」出因轉署主記吏，假遣無期。建歸家父問之曰：「朝大士眾，賢能者多，子何功才，既獲顯榮，假乃無期，寵厚將何謂也，得無有不信於賢主邪？」建長跪以青幡意語父。父默然有頃，令妻設酒殺雞與建相樂，謂建曰：「吾聞有道之君以義理殺人，無道之君以血刃加人，長假無期，唯死不還，將何以自裁乎？」酒畢進藥，建遂物故。〔註7〕

鍾離意在《後漢書》中有傳，上述諸事亦見載述。然史傳僅記其大略，於細節則完全忽略不記，相比之下，別傳較史傳生動。因此，不僅刻畫了傳主鮮明完整的形象，與他有關係的人物及環境也有相當細緻生動的描繪，可以讓人體會傳主所置身的特定時代氣氛。

　　本章節針對別傳敘事特徵中事類的選擇與運用，以及敘事的方式與風格二大方面加以論述：

一、事類的選擇與運用

〔註4〕《太平御覽》卷二六四〈鍾離意別傳〉。
〔註5〕按《北堂書鈔》此處多「一飯十斤肉，五斗粟飯」。
〔註6〕見《太平御覽》卷二六八。
〔註7〕見《太平御覽》卷三四一。

　　史傳中所記載的事件往往蘊含著「經世之大略，得失之樞機」〔註 8〕，因此不是任何事件都可以入史；必須具備「關國家興衰，繫生民休戚，善可爲法，惡可爲戒者」〔註 9〕，或者如荀悅所言：「立典有五志焉：一曰達道義，二曰彰法式，三曰通古今，四曰著功勛，五曰表賢能」之事方能載之史策。別傳則不然，雖然不少作品仍有一定的勸誡意義，但多數別傳所留意的並非經世之大略，而是個人生命的本身，所謂「流風遺跡，故老所傳，史不及書」〔註 10〕者，或是「史筆所不及者」〔註 11〕。關注焦點的轉移，使得別傳重視的是該事是否能反映個體生命的獨特性與其精神風貌。

　　如〈郭林宗別傳〉中記孟敏買甑一事：

　　　　鉅鹿孟敏，字叔達，敦樸質直。客居太原，雜處凡俗，未有所名，嘗至市買甑，荷擔墜地壞之，徑去不顧，適遇林宗見而異之，因問曰：「壞甑可惜，何以不顧？」客曰：「甑既已破，視之何益？」林宗賞其介決，因以知其德性，謂必爲美士，勸令讀書。」〔註 12〕

摔破一甑，原爲日常生活中不能再小的事，別傳採而錄之，且敘述詳盡，可見別傳在事類的選擇與運用上與正史相異之處。這些小事，雖然並不攸關經國大事，然而卻顯露出人物的個性與風采，就人物刻劃而言，更具形象。

　　正史列傳除記載重大事件之外，還要求實錄。所謂實錄，班固的解釋爲：「善序事理，辨而不華，質而不俚，其文質、其事賅，不虛美、不隱惡，故謂之實錄。」〔註 13〕劉知幾則說：「愛而知其醜，憎而知其善，善惡必書，斯爲實錄。」〔註 14〕綜上所述，「實錄」包含兩層意思，一是史事的確鑿無疑，即「信以傳信，疑以傳疑」〔註 15〕的要求；一是作者態度的客觀公正。然而別傳在事類的選取上，「鬼神怪妄之說往往不廢」〔註 16〕、「雜以虛誕怪妄之說」〔註 17〕，相對而言是比較不棄傳聞，不求確鑿的。如〈曹瞞傳〉中記載：「王（曹操）使工蘇越徙美梨，掘之，根傷盡出

〔註 8〕王夫之《讀通鑑論》卷六。
〔註 9〕朱熹《朱子語類》卷八十三。
〔註 10〕《國史經籍志‧傳記類序》。
〔註 11〕《宋三朝志‧雜傳序》。
〔註 12〕見《世說新語‧黜免》劉孝標注引。
〔註 13〕見《漢書‧司馬遷傳》卷六十二。
〔註 14〕見《史通‧惑經》。
〔註 15〕《穀梁傳》桓公五年。除此之外，在劉邠《彭成集》卷二十七〈與王深甫論史書〉中也有：「古者爲史，皆據所聞見實錄事蹟，不少損益，有所避就也，謂之傳信。」
〔註 16〕《國史經籍志‧雜傳序》。
〔註 17〕《隋書經籍志‧雜傳序》。

血，越白狀，王躬自視而惡之，以爲不祥，還遂寢疾。」屬於傳聞不經之事。《三國志・武帝紀》中不載，而〈曹瞞傳〉則錄之。又如〈葛仙翁別傳〉：「仙公與客對食，客曰：『食畢，當請先作一奇戲』。食未竟，仙公曰：『諸君得無邑邑，欲見乎？』即吐口中飯，盡成飛蜂，滿屋，或集客身，莫不震肅，但自不螫人耳。良久，仙公乃張口，見蜂皆飛還入口中，成飯食之。」〔註18〕飯化爲蜂從口中飛出之事，自是虛構荒誕。又如《陶侃別傳》載一事：「及侃丁母憂，在幕下，忽有二客來吊，不哭而退，儀服鮮異，知非常人，遣隨視之，但見雙鶴沖天而去。」〔註19〕頗類神仙怪異之說，在別傳中卻屢見不鮮，顯示其與正史列傳的不同之處。

二、敘事的方式與風格

劉知幾在《史通・敘事》特別提出：「夫史之稱美者，以敘事爲先。」又「夫國史之美者，以敘事爲工。」說明敘事是史學審美的一個標準，強調敘事對於撰史的重要性。他把史傳的敘事方式分爲四種：「蓋敘事之體，其別有四。有直紀其才行者，有唯書其事跡者，有因言語而可知者，有假贊論而自見者」〔註33〕。在四體之中，除了「言語」之外，其他三體都可以說是概述的敘事方式，所包含的內容很豐富，文字的表述是其中重要的一項。

別傳主要展示傳主的個體精神，故其所記事類，或爲傳聞，或爲軼事，必求其達到「旁鑿旁說」〔註34〕、「收摭益細」〔註35〕的目的，使得別傳的敘事趨於詳贍與細節。如〈邴原別傳〉敘少年邴原過書舍一事：

> 原十一而喪父，家貧、早孤，鄰有書舍，原過其旁而泣，師問曰：「童子何悲？」原曰：「孤者易傷，貧者易感，夫書者，必皆具父兄者，一則羨其不孤，二則羨其得學，心中惻然而爲涕零也。」師亦哀原之言而爲之泣曰：「欲書可耳？」答曰：「無錢資。」師曰：「童子尚志，我徒相教，不求資也。」於是遂就書，一冬之間，誦《孝經》、《論語》，自在童齔之中，嶷然有異。〔註36〕

此段文字敘述邴原少年求學之事，實爲體現邴原的過人之處。作者抓住此一細節，模擬了邴原與塾師的對話，可謂細緻入微。又如《文士傳・禰衡傳》中記載：

〔註18〕《藝文類聚・蟲豸部・蜂》引，卷九十七。
〔註19〕《世說新語・賢媛》第二十條劉孝標住引。
〔註33〕《史通・敘事》。
〔註34〕《文心雕龍・史傳》。
〔註35〕《宋兩朝志・雜傳序》。
〔註36〕《三國志・魏書・邴原傳》裴注引。

後至八月朝會，大閱試鼓節，作三重閣，列坐賓客，以帛絹制衣，作一岑牟，一單絞及小褌。鼓吏度者，皆當脫其故衣，著此新衣。次傳衡，衡擊鼓爲漁陽摻撾，蹋地來前，躡馬腳足，容態不常，鼓聲甚悲，音節殊妙，坐客莫不亢慨，知必衡也。既度，不肯易衣，吏呵之曰：「鼓吏何獨不易服？」衡便止，當武帝前，先脫褌，次脫餘衣，裸身而立。徐徐乃著岑牟，次著單絞，後乃著褌，畢，復擊鼓摻撾而去，顏色無怍。〔註37〕

此段文字敘述禰衡擊鼓，從頭至尾，細緻入微，其中如禰衡爲漁陽摻撾，蹋地來前，躡馬腳足，容態不常，以及在曹操面前脫衣穿衣而顏色不改的描寫，一個飄舉逸才活靈活現地呈現在眼前，頗具戲劇效果與張力。

別傳因爲是幽人處士或方聞之士的率爾而作，已經在正統史傳之外。敘事風格雖然也繼承了正史列傳的樸素儒雅，但其用語常鏤金雕彩，行文「雲蒸泉湧」而「體兼賦頌」。如〈夏仲御別傳〉中：

仲御軼洛，到三月三日，洛中公王以下，莫不方軌連軫，並至南浮橋邊禊。男則朱服耀路，女則錦綺燦爛，仲御時在船中，曝所市藥，雖見此輩，穩坐不搖，賈公望見之，深奇其節，願相與語，此人有心膽，有似翼缺，走問舡中安少者爲誰，仲御不應，重問，徐乃答曰：「會稽北海間民夏仲御。」〔註35〕

文中對洛中眾人三月三日出遊至南浮橋的盛況以及夏仲御的行爲舉止，極盡鋪陳，且文辭華贍，與史傳的敘事風格相比，是大異其趣的。又如〈王異別傳〉：「王導與虞亮遊於石頭，會遇異至，爾日迅風飛帆，異倚樓而長嘯，神氣甚逸。」〔註36〕坐者描寫了王異「倚樓而長嘯」之態，又襯之以「迅風飛帆」，一位飄然不群的名士，躍然而出。

其次正史列傳的敘事較爲沈穩，而別傳卻可以較爲詼諧戲謔，帶有一種幽默輕鬆的味道。如〈諸葛恪別傳〉中記載二段孫權與費禕，以及孫權與諸葛恪相互調侃戲謔的對話：

權嘗饗蜀使費禕，先逆敕群臣：『使至，伏食勿起。』禕至，權爲輟食，而群下不起。禕啁之曰：『鳳皇來翔，騏驎吐哺，驢騾無知，伏食如故。』恪答曰：『爰植梧桐，以待鳳皇，有何燕雀，自稱來翔？何不彈射，使還故鄉！』禕停食餅，索筆作麥賦，恪亦請筆作磨賦，咸稱善焉。權嘗

〔註37〕《世說新語‧言語》八條劉孝標注引。
〔註35〕見《藝文類聚‧歲時中‧寒食》引，卷四。
〔註36〕見《藝文類聚‧人部‧嘯》卷十九引。

問恪：『頃何以自娛，而更肥澤？』恪對曰：『臣聞富潤屋，德潤身，臣非
敢自娛，脩己而已。』又問：『卿何如滕胤？』恪答曰：『登階躡履，臣不
如胤；迴籌轉策，胤不如臣。』〔註37〕

此段記載類先秦時期的外交辭令，援詩以應答，從其對話之中可想見費禕當時面對
嘲謔不懼，以鳳凰自比，以驢騾喻人，處變不驚，化窘爲夷的神態。然孫權亦非省
油的燈，以燕雀比擬費禕，何不彈射的威脅口吻，也替自己保留住面子。

　　別傳繼承了史傳文學長期發展所積累的敘事經驗，並且在此基礎上，對於敘事
事類的選擇和運用、敘事方式和風格等，突破傳統的範則，也替唐人傳奇的敘事奠
定了基礎。

第二節　別傳的文學藝術

　　最早論及文、史關係的是孔子：「質勝文則野，文勝質則史。」〔註38〕唐代賈
公彥對於此句則解爲：「辭多爲文史。」將文史並稱，因其特點皆是「辭多」。清代
劉寶楠《論語正義》引東漢包咸曰：「史者，文多而質少。」又引《儀禮·聘禮》：「辭
多則史」之句，並解釋云：「辭多，文也。」因敷暢諸義云：「史官文勝質，則當時
記載或譏爲浮誇者是也。」但此處孔子所說之文，是文采、文辭之意，還不能算是
眞正的「文學」概念。

　　繼孔子之後，孟子也論文史問題。他說：「王者之跡熄而《詩》亡，《詩》亡然
後《春秋》作。晉之《乘》，楚之《檮杌》，魯之《春秋》，一也：其事則齊桓晉文，
其文則史。孔子曰：『其義則丘竊取之矣。』」東漢趙岐注：「其文，史記之文也。」
對於「其文」的文體風格，孟子未具體說明。孟子之言的要義在於把《詩》與《春
秋》並論，認爲《春秋》的微言大義是從《詩》中借用而來的。王通以《書》、《詩》、
《春秋》爲三史。清代章學誠對於「《詩》亡然後《春秋》作」一句的微旨領會更深
入，他說史家學《春秋》者，必深於《詩》，因爲《詩》與《春秋》爲相表裡〔註39〕。
自孟氏觀之，孔子繼《詩》而作《春秋》，是文統的延續，史與文之間是一脈相承的。
如韓非子所言：「捷敏辯給，則見以爲史。」〔註40〕作史者給人的印象是口才好、
文采佳，所記錄的定然也是文勝辭多、繁於文采的史籍。

〔註37〕見《三國志·吳書》卷六十四裴松之注引。
〔註38〕見《論語·雍也》。
〔註39〕《校讎通義·漢志六藝》。
〔註40〕《韓非子·難言》。

漢魏六朝時期，對於史的看法略有改變。如班彪評司馬遷，說他「善述序事理，辯而不華，質而不野，文質相稱，蓋良史之才也」〔註41〕。「文質相稱」說明司馬遷已經不是往昔那種文勝質的史觀了。司馬遷本人也在〈報任安書〉中坦言希望透過修史，使自己的文采表於後世。〔註42〕班固亦云：「漢之得人，於茲爲盛……文章則司馬遷、相如。」〔註43〕班固將司馬遷與司馬相如相提並論，在其看來太史公書可與相如賦同爲「文章」楷模。再者王充心目中的史，也是能雕琢文書，可謂之史匠。〔註44〕范曄雖然自稱恥作文士，但其所著之《後漢書》，誠如劉熙載《藝概》所言「於文士纖雜之見，往往振刷不盡。」〔註45〕晉元康年間陳壽過世之後，尚書郎范頵等上表曰：「陳壽作《三國志》，辭多勸誡，明乎得失，有益風化，雖文豔不若相如，而質直過之，願垂采錄。」〔註46〕可見魏晉六朝時期正是用相如似的文采來要求史家，並以爲史家與辭人在文豔方面應當並駕齊驅。《文心雕龍》中雖然有純史的說法，但它以文論專著論史傳，也可見劉勰對待文史之間的關係。他也注意到司馬遷可以「縟麗成文」，寫出像〈悲士不遇賦〉的文學作品。其他如撰《晉陽秋》的孫盛，著《晉紀》的干寶，也都以文采取勝，劉勰評論道：「孫盛、干寶，文勝爲史，准的所擬，志乎典訓，戶牖雖異，而筆采略同。」〔註47〕

正史傳記雖以歷史人物爲中心，但在依時爲序，以類相從的敘述之中，主要探討治亂興衰的規律，較偏重政治、軍事、教育、德化方面的記載，較不著意於日常生活的聲音形貌。而雜傳源於人物鑑賞，言談風度本身成爲一種價值，對此也有集中的描寫，如《三國志·武帝紀》多記曹操在政治、軍事上的事蹟，而題名爲吳人所傳的〈曹瞞傳〉〔註48〕，則可看出曹操個性及生活神韻的捕捉。又如《世說新語》劉孝標注所引的別傳，記錄人物的日常生活，整本書予人一種平易切近的感受。如宗白華所云：

> 這時代以前，漢代在藝術上過於質樸，在思想上定於一尊，統治於儒
> 家；這時代以後，唐代在藝術上過於成熟，在思想上又入於儒、佛、道三
> 教支配。只有這幾百年間是精神上的大解放，人格上、思想上的大自由。

〔註41〕《後漢書·班彪列傳》。
〔註42〕見《漢書·司馬遷傳》。
〔註43〕《漢書·公孫弘卜式兒寬列傳》。
〔註44〕《論衡·量知》。
〔註45〕見〈文概〉一二八。
〔註46〕《晉書》卷八十二。
〔註47〕《文心雕龍·才略》。
〔註48〕該傳已亡佚，現今所見乃自《三國志》裴注、《世說新語》劉注及《文選》李善注等書中輯錄而成。

> 人心裡面的美與醜，高貴與殘忍，聖潔與惡魔，同樣發揮到極致。……這
> 晉人的美，是這全時代的最高峰，《世說新語》一書記述得挺生動，能以
> 簡勁的筆墨畫出他的精神面貌，若干人物的性格，時代的色彩和空氣。文
> 筆的簡約玄澹尤能傳神。〔註49〕

若從《世說新語》中三十六種品第所記載的別傳中，更可以看出魏晉時期人物的特
徵與人情之美。

一、別傳的人物刻畫

別傳在描繪人物時，往往帶有作者的感情色彩，或褒獎、或貶斥、或隱蔽、或
明顯。從《史記》開始，司馬遷把自己的感情傾注在歷史人物上，也感染了讀者。
別傳也如此，在情感的訴求上，別傳所關注的是歷史中的生命個體本身，在展示傳
主外貌、神態、命運、人性的同時，也往往加入自己對人生感喟。〔註50〕

如《後漢書‧梁冀列傳》記：「冀立質帝，帝少而聰慧，知冀驕橫，嘗朝群臣，
目冀曰：『此跋扈將軍也！』」梁冀除了跋扈驕橫，《後漢書》還記載了他窮奢極欲的
一面：

> 冀乃大起第舍，而壽亦對街為宅，殫極土木，互相誇競。堂寢皆有陰
> 陽奧室，連房洞戶。柱壁雕鏤，加以銅漆；窗牖皆有綺疏青瑣，圖以雲氣
> 仙靈。臺閣周通，更相臨望；飛梁石蹬，陵跨水道。金玉珠璣，異方珍怪，
> 充積臧室。……移檄所在，調發生菟，刻其毛以為識，人有犯者，罪至刑
> 死。嘗有西域賈胡，不知禁忌，誤殺一兔，轉相告言，坐死者十餘人。冀
> 二弟嘗私遣人出獵上黨，冀聞而捕其賓客，一時殺三十餘人，無生還者。
> 冀又起別第於城西，以納姦亡，或取良人，悉為奴婢，至數千人，名曰「自
> 賣人」。

透過范曄善於描繪的文筆，淋漓盡致道出梁冀的窮奢極欲與罪深惡極，寫造屋奢華，
如在目前；寫暴虐殘忍，令人不忍卒睹。不行仁義者，歷史終究會給予公允的評價，
而在〈梁冀別傳〉有一段說明可以做為註腳：

> 梁冀別傳曰：「冀之專政，天為見異，眾災並湊，蝗蟲滋生，河水逆
> 流，五星失次，太白經天，人民疾疫，出入六年，羌戎叛戾，盜賊略平民，
> 皆冀所致。」〔註51〕

〔註49〕《美學散步‧論世說新語和晉人之美》。
〔註50〕如《史通‧浮詞》：「心挾愛憎，詞多出沒。」〈曲筆〉：「舞詞弄禮，飾非文過。」在
　　　　耆舊、先賢、高士、文士等傳中，主觀的寄寓尤為明顯。
〔註51〕見《後漢書‧志第十五‧五行三》水變色一節。

上天示警，將天災人禍歸咎於梁冀的暴虐，實不爲過矣。史傳中常借別人之口評價人物，別傳也是如此，而此種評論人物的方式，相較於史傳，更顯生動。

　　本節將從別傳人物的容貌儀態、生活軼事以及言行個性三方面論述：

（一）容貌儀態

　　魏晉時期的人物畫，已經擺脫了兩漢作爲政教輔助的工具，轉向重視人物的神態，如顧愷之就認爲「畫人最難」，他在〈魏晉勝流畫讚〉中說：

> 寫自頸而上寧遲而不雋，不使遠而有失。其餘諸像，則各象異跡。皆令新跡彌舊本，若長短、剛軟、深淺、廣狹，與點睛之節，上下、大小、醲薄，有一毫之失，則神氣與之俱變矣。〔註52〕

在「各象異跡」的前提下，顧愷之的人物肖像，透過「長短、剛軟、深淺、廣狹」，以「點睛」、「醲薄」等過程，表現出各人不同的神態。如《世說新語・巧藝》中記載：

> 顧長康畫裴叔則，頰上益三毛。人問其故，顧曰：「裴楷雋朗有識具，止此是其識具。看畫者尋之，定覺益二毛如有神明，殊勝未安時。」

> 顧長康畫謝幼輿在巖石裡。人問其所以？顧曰：「謝云一丘一壑，自謂過之。此子宜置丘壑中。」

顧愷之益裴叔則頰上三毛，置謝幼輿於巖石間，特別強調每個人所具不同的神態，而此種神態，又可由「點睛」一筆寫出。如：

> 顧長康畫人，或數年不點目睛，人問其故？顧曰：「四體妍蚩，本無關於妙處；傳神寫照，正在阿堵中。」〔註53〕

> 顧長康道畫：手揮五絃易，目送歸鴻難。〔註54〕

又〈巧藝〉中記載：

> 顧長康好寫起人形，欲圖殷荊州，殷曰：「我形惡，卿不煩耳。」顧曰：「明府正爲眼爾。但明點童子，飛白拂其上，便如輕雲之蔽日。」

眼睛目光，可以表現一個人中正與否，目光或眼神在繪畫肖像時，也最能凸顯出個人的性格。如《論語》有「視其所以，觀其所由，察其所安，人焉廋哉？人焉廋哉？」《孟子・離婁》也有：「存乎人者，莫良於眸子。眸子不能掩其惡。胸中正，則眸子瞭焉；胸中不正，則眸子眊焉。」最能表現一個人神態的，就是眼睛目光。可見當

〔註52〕引自《津逮秘書》。

〔註53〕見《世說新語・巧藝》：「顧長康畫人，或數年不點目精。人問其故，顧曰：『四體妍蚩本無關於妙處，傳神寫照，正在阿堵中。』」

〔註54〕此爲嵇康〈贈秀才入軍詩〉。按《晉書・顧愷之傳》稱其「每重嵇康四言詩，因爲之圖，恆云：『手揮五絃易，目送歸鴻難。』」

時世人十分注重眼睛中傳達的精神面貌，使之與「神明」相聯。又如劉劭在《人物志》所云：「夫色見於貌，所謂徵神。徵神見貌，則情發於目。」主張通過觀察人的眼睛去體驗其精神世界，可見當時對於人物形象的刻劃，已將外在的描繪與內心活動相結合。東晉顧愷之在繪畫時也明確點明了眼睛的描摹關係人物塑造的重要，故曰：「傳神寫照，正在阿堵中。」〔註55〕綜上所述，可知魏晉人物認為一個人的眼神最能表現他的精神，而精神的萎振與否又關乎神采、風韻、氣度。

在《世說新語》中對於人物的形體、容貌、儀態、神韻，刻畫栩栩如生，尤其〈容止〉、〈言語〉、〈排調〉、諸篇中的描述至為傳神，比對《晉書》諸人物傳以及劉孝標注所引的人物別傳，如《世說新語·容止》中對於曹操的容貌與神態的描寫：

> 魏武將見匈奴使，自以形陋，不足雄遠國，使崔季珪代，帝自捉刀立牀頭。既畢，令間諜問曰：魏王何如？匈奴使答曰：魏王雅望非常，然牀頭刀人，此乃英雄也。魏武聞之，追殺此使。

此條下注引《魏氏春秋》稱：「武王姿貌短小，而神明英發。」又注引《魏志》云：「聲姿高暢，眉目疏朗，鬚長四尺，甚有威重」二則可以作為比較，更突顯出曹操被許劭品評為亂世梟雄的神態風姿。

又如描繪裴楷雙眸神雋，若巖下電：

> 裴令公有雋容姿，一旦有疾至困，惠帝使王夷甫往看，裴方向壁臥，聞王使至，強回視之。王出，語人曰：「雙眸閃閃，若巖下電……。」〔註56〕

又如描繪邴原：

> 公孫度目邴原所謂雲中白鶴，非燕雀之網所能羅也。〔註57〕

論邴原謂其為雲中白鶴，卓然特立，在〈邴原別傳〉中亦有記載：「邴原名高德大，清規邈世，魁然而峙，不為孤用。」可茲參證。又如郭太：

> 林宗曰：「叔度汪汪如萬頃之陂，澄之不清，擾之不濁，其器深廣，難測量也。」〔註58〕

郭林宗善於品評人物，言不虛發，馳譽當世，聲望極高，時人若得其褒揚，往往令人刮目相看。讚譽黃叔度器識之廣，如萬頃之陂，淆之不濁，不可限量。

魏晉時人固然重神，但並未忘形，因為沒有「形」，也就沒有「神」，嵇康所謂「神須形以存」說的就是這個意思。在對人物審美觀照的過程中，當時人物非常重

〔註55〕《世說新語·巧藝》。
〔註56〕《世說新語·容止》。
〔註57〕《世說新語·賞譽》。
〔註58〕《世說新語·德行》。

視外在的容貌舉止，如《世說新語‧識鑑》劉孝標注所引〈嘉別傳〉云：

　　　　（孟嘉）後爲征西桓溫參軍。九月九日，溫游龍山，參僚畢集。時
　　佐吏並著戎服，風吹嘉帽墮落，溫戒左右勿言，以觀其舉止。嘉初不覺，
　　良久如廁。命取還之，令孫盛作文嘲之，成，著嘉坐。嘉還，即答，四
　　坐嗟嘆。

同書〈賢媛〉引：

　　　　王汝南少無婚，自求郝普女。司空以其癡，會無婚處，任其意便許之。
　　既婚，果有令姿淑德，生東海，遂爲王氏母儀。或問汝南：「何以知之？」
　　曰：「嘗見井上取水，舉動容止不失常，未嘗忤觀，以此知之。」

藉由帽子被風吹落，桓溫觀察孟嘉的反應；王湛之觀察郝氏女至井上取水，舉止不
失常，判定其爲一位賢淑女子。這些觀察雖然都是有目的的；但過程自然，沒有絲
毫作假。

　　又《世說新語‧容止》云：

　　　　潘岳妙有姿容，好神情。少時，挾彈出洛陽道，婦人遇者，莫不連手
　　共縈之。

據劉孝標注引〈潘岳別傳〉記載：「岳姿容甚美，風儀閒暢」。另外《三國志》裴松
之注也引〈潘岳別傳〉：「岳美姿容，夙以才穎發名。」以婦人連手共縈，形容
潘岳容貌儀態「甚美」，透過第三者的角度，突顯出潘岳姿容皎美。在《晉書》
卷五十五〈夏侯湛傳〉中稱湛「美容觀，與潘岳友善，每行止同輿接茵，京都謂之
連璧。」兩位美男子同遊，在當時竟可蔚爲佳話。

　　〈玠別傳〉中也記載：「玠有虛令之秀，清勝之氣，在群伍之中，有異人之望。
祖太保見玠五歲曰：『此兒神爽聰令，與眾大異，恐吾年老不及見爾。』」〔註59〕又
記載何晏面容白晰，王衍手與白玉無別，裴楷光映照人等：

　　　　何平叔美姿儀，面至白；魏明帝疑傅粉。正夏月，與熱湯餅。既噉，
　　大汗出，以朱衣自拭，色轉皎然。〔註60〕

　　　　王夷甫容貌整麗，妙於談玄，恆捉白玉柄麈尾，與手都無分別。〔註61〕

　　　　裴令公有儁容儀，脫冠冕，麤服，亂頭皆好。時人以爲玉人。見者曰：
　　「見裴叔則如玉山上行，光映照人。」〔註62〕

〔註59〕見《世說新語‧識鑑》劉孝標注引。
〔註60〕《世說新語‧容止》。
〔註61〕《世說新語‧容止》。
〔註62〕《世說新語‧容止》。

稱嵇康則是：

> 身長七尺八寸，美詞氣，有風儀，而土木形骸……〔註63〕

《三國志·王粲傳注》中引〈康別傳〉云：「康長七尺八寸，偉容色。土木形骸，不加飾厲，而龍章鳳姿，天資自然。正爾在雞群之中，便自知非常之器。」相傳嵇康他作〈養生論〉入洛之時，京師人見到他，無不驚爲神人。透過此兩段敘述，可以看出嵇康是如何的風骨絕俗，超邁不群！其他如：

> 張光：身長七尺，明眉目，美音聲。
>
> 魏舒：身長八尺二寸，姿望秀偉。
>
> 劉伶：身長六尺，容貌甚偉。
>
> 陸機：其聲如鐘。
>
> 王戎：神彩秀徹，視日不眩，裴楷見而目之曰：「戎眼爛爛，如巖下電。」

除了記載容貌俊美，也有容貌醜陋的紀錄。在《晉書·文苑傳》中稱左思「貌寢，口訥」且「不持容儀。」〔註64〕在《世說新語·容止》亦稱左思：

> 左太沖絕醜，亦復效岳遊遨，於是群嫗齊共亂唾之。委頓而返。

左思因爲「絕醜」，故所受待遇與潘岳、夏侯湛相較，直是天壤之別。這個故實，還有另一種說法，據劉孝標注引《語林》曰：

> 安仁（潘岳字）至美，每行，老嫗以果擲之滿車。張孟陽（張載字）
>
> 至醜，每行，小兒以瓦石投之，亦滿車。

另外在〈岳別傳〉中亦記載：「岳姿容甚美，風儀閑暢。」〔註65〕同樣是滿車，一爲果，一爲石，所受待遇相去千里。雖兩則情節、人物有所不同，也不論紀錄屬實與否，卻足以說名魏晉時期非常注重個人的容貌。當然除了容貌，處事能力也是重要指標之一，如《裴啓語林》七十九記載：

> 庾公道：「王眉子非唯事事勝於人，布置鬚眉亦勝人。我輩皆出其轅下。」

「事事」乃就其處理事務的能力而言；「布置鬚眉」，則是指其容貌的修飾。王玄既有實際的工作能力，又有漂亮的容顏，自然要高人一等了。

（二）生活軼事

別傳除了選擇重大事件展現人物的生命歷程，也常常用生活軼事來表現人物的個性。如《三國志注》引《曹瞞傳》，以許多生活軼事來表現曹操的個性，與《三國

〔註63〕《晉書·嵇康傳》。

〔註64〕又《續文章志》曰：「思貌醜卒頁，不持儀飾。」

〔註65〕《世說新語·容止》劉孝標注引。

志》的敘事方法頗爲不同。如《三國志‧武帝紀》中記載：

> 太祖少機警，有權數，而任俠放蕩，不治行業，故世人謂之奇也。

而裴注引《曹瞞傳》卻記錄：

> 太祖少好飛鷹走狗，遊蕩無度，其叔父數言之於嵩，太祖患之。後逢叔父於路，乃陽敗面喎口，叔父怪而問其故，太祖曰：「卒中惡風。」叔父以告嵩，嵩驚愕，呼太祖，太祖口貌如故。嵩問曰：「叔父言汝中風，已差乎？」太祖曰：「初不中風，但失愛於叔父，故見罔耳。」嵩乃疑焉。自後叔父有所告，嵩終不復信，太祖於是益得肆意矣。

以一段佯裝小事，將曹操的個性表現出來。又：

> 太祖爲人佻易無威重，好音樂。倡優在側，常以日達夕被服輕綃，身自佩小鞶囊，以盛手巾細物，時或冠恰帽以見賓客。每與人談論，戲弄言誦，盡無所隱，及歡悅大笑，至以頭沒杯案中，肴膳皆沾污巾幘，其輕易如此。然持法峻刻，諸將有計畫勝出己者，隨以法誅之，及故人舊怨，亦皆無餘。其所刑殺，輒對之垂涕嗟痛之，終無所活。

上述文字，運用強烈對比的手法，一寫其平日之疏蕩，一寫其爲政之險苛，然在對比中，又有其一致性，及曹操旁若無人、不爲他人所動的陰冷性格，在一冷一熱，迥異的行事作風突顯出來，令人不寒而慄。同樣一個曹操，他既是尚通脫的名家，也是掌權術的法家，看他殺彌衡，何等詐譎；殺孔融，在狡詐之外，又顯得冷酷無情。孔融對曹操是十分深情的，他在兩首六言詩中對此有眞切的表述：

> 郭李紛爭爲非，遷都長安思歸。瞻望關東可哀，夢想曹公歸來。
>
> 　從洛到許巍巍，曹公憂國無私，減去廚膳甘肥，群僚率從祁祁，雖得俸錄常饑，念我苦寒心悲。〔註66〕

他在〈與王朗書〉中勸王朗北來時，提到曹操，也是一片眞情：

> 曹公輔政，思賢並立，策書屢下，殷勤款至。〔註67〕

他兩難曹操酒禁，只是開開玩笑；爲曹丕納甄后而寫信給曹操，也只是把話說得稍微刻薄一些，其實全都是好意。孔融因自視甚高，曹操覺得他妨礙事情，故誣造罪名，把他給殺了，連他的幼子都不放過。

關於鄭玄，《世說新語》中記載鄭玄飲酒三百餘杯，而始終無倦容：

> 玄長八尺餘，鬚眉美秀，姿容甚偉，進待以賓禮，授以几杖。玄多所匡正，不用而退。袁紹辟玄，及去，餞之城東，欲玄必醉，會者三百餘人，

〔註66〕〈孔少府集〉，《漢魏六朝百三名家集》。
〔註67〕《三國志‧魏志‧王朗傳》裴注引。

　　　　皆離席奉觴，自旦及暮，度玄飲三百餘杯，而溫克之容，終日無怠。〔註68〕
除了外表的描繪，鄭玄面對與會者逐一奉觴敬酒，從早到晚三百餘杯之後仍是溫克
之容，毫無倦色。可見其修養。《後漢書・鄭玄傳》中介紹鄭玄的個性：

　　　玄少爲鄉嗇夫，得休歸，常詣學官，不樂爲吏，父數怒之，不能禁。

《世說新語》注引《鄭玄別傳》中提到：

　　　　玄年十一二，隨母還家，正臘會同列十數人，皆美服盛飾，語言閑通，
　　　玄獨漠然如不及，母私督數之，乃曰：「此非我志，不在所願。」

鄭玄少時「常詣學官，不樂爲吏」的生活軼事，表現其自幼即與眾不同之處。所引
別傳佐證了鄭玄所願並非在於「美服盛飾，語言閑通」。但在「父數怒之」與「母私
督數之」之下，引發出鄭玄究竟是否自稱：「吾家舊貧，不爲父母昆弟所容。」〔註69〕之說。關於這兩則文字，周壽昌曰：「不爲父母群弟所容一語，不應出之康成。」
錢氏《曝書雜記》亦云：「陳仲魚元刻《後漢書・康成傳》無不字，與唐史承節所撰
〈鄭康成祠碑〉云：『吾家舊貧，爲父母群弟所容』之語相合，又《金石萃編》七十
六所載史氏碑文及阮元山左金石志跋語云：「爲父母群弟所容者」，言徒學不能爲吏
以益生產，爲父母群弟所含容，始得去廝役之吏，遊學周秦。可證今本作「不爲父
母群弟所容」乃刻之誤。然此一字關係先賢不小，善本之所以可貴而善者，讀者必
須善校也。范曄因爲父怒而加不字，與司農本意相反，然有元刻可證，則亦非范曄
妄加，是誤刻者誣康成而並誣蔚宗也。

　　再如：

　　　扶風馬季長，以英儒著名，玄往從之，參考同異。季長後戚，嫚於待
　　士，玄不得見，住左右，自起精廬，既因紹介得通。時涿郡盧子幹爲門人
　　冠首，季長又不解剖裂七事。玄思得五，子幹得三。季長爲子幹曰：「吾
　　與汝皆弗如也。」季長臨別執玄手曰：「大道東矣，子勉之。」

　　　袁紹辟玄，及去，餞之城東，欲玄必醉。會者三百餘人，皆離席奉觴，
　　自旦及暮。度玄飲三百餘杯，而溫克之容終日無怠。

鄭玄是一代儒學大師，別傳則寫他的一些生活小事，表現其性格特徵。再者如《資
治通鑑》中所引：

　　　鄭玄別傳曰：玄有子爲孔融吏，舉孝廉，融之被圍，往赴，爲賊所害；
　　有遺腹子，以丁卯日生，而玄以丁卯歲生，故名曰小同。〔註70〕

〔註68〕《世說新語・文學第四》劉孝標注引〈玄別傳〉。
〔註69〕《後漢書集解》卷三十五〈張曹鄭列傳〉。
〔註70〕《資治通鑑》第七十七卷〈魏紀九〉〈高貴鄉公下〉三年所引。

此為鄭玄之子一段辛酸的記載。

寫王弼則有《世說新語》注引《王弼別傳》曰：

> 十餘歲便好莊老，通辯能言，為傅嘏所知。吏部尚書何晏甚奇之，題之曰：「後生可畏，若斯人者，可與言天人之際矣。」以弼補台郎。弼事功雅非所長，益不留意，頗以所長笑人，故時為士所嫉。又為人淺而不識物情。初與王黎、荀融善，黎奪其黃門郎，於是恨黎。與融亦不終好。正始中以公事免。其秋遇癘疾，亡，時年二十四。弼之卒也，晉景帝嗟嘆之累日，曰：「天喪予！」其為高識悼惜如此。

短短的文字寫了三件事，王弼奇才為人賞識，而其為人不識物情以及景帝嘆息其亡故。亦可見別傳本身的特徵在於補充史書之所不及，因此無論是獨立成書或是單篇，多以寫生活軼事為主。

（三）言行個性

由於魏晉肖像流行，對於姿容的描繪，特別注意個人所具有的特殊神態，也表現當時人對每個人個性的重視。透過人物自身的言行展現人物風采，體現其個性。記人物言行也務必要求近真，為達此目的，一則必須如實記錄當世的語言，不可仿效昔言，一則要使語言能切合傳主的身份和個性，不可一概而書，千篇一律。如《三國志·先主傳》寫劉備聯合孫吳在赤壁與曹操作戰，只是作者的敘述，沒有人物的言語，而在裴注引〈江表傳〉中，就十分傳神地描繪出劉備當時的心理活動：

> 備從魯肅計，進住鄂縣之樊口。諸葛亮詣吳未還，備聞曹公軍下，恐懼，日遣邏吏於水次候望權軍。吏望見瑜船，馳往白備，備曰：「何以知非青徐軍邪？」吏對曰：「以船知之。」備遣人慰勞之。瑜曰：「有軍任，不可得委署，儻能屈威，誠副其所望。」備謂關羽、張飛曰：「彼欲致我，我今自結托於東而不往，非同盟之意也。」乃乘單往見瑜，問曰：「今拒曹公，深為得計。戰卒有幾？」瑜曰：「三萬人。」備曰：「恨少。」瑜曰：「此自足用，豫州但觀瑜破之。」備欲呼魯肅等共會語，瑜曰：「受命不得妄委署，若欲見子敬，可別過之。又孔明已具來，不過三兩日到也。」備雖深愧異瑜，而心未許之能必破北軍也，故差池在後，將兩千人與羽、飛俱，未肯繫瑜，蓋為進退之計也。

通過劉備的言語、動作展現其複雜的想法，包括對曹操軍隊的恐懼，以及對周瑜的半信半疑。

又如《三國志·魏書·吳質傳》中記載：

　　　　吳質，濟陰人，以文才爲文帝所善，官至振威將軍，假節都督河北諸
　　軍事，封列侯。

上文非常簡單概括的介紹吳質，看不出此人物的個性。而裴松之注所引〈吳質別傳〉
卻十分生動：

　　　　帝嘗召質及曹歡會，命郭后出見質等。帝曰：「卿仰諦視之。」其至
　　親如此。質黃初五年朝京師，詔上將軍急特進以下皆會質所，大官給供具。
　　酒酣，質欲盡歡。時上將軍曹眞性肥，中領軍朱鑠性瘦，質召優，使說肥
　　瘦。眞負貴，恥見戲，怒謂直曰：「卿欲以部曲將遇我邪？」驃騎將軍曹
　　洪、輕車將軍王忠言：「將軍必欲使上將軍服肥，即自宜爲瘦。」眞愈恚，
　　拔刀瞋目，言：「俳敢輕脫，吾斬爾。」遂罵坐。質案劍曰：「曹子丹，汝
　　非屠几上肉，吳質吞你不搖喉，咀爾不搖牙，何敢恃勢驕邪？」鑠因起曰：
　　陛下使吾等來樂卿耳，乃至此邪！」直顧叱曰：「朱鑠，敢壞坐！」諸將
　　軍皆還坐。鑠性急，愈恚，還拔劍斬地。遂便罷也。

通過人物各自的語言、行動，刻畫吳質、曹眞、朱鑠三人不同的個性。描寫場面活
潑生動，人物栩栩如生。吳質的恃寵而盛氣凌人，曹眞的恃貴頂撞而又有所畏懼，
無可奈何之下把怒氣推給優伶。朱鑠的敢怒不敢言而拔劍斬地，以及曹洪、王忠的
火上澆油之態，無不躍然紙上。

　　在《三國志·魏志·荀彧傳》中裴松之引到〈荀粲別傳〉記載：

　　　　粲字奉倩。粲諸兄並以儒術論議，而粲獨好言道，常以爲子貢稱夫子
　　之言性與天道，不可得聞，然則六籍雖存，故聖人之糠秕。粲兄俁難曰：
　　「《易》亦云聖人立象以盡意，繫辭焉以盡言。則微言胡爲不可得而聞見
　　哉？」粲答曰：「蓋理之微者，非物象以所舉也。今稱立象以盡意，此非
　　通於意外者也，繫辭焉以盡言，此非言乎繫表者也；斯則象外之意，繫表
　　之言，故蘊而不出矣。」及當時能言者不能屈也。又論父或不如從兄攸，
　　或立德高整，軌儀以訓物，而攸不治外形，慎密自居而已。粲以此言善攸，
　　諸兄怒而不能迴也。太和初，到京邑與傅嘏談。嘏善名理而粲尚玄遠，宗
　　致雖同，倉卒時或有格而不相得意。裴徽通彼我之懷，爲二家騎驛。頃之，
　　粲與嘏善。夏侯玄亦親，常謂嘏、玄曰：「子等在世涂間，功名必勝我，
　　但識劣我耳！」嘏難曰：「能盛功名者，識也。天下孰有本不足而末有於
　　者邪？」粲曰：「功名者，志局之所獎也。然則志局自一物耳，固非識之
　　所獨濟也。我以能使子等爲貴，然未必齊子等所爲也。」粲常以婦人者，
　　才智不足論，自宜以色爲主。驃騎將軍曹洪女有美色，粲於是娉焉，容服

帷帳甚麗，專房歡宴，歷年後，婦病亡，未殯，傅嘏往唁粲，粲不哭而傷神。嘏問曰：「婦人才色並茂為難。子之娶也，遺才而好色。此自易遇，今何衰之甚？」粲曰：「佳人難再得！願逝者不能有傾國之色，然未可為之易遇。」歲餘亦亡，時年二十九。

別傳對於荀粲敢於蔑視儒家經典，不囿於傳統的禮法規範，大膽追求的個性。在揭示傳主形象的同時，亦顯示了曹魏以來人們在價值觀念方面的變化，尤其是儒家價值觀念的崩解，以及自我意識的提升與肯定。

《世說新語·文學篇》注引〈郭璞別傳〉中記載：

璞奇博多通，文藻粲麗，才學賞豫，足參上流。其詩賦誄頌，並傳於世，而訥於言。造次詠語，常人無異。又不持儀檢，形質頹索，縱情嫚惰，時有醉飽之失。友有干令升戒之曰：「此伐性之斧也。」璞曰：「吾所受有分，恒恐用之不盡，豈酒色之能害！」

又如《世說新語·言語篇》注引〈孫放別傳〉中記：

放宇齊莊，監君次子也。年八歲，太尉庾公召昇之。放清秀，欲觀試，乃授紙筆令書，放便自疏名字。公題後問之曰：「為慕莊周邪？」放書答曰：「意欲慕之。」公曰：「何不慕仲尼而慕莊周？」放曰：「仲尼生而知之，非希企所及，至於莊周，是其次者，故慕耳。」公謂賓客曰：「王輔嗣應答，恐不能勝之。」卒長沙王相。

這些人物都反映出魏晉時期特有的恣情任性、不重傳統儒教、蔑視禮法節制，追慕老莊以求個性自由發展的風氣。

又如記王敦「雄爽」。王敦是王衍之弟，王導從兄。在《世說新語·豪爽》中有段記載：

王大將軍年少時，舊有田舍名，語音亦楚。武帝喚時賢共言伎藝事，人人皆多有所知，唯王都無關，意色殊惡，自言知打鼓吹。帝令取鼓與之，於坐振袖而起，揚槌奮擊，音節諧捷，神氣豪上，傍若無人。舉坐嘆其雄爽。

王敦「振袖而起，揚槌奮擊，音節諧捷，神氣豪上，傍若無人」的表現，顯示其豪爽不羈、素樸磊落的軍人本色。故眾人皆讚嘆「雄爽」。

東漢末年佛教傳入，在魏晉時期造成思想界不小的激盪。那些因佛教傳入中原的西域人士，其語言與形態都不同於中國。在《世說新語·言語》中記載：「高座道人不作漢語，或問此意，簡文曰：『以簡應對之煩。』」注引〈高座別傳〉云：

和尚胡名尸黎密，西域人。傳云國王子，以國讓弟，遂為沙門。永嘉

中，始到此土，止於大市中。和尚天姿高朗，風韻道邁。丞相王公一見奇之，以爲吾之徒也。周僕射領選，撫其背而嘆曰：「若選得此賢，令人無恨。俄而周侯遇害，和尚對其靈坐，作胡咒數千言，音聲高暢，既而揮涕收淚，其哀樂廢興皆此類。性高簡，不學晉語。諸公與之言，皆因傳譯。然神領意得，頓在言前。

漢人與西域人士相接觸後，才發覺其日常生活與中原殊異之處。

如《三國志・陳群傳》裴注所云：

凡記言之體，當使若出其口。辭勝而違實，固君子所不取，況復不勝而徒長虛妄哉？

裴松之已經注意到傳記人物的語言必須符合其身份，「若出其口」，人物的形象鮮明，才能讓人覺得所記人物具有可信度。

晉代名士交往酬答，也講求「神領」、「神解」，如《世說新語・言語》劉孝標注引〈高坐別傳〉曰：

和尚胡名尸黎密，西域人。……性高簡，不學晉語。諸公與之言，皆因傳譯，然神領意得，頓在言前。

另外在〈簡傲〉劉孝標注也引〈高坐傳〉曰：

王公曾詣和上，和上解帶偃伏，悟言神解。見尚書令卞望之，便斂衿飾容，時嘆皆得其所。

「神領」，謂精神上的領悟；「神解」指精神上的理解。這種領悟和理解不需藉由外在的傳譯，是最透徹且深刻的，因而能抓住根本。

當時論人亦以「眞率」爲高。如《世說新語・賞譽》記載：「簡文道王懷祖，『才既不長，於榮利又不淡；直以眞率少許，便足對人多多許。』」王懷祖即王述，才既不長，於榮利又不淡，在當時崇尚天才及清高的時代，不易留名。然而王述有少許「眞率」便能敵人，可見「眞率」在時人心目中的地位。王述的眞率表現在他對於賄賂「足自當止」，以及拜官受職不虛讓方面，在《述別傳》有：

述常以謂人之處世，當先量己而後動，義無虛讓。是以應辭便當固執。

其貞正不踰皆此類。

王述認爲人應當有自知之明，不能勝任該官職，就堅持不受；若能，就受之無愧，無須辭讓。他的坦然與自信，爲他贏得「眞率」的贊譽，無怪乎簡文帝予其「直以眞率便敵人」的評價。其他如王羲之東床坦腹、王子猷（徽之）雪夜訪友，乘興而行，興盡而返的眞性情，均可歸於「眞率」。

面對戰火連綿的中古時期，眾多人面對死亡時，沒有戚戚然的哀情，也沒有惶

惶的恐懼。如《世說新語·尤悔》劉孝標注引〈機別傳〉曰：

> 及機於七里澗大敗，（孟）玖誣機謀反所致，（司馬）穎乃使牽秀斬機。
> 先是，夕夢黑幔繞車，手決不開，惡之。明旦，秀兵奄至。機索戎服，著
> 衣幘。見秀，容貌自若，遂見害，時年四十三。軍士莫不流涕。

面對死亡，沒有悲戚之容，也無惶恐之色，陸機就這樣瀟灑地死去。他死後，「天地
霧合，大風折木，平地尺雪」〔註71〕。蒼天被其所感動，向他至哀，大地也爲之不
平了。其它如《世說新語·雅量》中嵇康臨刑前的一段紀錄：

> 嵇中散臨刑東市，神氣不變，索琴彈之，奏〈廣陵散〉。曲終，曰：「袁
> 孝尼嘗請學此散，吾靳固不與，〈廣陵散〉於今絕矣！

臨刑之際，嵇康的表現是神氣不變，取琴彈奏〈廣陵散〉，並謂〈廣陵散〉於今絕矣。
同書〈方正〉亦記載夏侯玄桎梏臨刑時的表現：

> 夏侯玄既被桎梏，時鍾毓爲廷尉，鍾會先不與玄相知，因便狎之。玄
> 曰：「雖復刑餘之人，未敢聞命。」考掠初無一言，臨刑東市，顏色不異。

夏侯玄臨刑東市之際，顏色不改，神態自若，異常鎮定。若非早已將生死置之度外，
似乎不太可能有這樣易於常人的表現。除了《世說新語》中有這樣的記載外，在《晉
書》中也有一些記述：

> 楷子瓚娶楊駿女，然楷素輕駿，與之不平。……及駿誅，楷以婚親收
> 付廷尉，將加法。是日事起倉卒，誅戮縱橫，眾人爲之震恐。楷容色不變，
> 舉動自若，索紙筆與親故書。〔註72〕
>
> （劉暉）曾避亂塢壁，賈胡百數欲害之，暉無懼色，援笳而吹之，
> 爲〈出塞〉、〈入塞〉之聲，以動其遊客之思。於是群胡皆垂泣而去之。
> 〔註73〕

士人在死亡陰影籠罩之下，猶能保持從容的儀態、平靜的神色和自如的舉止，彷彿
死亡與其無關。但實際上，他們已經把死亡當作生命的旅程來鑑賞與歌頌。既然如
此，死亡又有何懼何憂？

二、別傳的語言藝術

史傳要達到美的要求，一是要明白這種文體要求的標準，二是要瞭解史家如何
朝這方面努力。清代學者章學誠提出「閑中肆外」與「史筆飛動」的標準。他在評

〔註71〕《世說新語·尤悔》。
〔註72〕《晉書》卷三十五〈裴秀傳〉附〈裴楷傳〉。
〔註73〕同前註，卷六十九〈劉隗傳〉附〈劉暉傳〉。

論明人歸有光時說道：

> 然歸氏之文，氣體清矣，而按其中之所得，則亦不可強索。故余嘗書
> 識其後，以爲先生所以砥柱中流者，特以文從字順，不汨沒於流俗，而於
> 古人所謂閎中肆外，言以聲其心之所得，則未之聞爾；然亦不得不稱爲彼
> 時之豪杰矣。〔註74〕

章氏肯定歸有光在文章上的「文從字順，不汨沒於流俗」的樸實文風。引文中所指
的古人，是唐代韓愈，韓愈作〈進學解〉，便有「閎其中而肆其外」〔註75〕之說，
意指爲文內容要求充實豐富，文筆發揮淋漓盡致。只要心有所得，方可言之於聲。
他批評有人學《史記》，只學得皮毛，對於「古人深際，未之有見」。因爲心中無所
得，學習的結果不免流於浮華。《史記》寫人物、戰爭、場面都寫得很好，一個重要
的原因，是司馬遷熟悉歷史人物，並對這些人物史實深入探究，這就是所謂「心之
所得」。依照章學誠的說法，要做到閎中肆外，必須朝幾個方面努力：

首先是立言之要，在於有物。章學誠認爲立言之要，在於有物，不同地位、境
遇之人，都逃脫不了「聲之所以肖其心」的法則。其次「學問爲立言之主，文章爲
明道之具。」章氏認爲：「求自得於學問，固爲文之根本；求無病於文章，亦爲學之
發揮。」學問是文章的根本，文章是學問的發揮；沒有學問，無以立言；沒有文章，
無以明道。以學問爲主，也重視文章、講究文辭。他又說：「古人論文，多言讀書養
氣之功，博古通經之要，親師近友之益，取材求助之方，則其道矣。至於論及文辭
工拙，則舉隅反三，稱情比類，如陸機《文賦》、劉勰《文心雕龍》、鍾嶸《詩品》，
或偶舉精字善句，或品評全篇得失，令觀之者得意文中，會心言外，其於文辭思過
半矣。」可見在「讀書養氣之功」、「博古通經之要」、「親師近友之益」、「取材求助
之方」四者著力，做到善養浩然正氣，博觀約取、厚積薄發，近師親友，方可使文
章提高，文辭則是第二位。

歷史是運行的，歷史人物與事件是在運行中發展的。歷史撰述應當把這些運行
表現出來，在這個問題上，梁啓超所論極爲中肯，他強調要將歷史寫得「飛動」起
來，才能打動人心。他說：

> 事本飛動而文章呆板，人將不願看，就看亦昏昏欲睡。事本呆板而文
> 章生動，便字字都活躍紙上，使看的人要哭便哭，要笑便笑。……歷史家
> 如無此種技術，那就不行了。司馬光作《資治通鑑》，畢沅作《續資治通鑑》，

〔註74〕《文史通義・文理》中發揮韓愈「閎於中而肆於外」的要球，不論文史，均可以作
　　　　爲參考。
〔註75〕《韓昌黎集》卷十二。

同是一般體裁。前者看去百讀不厭，後者讀一二次便不願再讀了。光書筆最飛動，如赤壁之戰、淝水之戰、劉裕在京口起事、平姚秦、北齊北周沙苑之戰、魏孝文帝遷都洛陽，事實不過爾爾，而看去令人感動。〔註76〕

史筆「飛動」，尤適於紀錄歷史大場面，特別是戰爭場面。梁啓超言「事實不過爾爾，而看去令人感動」，正是史文表述在美學上的感染力量。歷史的紀錄是爲了表現眞實面貌或接近於眞實的面貌，除此之外，也提供後世警戒與啓發。

魏晉時期別傳的語言，有豐厚的文化內涵和鮮明的藝術特色。以《世說新語》爲例，宋人劉應登在《世說新語序》稱其「清微簡遠，居然玄勝」；明人王世貞《世說新語補序》愛其「或造微於單詞，或徵巧於只行」；清人丁澎《仿世說序》贊其「雋其名言，溢於楮墨」。日人竺常《世說抄撮序》尊崇其「片言以核理，只詞以狀事，體簡而意淵，語微而旨遠」。本節透過別傳的歸納整理，說明別傳語言藝術的成就與影響。

（一）用自然景物比喻

從《詩經》以來，就有所謂「比興」之說，荀子在此基礎上進一步提出了「比德」之說，用玉來比喻君子的人格品德。別傳中也運用了自然景物來比喻和形容人格之美了。

王武子、孫子荊都曾用自然山水來論人，如「岩岩清峙，壁立千仞」、「神姿高徹，如瑤林瓊樹」、「飄如游雲，矯若驚龍」、「春月柳」、「日月」、「玉山」、「玉人」〔註77〕等等，都不是抽象的概念，而是用具體可感的自然景物來比喻人物。

近物如簡文入華林園對左右說：「會心處不必在遠；翳然林水，便自有濠濮間想也。不覺鳥獸禽魚，自來親人」〔註78〕，遠景如顧愷之形容會稽山川之美說：「千巖競秀，萬壑爭流，草木蒙籠其上，若雲興霞蔚」〔註79〕。都是擁有自由的心靈才能消受天地山川之美。採用這種方式來品評人物，究其原因，一方面是由於人的性格十分複雜，人的氣質和風度難以用確切的語言下定義。對人的識鑒往往憑藉直覺和主觀感受，很難用抽象的概念去界說。因此常有「言不盡意」之嘆。本身就帶有「只可意會，不可言傳」。另一方面，由於人類的社會實踐和審美意識不斷發展，原本對於大自然的崇拜和恐懼，逐漸轉化爲人類所欣賞和征服的對象。如謝靈運的山水詩，說明了晉宋之際人們已經開始把自然山水正式納入審美範疇。當人們對外發

〔註76〕《中國歷史研究法補編》，商務印書館。
〔註77〕均見《世說新語》。
〔註78〕《世說新語‧言語》。
〔註79〕同前註。

現了自然，對內又發現自身人格的特質，自然而然會用自然的美來形容比喻人格之美。這種比喻方式，使得不可言傳的內在人格美，透過具體可感的自然景物顯現出來，帶有感性直觀的特點，在審美史上是一大進步。

以松樹來說，作爲形容人格美的比喻，就具有多種內在的含義。而這種內在的多義性，又與社會與民族相關連。「松」具有堅韌、挺拔、奇崛、長壽、抗寒等含義。再如「玉」，具有珍貴、堅硬、純一、溫潤、明潔等品質。至於「龍」、「鳳」不僅是原始民族的圖騰崇拜，也是幾千年來皇權社會的權威象徵。其他如「山水」、「日月」、「春月」、「游雲」都具有多種褒賞的含義。另外，在人物品評中使用專門術語，也具有多義性和不確定性的特點，例如：生氣、風骨、風韻、氣韻、神韻、清遠、清眞、清和、雅、俗、高、深、秀、美、朗、肅等等，都沒有一個非常明確的含義，使用的範圍也非常廣泛。

承上所述，因爲品評比喻的用辭帶有多義性，其內涵又是不確定的，帶有模糊的色彩。試以對嵇康的品評爲例說明，嵇康處於曹魏末年，竹林七賢之一，也是著名的文學家和藝術家，不僅風姿特秀，氣度超群，而且硬骨錚錚。他蔑視禮法名教，不肯與司馬氏政權合作，最後被誣以「不孝」的罪名慘遭殺害。《世說新語》對他的品題：「肅肅如松下風，高而徐引。」從「松下風」這個模糊的形容詞中，我們可以明顯感受到嵇康的容貌、性格、氣節、品格、才華、風度等多種因素歸結出來綜合整體的評價。他給人的不是抽象空洞的概念，而是具體可感的形象。而這個可感的形象，又是一種模糊的多樣的審美感受。

（二）典雅與通俗

典雅者，詞語優雅、雍容端莊；通俗者，淺顯易懂、平易親切。《世說新語》的語言，雅俗兼備，各顯其貌。魏晉名士品人論事，以雅爲美，且以「雅」所組成的詞彙短語隨處可見。如〈品藻〉第五則贊陳玄伯的父親「通雅博暢」。在對人物的描繪之中，也有「雅言」、「雅行」、「雅態」、「雅質」的詞彙。以雅爲審美標準描繪人物的語句如寫「閑雅」，則「時人目王右軍：飄如游雲，矯若驚龍。」〔註80〕寫「清雅」則有「山公舉阮咸爲吏部郎，目曰：『清眞寡欲，萬物不能移也。』」〔註81〕稱「高雅」則有「公孫度目邴原：所謂雲中白鶴，非燕雀之網所能羅也。」〔註82〕讚「博雅」則有「裴樸射，時人謂其言談之林藪。」〔註83〕另外稱讚謝太傅臨危不驚

〔註80〕〈容止〉第三十則。
〔註81〕〈賞譽〉第十二則。
〔註82〕〈賞譽〉第四則。
〔註83〕〈賞譽〉第十八則。

的舉止風度則頌其「儒雅」。總之，《世說新語》中所描寫的人物，大多爲魏晉名士，他們能作雋語，能爲清談。其用語典雅主要表現在用典及富於個人情趣方面。

在用典方面，魏晉名士不喜歡用冷僻生硬的典故，用典有時是一種情趣的表現。如在〈言語〉第十七則記載：

> 鄧艾口吃，語稱艾艾。晉文王戲之曰：「卿云艾艾，定是幾艾？」對
> 曰：「鳳兮鳳兮，故是一鳳。」

「鳳兮鳳兮」語出《論語·微子》：「楚狂接輿歌而過孔子曰：『鳳兮鳳兮，何德之衰！往者不可諫，來者猶可追。』」

其次《世說》語言典雅，並非字字有來歷，句句多典故。而是清微簡遠，意深味雋，能引讀者探尋象外之意，品嚐言外之旨。如〈言語〉第五十七則記載：

> 顧悅與簡文同年，而髮蚤白。簡文曰：「卿何以先白？」對曰：「蒲柳
> 之姿，望秋而落；松柏之質，經凌霜彌茂。」

顧愷之爲其父所作之傳，也有相似的文字曰：「松柏之姿，凌霜猶茂；臣蒲柳之質，望秋先零。受命之異也。」〔註84〕顧悅避實就虛，將己之衰朽與簡文之健康相比，運用比喻，回答巧妙，耐人尋味。

除此之外，《世說新語》語言富於個性，能體現人物的文化心理和個性特徵。如〈文學〉第三則記鄭玄家婢女被罰跪，能引《詩經》中《邶風·式微》與《邶風·柏舟》往復回答，充分表現鄭玄家中的文學素養。余嘉錫認爲這一段記載，「既不能懸斷其子虛，亦何妨姑留爲佳話。」〔註85〕

（三）機智與幽默

魏晉名士思想開放，感情豐富，精神自由，在清談的薰陶之下，他們長於思辨、善於應對、富於機智，在中國的歷史上並不多見。《世說新語》以充滿機智與幽默的語言，表現魏晉名士的語言才能。日本學者井波律子稱讚《世說新語》是「卓越的語言與機智表現的寶庫，它爲研究中國人的機智提供了最好不過的素材」〔註86〕。例如〈排調〉第六則記載孫楚年少時欲當隱士，與王濟言時誤將「枕石漱流」說成「漱石枕流」，王濟隨即反問道：「流可枕，石可漱乎？」孫楚則立刻回答：「所以枕流，欲洗其耳；所以漱石，欲礪其齒。」以清流洗耳，暗用許由之典，示其高潔〔註

〔註84〕《世說新語·言語第二》劉孝標注引。
〔註85〕余嘉錫《世說新語箋疏》，北京：中華書局，一九八三年。
〔註86〕《中國人的機智——以世說新語爲中心》，（日）井波律子。東京：中央公論社，一九八三年。
〔註87〕劉孝標《世說新語》注云：「〈逸士傳〉記載：許由爲堯所讓，其友巢父責之，由乃

87〕；以石漱口磨牙，言其辯才無礙。孫楚妙語如珠，詞鋒如雲，原本尷尬的場面也就化解了。

又如〈排調〉第三十則寫張玄之八歲時，門牙掉了，前輩知道他不平常，故意打趣地問：「君口中何爲開狗竇？」張應聲曰；「正使君輩從此中出入。」回答不僅巧妙，也將了前輩一軍，語言既有攻擊性，也充滿了幽默感。再如〈排調〉第十二則：

諸葛令、王丞相共爭姓族先後，王曰：「何不言葛、王，而云王、葛？」

令曰：「譬言驢馬，不言馬驢，驢寧勝馬邪？」

這段對話巧用類比，反駁對方的詰難。機智是一種特殊的智慧表現，屬於一種巧智。以巧智應付各種突發的變故與衝突，以出人意料之外的手法嘲弄對方，以智慧贏得笑聲與讚嘆。其他如曹操臥床避禍，以及王右軍嘔吐避難等故實，則是透過人物的巧行表現其機智。

《世說新語》設〈排調〉一門，專記載幽默的言行，表現出魏晉名士生活在現實社會之中，對於生命的體驗以及放達的態度。如第三十一則記載：「郝隆七月七日出日中仰臥，人問其故，答曰：「我曬書。」郝隆幽默的回答，表示自己滿腹經綸，學識淵博。當然，表現幽默的方式有很多種，或以調侃，或以反諷，或以自嘲，或以隱喻，茲分述如下：

〈排調〉記顧長康啖甘蔗，先食尾。問所以，云：「漸至佳境」。吃甘蔗一件簡單的事，在顧長康的詮釋之下，變成極爲雅致且富哲理的行爲。又如記王文度、范榮期俱爲簡文所要。范年大而位小，王年小而位大。將前，更相推在前，既移久，王遂在范後。王因謂曰：「簸之揚之，糠秕在前。」范曰：「淘之汰之，沙礫在後。」透過王文度與范榮期先是虛情假意的謙讓，後是巧比妙喻的攻擊，前後言行的對比，造成反諷的效果。又：「康僧淵目深而鼻高，王丞相每調之。僧淵曰：「鼻者面之山，目者面之淵。山不高則不靈，淵不深則不清。」康僧淵借用了相書上的說法來評價自己的面容。相書上說：「鼻之所在爲天中，鼻有山象，故曰山。」康僧淵則把人們欣賞自然景觀的審美標準「山不高則不靈，淵不深則不清」用來評判自己的相貌。這種自我解嘲的方式是很高明的。以隱喻的方式爲之如〈輕詆〉，桓溫對袁宏不滿，以牛喻袁的方式來曲其意：「諸君頗聞劉景升不？有大牛重千斤，噉芻豆十倍於常牛，負重致遠，曾不若一羸牸。魏武入荊州，烹以饗士卒，於時莫不稱快。」以此故事比喻袁宏，當時四座皆駭，袁亦失色。不直說卻也尖銳地指出袁宏是吃俸祿而無大用的庸才。

過清冷水洗耳拭目，曰：『向聞貪言，負吾之友。』」

　　從魏晉時期名士們隨機應變和令人拍案叫絕的表現中，可以看出他們經過千錘百鍊的語言藝術，以及機智幽默言談舉止，同時也透出魏晉時代的清談氛圍。

（四）白描與修辭

　　《世說新語》中記言記事乃至於刻畫人物形象，運用白描的手法比比皆是，而白描的主要特徵就是不借助繁複的形容詞，不著力於側面的精雕細刻，不致力於層層的氣氛渲染。而是以質樸的語言，簡潔地勾勒形象。其關鍵是「傳神寫照、言約旨遠」。如〈言語〉中記載：

> 滿奮畏風。在晉武帝坐，北窗作琉璃屏，實密似疏，奮有難色，帝笑
> 之。奮答曰：「臣猶吳牛，見月而喘。」

滿奮面對晉武帝之笑，以「吳牛喘月」的典故自我解嘲，讀者在會心微笑之際，也明白其中含意。對答之間具有片言以核理的力度，耐人尋味，言外之意悠然遠長。

　　又如〈雅量〉中記載：

> 嵇中散臨刑東市，神氣不變。索琴彈之，奏〈廣陵散〉。曲終曰：「袁
> 孝尼嘗請學此散，吾靳固不與，〈廣陵散〉於今絕矣。」

通過嵇康外貌神態、動作語言的表現，展現出他臨刑前恢弘的氣度與視死如歸的氣慨。這些白描的語言，讓人如聞如見，有身歷其境之感。又如另一則記載謝安的鎮靜與眾人的驚恐：

> 謝太傅盤桓東山時，與孫興公諸人泛海戲。風起浪湧，孫、王諸人色
> 並遽，便唱使還。太傅神情方王，吟嘯不言。舟人以公貌閑意說，猶去不
> 止。既風轉急，浪猛，諸人皆喧動不坐。公徐云：「如此，將無歸。」眾
> 人即承響而回。

這段敘述以白描勾勒出驚濤駭浪之中人們的種種情狀，孫王諸人始而神色驚恐，嚷嚷著調轉船頭回航，繼而喧動不坐，再而安靜坐下來。謝太傅則是任憑風浪起，依然穩坐如山，自顧吟頌詩文，神情安祥自若。眾聲喧騰時，以一言懾服眾人。充分刻畫出謝安指揮若定的大將之風。一筆分成兩部分，一寫謝太傅之安然，一寫諸人之愕然。簡鍊精約，極為傳神。

　　除了白描之外，《世說新語》也擅於修辭。從人物形象、文化內韻出發，形式多樣、技巧嫻熟，有「或造微於單詞，或徵巧於只行」，「清新俊逸、咳吐珠璣」之譽。用「比喻」則想像奇特，比況貼切，能體現人物的個性與特徵，且有言外之象與象外之旨。如〈容止〉寫桓溫的外貌特徵是「鬢如反皮，眉如紫石棱。」說其鬢毛粗硬，像反轉的刺皮；眉骨突出象紫石的稜角。

又如〈賞譽〉中論吳地世家大族的人物時說：

　　嚴仲弼九皋之鳴鶴，空谷之白駒。顧彥先八音之琴瑟，五色之龍章。
張威伯風寒之茂松，幽夜之逸光。陸士衡、士龍鴻鵠之裴回，懸鼓之待槌。
凡此諸君：以洪筆爲鋤耒，以紙札爲良田。以玄默爲稼穡，以義理爲豐年。
以談論爲英華，以忠恕爲珍寶。著文章爲錦繡，蘊五經爲繒帛。坐謙虛爲
席薦，張義讓爲帷幕。行仁義爲室宇，修道德爲廣宅。

通篇運用比喻，妙喻如珠，以鳴鶴、白駒喻嚴仲弼之賢才；以琴瑟、龍章欲顧彥先
之平和俊朗；以寒冬之青松、黑夜之光芒欲張威伯之高潔；以遠翥高飛的鴻鵠，等
待重錘的大鼓喻陸士衡、士龍之大志。在分別評價之後，復總括其共同特徵：以筆
爲鋤，以紙爲田，終日默默耕耘，獲得的是經義名理的豐收；他們把清談視爲英華，
忠恕視爲珍寶，撰文藏經視爲華貴的絲織品；他們坐在謙虛的席墊上，懸掛起義讓
的帷幕，將仁義作爲房屋，將道德修養作爲大廈。這些比喻將人物的品質、行爲、
志趣化爲具體的意象。

　　寫對比，相形相稱，強烈生動。常有以不言之妙，獲「機鋒俊拔，寄無窮之意
於片語，包不盡之味於數句」之效。如〈容止〉：「海西時，諸公每朝，朝堂猶暗。
唯會稽王來，軒軒如朝霞擧。」透過昏暗與朝霞的明暗對比，讚揚會稽王司馬昱氣
宇軒昂的儀態。又〈言語〉記毛伯成「既負其才氣，常稱：『寧爲蘭摧玉折，不所蕭
敷艾榮。』」以高潔之蘭花，玉石與蕭艾相比，暗喻兩種不同的人品。再如〈品藻〉
記載：「廉頗、藺相如雖千載上死人，懍懍恒如有生氣；曹蜍、李志雖見在，厭厭如
九泉下人。」建功立業的人雖已千古，然雖死猶生；庸碌之人則雖生猶死。對比何
等明顯！

　　寫誇飾，既凸顯事物的特徵，給人強烈印象，又不失自然清新。如〈言語〉中
記載顧愷之祭拜桓溫陵墓時，有人問他哭時是何種狀態？顧愷之答道：「鼻如廣漠長
風，眼如懸河決溜。或曰：『聲如震雷破山，淚如傾河注海。』」可見這些比喻是兼
有誇飾的技巧的，既形象又生動。

　　寫摹狀，繪聲繪色，得形得神，而且文辭優雅，語氣舒緩，或雙聲、或疊韻、
或疊字，使文章洋溢著搖曳清越之美。如〈栖逸〉：「藉登嶺就之，箕踞相對。」又
〈賞譽〉：「湛未嘗乘馬，卒然便馳騁。」又〈豪爽〉中記：「其狀磊落，一坐嘆賞。」
等，其中「箕踞」、「馳騁」、「磊落」等詞即爲雙聲。疊韻之詞則有〈自新〉：「欲自
修改，而年已蹉跎，終無所成。」中「蹉跎」一詞。疊字則有：如〈容止〉：「劉伶
身長六尺，貌甚醜悴，而悠悠忽忽，土木形骸。」〈賞譽〉：「王公目太尉：『岩岩清
峙，壁立千仞。』」〈容止〉：「裴令公目王安豐：眼爛爛如岩下電。」等，其中「悠悠

忽忽」、「岩岩」、「爛爛」等詞均爲疊字。重複相同的字詞，有強調之意。

其他如雙關，言在此而意在彼，含蓄曲折地表達思想感情。舉例說明，如〈排調〉中記載一事：

> 謝公始有東山之志，後嚴命屢臻，勢不獲已，始就桓公司馬。于時人有餉桓公藥草，中有遠志。公取以問謝：「此藥又名小草〔註88〕，何一物而有二稱？」謝未即答，時郝隆在坐，應聲答曰：「此甚易解，處則爲遠志，出則爲小草。」謝甚有愧色。桓公目謝而笑曰：「郝參軍此過乃不惡，亦極有會。」

謝安初有隱居東山之志，後來朝廷屢下詔聘，謝安無法推辭，接受了桓溫的司馬之職。當時有人贈送桓溫藥草，裡面有遠志，桓溫問謝安：「這草爲何有兩種名稱？」謝安沒有立刻回答，坐在一旁的郝隆應聲答道：「處則遠志，出則小草。」謝安聽後面有愧色。桓溫則笑曰郝隆之解並無惡意，非常有趣。仔細分析，郝隆的回答其實語帶雙關，「處」是指埋在土裡的根，又指隱居；「出」則是指長出地面的枝葉，有出山爲官之意。既解釋了「遠志」、「小草」二名之義，又以出處影射諷刺了謝安。

〔註88〕《博物志》：「遠志苗曰小草，根曰遠志。」

第六章　別傳的價値與影響

東漢末年，朝廷內部衝突愈來愈烈，政治詭譎多變。名士受到打擊，以察舉爲主體的選官制度弊端愈來愈大，沽名釣譽的行爲也愈來愈多，名士往往名不符實。《後漢書・方術列傳》論曰：

> 漢世之所謂名士者，其風采可知矣。雖馳張趣舍，時有未純，於刻情修容，依倚道藝，以就其聲價，非所能通物方，弘時務也。及徵樊英、楊厚、朝廷待若神明，至，竟無他異。英名最高，毀最盛。李固、硃穆等以爲處士純盜虛名，無異於用，故其所以然也。

當時政權實際統治者曹操「術兼名法」，爲了加強管理，一方面嚴厲打擊朋黨，先後殺了孔融、邊讓、桓邵等人；另一方面提出「唯才是用」的用人原則，但曹氏父子仍然重視鄉舉里選，如曹操的〈選舉令〉、〈求賢令〉、〈敕有司取士無廢偏短令〉、〈舉賢勿拘品行令〉，強調取賢不廢偏短，唯才是問。《三國志・魏志》中亦記載：

> 夔（愚案：何夔）言於太祖曰：「自軍舉以來，制度草創，用人未詳其本，是以各引其類，時忘道德。夔聞以賢制爵，則民愼德；以庸制祿，則民興功。以爲自今所用，必先核之鄉閭，使長幼順序，無相逾越。顯忠直之賞，名公實之報，則賢不肖之分，居然別矣。」

曹操卻「稱善」，九品官人法在實行之初，品評人物也比較重視輿論，故又有：「其始造也，鄉邑清議，不拘爵位，褒貶所加，足爲勸勵。」〔註1〕可以看出在上位者，一方面打擊朋黨，一方面又繼承鄉閭清議的傳統，造就了一批名士。而値得注意的是這個時期的名士，已經漸漸地將重心轉移到研讀《周易》、《老》、《莊》，清談玄遠，而非抨擊時政，砥礪志節了。

漢末魏晉時期以名士爲主要撰述對象的別傳，也隨著時代風氣改變，表彰名節

〔註1〕《晉書・衛傳》。

的內容減少，品評人物的內容仍多。對於《周易》、《老》、《莊》的研究和清談成爲這個時期別傳主要的內容，如〈何晏別傳〉、〈荀粲別傳〉、〈嵇康別傳〉、〈王弼別傳〉、〈管輅別傳〉、〈虞翻別傳〉所載均是如此。如〈荀粲別傳〉：

> 粲諸兄並以儒術議論，而粲獨好言道，常以爲子貢稱夫子之言行與天道，不可得聞，然則六籍雖存，故聖人之糠秕。粲兄俁難曰：「易亦云聖人立象以盡意，此非通於意外者也，繫辭焉以盡言，此非言乎繫表者也；斯則象外之意，繫表之言，故蘊而不出矣。」及當時能言者不屈。〔註2〕

另外受才性之辨的影響，這個時期的別傳也特別強調人的天性，如〈何晏別傳〉：「晏方年七八歲，慧心天悟。」〔註3〕〈邴原別傳〉曰：「自在童齒之中，嶷然有異。」〔註4〕〈任嘏別傳〉曰：「夙智性成，故鄉人爲之語曰：『蔣氏翁，任氏童。』」〔註5〕除此之外，這個時期也有比較注重事功，如〈趙雲別傳〉。

別傳的發展從東漢延續到南北朝時期，其中很多傳主都是當代著名的思想家，如漢代經學大師鄭玄、賈逵、馬融；漢末的黨錮名士李固、李膺、郭林宗等；正始年間王弼、何晏、嵇康等；以及當時清談的名士。不僅勾勒出這段時期社會思想的變遷，也體現了與正統史觀不同的人物價值觀。除此之外，在中國史學及文學方面都有不小的貢獻與影響。

第一節　補正史之不足

史學家博學多聞，面對紛紜龐雜的史料時，如何考辨史料眞實與否，劉知幾對此有精到之見。他先將歷史著作分成兩類，一爲當時之簡，一爲後來之筆：

> 夫爲史之道，其流有二。何者？書事記言，出自當時之簡。勒成刪定，歸於後來之筆。然則當時草創者，資乎博聞實錄，若董狐、南史也。後來經始者，貴乎儁識通才，若班固、陳壽是也。必論其事業，前後不同，然相須而成，其歸一揆。〔註6〕

當時之簡，爲當時人的紀錄；後來之筆，是後代人的撰述。兩者概括了所有的歷史著作，雖性質不同，而須相輔相成。對於史料，劉知幾也作了分類，在正史之外，他列舉了偏紀、小錄、逸事、瑣言、郡書、家史、別傳、雜記、地理書、都邑簿十

〔註2〕《三國志》卷十注引。
〔註3〕《初學記》卷四五四。
〔註4〕《三國志》卷十一注引。
〔註5〕《三國志》卷二十七注引。
〔註6〕《史通·史官建置》。

類〔註7〕，雖然與《隋書・經籍志》分類不盡相同，而自有其特色。其中關於「別傳」一類，他的解釋為：

> 賢士貞女，類聚區分，雖百行殊途，而同歸於善，則有取其所好，各為之錄，若劉向列女，梁鴻逸民，趙采忠臣，徐廣孝子，此之謂別傳者也。
>
> 〔註8〕

依上述所云，劉氏對於別傳的解釋近似於正史中的「類傳」，即將同一類型的人物聚集成傳。與魏晉時期所謂單獨的個別的別傳，意義上有所不同。至於別傳的撰述過程與形成情況，他又說道：

> 別傳者，不出胸臆，非由機杼，徒以博採前史，聚而成書，其有足以新言加之別說者，蓋不過十一而已。如寡聞末學之流，則深所嘉尚，至於探幽索隱之士，則無所取材。

劉知幾認為別傳的性質是「博採前史，聚而成書」，故給予的評價不高。然就魏晉時期而言，別傳的記載可以補充正史中未收錄之史料，並非完全為匯聚之作。以下從史料及制度方面說明別傳補正史不足的價值與貢獻：

一、史料方面

劉宋建國後，宋文帝以陳壽《三國志》過於簡略，命裴松之加以補注，松之乃上搜舊聞，傍摭遺逸，於宋元嘉六年（西元429年）撰成《三國志注》，宋文帝稱善，許之為不朽。時裴松之年五十八歲。裴松之注《三國志》是在陳壽去世一百三十多年之後。這個時期史料漸多，凡三國志「所不載，事宜存錄者，則罔不畢取以補其闕；或同說一事而辭有乖雜，或出事本異，疑不能判，並皆抄內以備異聞；若乃紕繆顯然，言不附理，則隨違矯正以懲其妄；其時事當否及壽之小失，頗以愚意有所論辯」〔註9〕。所謂補闕、備異、懲妄、論辯，是裴松之注《三國志》著力之處。注史之學，一般而言重視詮釋文義、考證地理、解說名物制度，而裴注則做了補闕、備異、懲妄、論辯的功夫，所徵引旁搜的書籍多達兩百種以上，且所引之書，多首尾俱全，保存原貌，以致於注文的字數，超過了陳壽本書〔註10〕。唐宋以後，裴氏所引之書，十不存一，考證者因裴氏之注而得以窺見亡書，轉相引用，價值倍增。

〔註7〕《史通・雜述》。
〔註8〕同前註。
〔註9〕裴松之〈上三國志注表〉。
〔註10〕據楊翼驤〈裴松之評傳〉云：「陳壽本文約二十萬字左右，而裴氏注文約五十四萬字左右，以將及三倍的篇幅，為三國志作注，可以說基本上彌補了陳壽記載簡略的缺陷了。」（見陳清泉等主編《中國史學家評傳》）

故裴注可稱得上是注史、補史與寫史，而裴注中所引各項別傳資料，對於補正史料，亦有莫大貢獻。本文以荀彧、邴原、虞翻、何晏、王弼、嵇康等人為主，並以舉實例以說明之。

（一）荀　彧

　　如荀彧究竟為魏臣抑或漢臣，歷來學者析論不同。陳壽《三國志・魏志・荀彧荀攸賈詡傳》中記載荀彧之死為「疾留壽春，以憂薨，時年五十」。袁宏《後漢紀》亦謂彧「以憂薨」，與陳壽《三國志》相同。而范曄《後漢書・鄭孔荀列傳》則云：「彧病留壽春，操饋之食，發視，乃空器也，於是飲藥而卒。時年五十。」孫盛《魏氏春秋》曰：「太祖饋彧食，發之乃空器也，於是飲藥而卒。」荀彧之死是「以憂薨」或「飲藥而卒」，在魏晉之間已存二說〔註11〕，故而引發他為魏臣或漢臣之爭。司馬光《通鑑考異》取「飲藥而卒」之說，評論道：

　　　　陳志彧傳曰：「以憂薨」。范書彧傳曰：「操饋之食，發視，乃空器也，於是飲藥而卒。」孫盛魏氏春秋亦同。案彧之死，操隱其誅。陳壽云以憂卒，蓋闕疑也。今不正言其飲藥，恐後世為人上者，謂隱誅可得而行也。

荀彧之死，和曹操欲進魏公有直接關係。先是董昭以其計密諮於荀彧，荀彧期期以為不可。曹操由是不平，然後乃有荀彧之死。趙翼以為：「荀彧一傳，陳壽以其為操謀生，已列魏傳內；蔚宗以其為心向王室，乃入漢臣。」〔註12〕由此可見荀彧為魏臣或漢臣，是繫於荀彧與曹操之間，以及曹操與漢獻帝的關係之上。但後世因為「正統」之說，於是有陳壽迴護或曲筆的爭議，故荀彧之死也牽連其中。〔註13〕

　　考《三國志・魏志・荀彧傳》，記荀彧於初平二年，去袁紹歸曹操。當時曹操為奮武將軍，荀彧為其司馬，時年二十九歲。自此以後二十餘年，荀彧竭盡心力為曹操擘畫霸業。如官渡之役，阻曹操罷兵還許〔註14〕，之後，又諫其勿南伐劉表〔註

〔註11〕對於荀彧之死，當時江南還有一種說法，即袁暐《獻帝春秋》記載荀彧匿伏后與其父書不告，曹操以此恨彧。裴松之雖錄全文，卻駁斥袁暐虛罔鄙俚，辯之曰：「臣松之案《獻帝春秋》云彧欲發伏后事而求使至鄴，而方誣太祖云『昔已嘗言』。言既無徵，迴託以官渡之虞，俛仰之間，辭情頓屈，雖在庸人，猶不至此，何以玷累賢哲哉！凡諸云云，皆出自鄙俚，可謂以吾儕之言而厚誣君子者矣。」

〔註12〕《廿二史劄記》卷六「荀彧傳」條。

〔註13〕牛運震：《讀史糾謬》卷四〈三國志・荀彧荀攸賈詡傳〉：「荀彧本以飲藥死，傳云：以憂薨，亦曲詞。」

〔註14〕司馬光《通鑑考異》記載曹操與袁紹兩軍相持於官渡，曹操與彧書欲罷兵歸，彧復書曰：「今穀食雖少，未若楚、漢在滎陽、成皋間也。是時，劉、項莫肯先退者，以為先退則勢屈也。」故荀彧力阻曹操退兵，終大敗袁紹。

〔註15〕承前註，官渡戰後，曹操欲南伐劉表，荀彧以為不可，加以勸阻。彧以為應乘勝平定

15〕。曹操爲此上表薦荀彧爲尙書令：「向使臣退於官渡，紹必鼓行而前，有傾覆之形，無克捷之勢。後若南征，委棄兗豫，利既難要，將失本據。彧之二策，以亡爲存，以禍致福，謀殊功異，臣所不及也。」唯荀彧退讓十數，堅決辭讓。曹操於外征戰，軍國大事，皆與彧謀，終成霸業。曹操對他心存感激，與彧書中言：「與君共事已來，立朝廷，君之相爲匡弼，君之相爲舉人，君之相爲建計，君之相爲密謀，亦以多矣。」〔註16〕當時不論是軍事謀略或禮法治道，荀彧皆從容語之太祖，〈荀彧別傳〉中記載：

> 是時征役草創，制度多所興復，彧嘗言于太祖曰：「昔舜分命禹、稷、契、皋陶以揆庶績，教化征伐，並時而用。及高祖之初，金革方殷，猶舉民能善教訓者，叔孫通習禮儀於戎旅之閒，世祖有投戈講藝、息馬論道之事，君子無終食之閒違仁。今公外定武功，内興文學，使干戈戢睦，大道流行，國難方弭，六禮俱治，此姬旦宰周之所以速平也。既立德立功，而又兼立言，誠仲尼述作之意；顯制度於當時，揚名於後世，豈不盛哉！若須武事畢而後制作，以稽治化，於事未敏。宜集天下大才通儒，考論六經，刊定傳記，存古今之學，除其煩重，以一聖眞，並隆禮學，漸敦教化，則王道兩濟。」

征役之後，荀彧諫其應從禮儀教化、立功立德立言方面治國。無怪乎曹操讚譽「天下之定，彧之功也。」〔註17〕不僅曹操如此，鍾繇也說：「以太祖之聰明，每有大事，常先諮之荀君，則占師友之義也。」〔註18〕說明了陳壽列荀彧爲曹魏開國功臣之因。而司馬光分析漢末歷史情勢，當時四海蕩覆，尺土一民非漢所有的情形下，荀彧除了和曹操合作外，別無選擇。司馬光《通鑑》從當時情勢立論，將荀彧輔佐曹操興功立業與飲藥而卒分別立說，而將荀彧助曹操與管仲輔佐齊桓公相提並論，荀彧終以身殉節，是爲殺身成仁，更甚於管仲。裴松之於魏晉時期史學脫離經學獨立之際，敘事論人皆以史實爲據。《三國志》注論荀彧之死，與司馬光論點相同。認爲荀彧本圖「蒼生蒙舟航之接，劉氏延二紀之作。」〔註19〕待曹操霸業既隆，篡漢之跡日盛，唯有以身殉節，以明己志。所論不僅超越當時漢臣魏臣之爭，且從當時情勢討論荀彧不得不與曹操合作的原因，確實不同於一般世論，可謂持平之說。

河北，先行統一北方。
〔註16〕《三國志・荀彧荀攸賈詡傳》注引〈荀彧別傳〉。
〔註17〕同前註。
〔註18〕同前註。
〔註19〕《三國志・魏書・荀彧荀攸賈詡傳》裴松之注。

（二）邴　原

　　邴原，字根矩，為北海朱虛人，與管寧善。原從公孫度於遼東，後歸附曹操，任司空掾。正史所記資料甚寡，然別傳詳盡，可作為補充。如〈邴原別傳〉記其幼時求學經過：

　　　　原十一而喪父，家貧，早孤。鄰有書舍，原過其旁而泣。師問曰：「童子何悲？」原曰：「孤者易傷，貧者易感。夫書者，必皆具有父兄者，一則羨其不孤，二則羨其得學，心中惻然而為涕零也。」師亦哀原之言而為之泣曰：「欲書可耳！」答曰：「無錢資。」師曰：「童子苟有志，我徒相教，不求資也。」於是遂就書。一冬之間，誦孝經、論語。自在童齔之中，嶷然有異。及長，金玉其行。欲遠游學，詣安丘孫崧。崧辭曰：「君鄉里鄭君，君知之乎？」原答曰：「然。」崧曰：「鄭君學覽古今，博聞彊識，鉤深致遠，誠學者之師模也。君乃舍之，躡屐千里，所謂以鄭為東家丘者也。君似不知，而曰『然』者何？」原曰：「先生之說，誠可謂苦藥良鍼矣；然猶未達僕之微趣也。人各有志，所規不同，故乃有登山而採玉者，有入海而採珠者，豈可謂登山者不知海之深，入海者不知山之高哉！君謂僕以鄭為東家丘，君以僕為西家愚夫邪？」崧辭謝焉。又曰：「兗、豫之士，吾多所識，未有若君者；當以書相分。」原重其意，難辭之，持書而別。原心以為求師啓學，志高者通，非若交游待分而成也。書何為哉？乃藏書於家而行。原舊能飲酒，自行之後，八九年間，酒不向口。單步負笈，苦身持力，至陳留則師韓子助，潁川則宗陳仲弓，汝南則交范孟博，涿郡則親盧子幹。臨別，師友以原不飲酒，會米肉送原。原曰：「本能飲酒，但以荒思廢業，故斷之耳。今當遠別，因見餞饋，可一飲讌。」於是共坐飲酒，終日不醉。歸以書還孫崧，解不致書之意。〔註20〕

　　此段記邴原童齔時拜師習讀，博聞強記之事。及其長也，捨鄭玄詣孫崧，明其求師啓學，志高者通，非以著作為憑。故其後交遊，至陳留則師韓子助，潁川則宗陳仲弓，汝南則交范孟博，涿郡則親盧子幹，均為當時品德高尚，重視操守之士。

　　　　後為郡所召，署功曹主簿。時魯國孔融在郡，教選計當任公卿之才，乃以鄭玄為計掾，彭璆為計吏，原為計佐。融有所愛一人，常盛嗟歎之。後恚望，欲殺之，朝吏皆請。時其人亦在坐，叩頭流血，而融意不解。原獨不為請。融謂原曰：「眾皆請而君何獨不？」原對曰：「明府於某，本不

〔註20〕見《三國志‧魏書》卷十一裴松之注引〈原別傳〉。

薄也，常言歲終當舉之，此所謂『吾一子』也。如是，朝吏受恩未有在某前者矣，而今乃欲殺之。明府愛之，則引而方之於子，憎之，則推之欲危其身。原愚，不知明府以何愛之？以何惡之？」融曰：「某生于微門，吾成就其兄弟，拔擢而用之；某今孤負恩施。夫善則進之，惡則誅之，固君道也。往者應仲遠爲泰山太守，舉一孝廉，旬月之閒而殺之。夫君人者，厚薄何常之有！」原對曰：「仲遠舉孝廉，殺之，其義焉在？夫孝廉，國之俊選也。舉之若是，則殺之非也；若殺之是，則舉之非也。詩云：『彼己之子，不遂其媾。』蓋譏之也。語云：『愛之欲其生，惡之欲其死。既欲其生，又欲其死，是惑也。』仲遠之惑甚矣。明府奚取焉？」融乃大笑曰：「吾直戲耳！」原又曰：「君子於其言，出乎身，加乎民；言行，君子之樞機也。安有欲殺人而可以爲戲者哉？」融無以答。是時漢朝陵遲，政以賄成，原乃將家人入鬱洲山中。郡舉有道，融書喻原曰：「脩性保貞，清虛守高，危邦不入，久潛樂土。王室多難，西遷鎬京。聖朝勞謙，疇咨儁乂。我徂求定，策命懇惻。國之將隕，嫠不恤緯，家之將亡，縶縶跂涉，彼匹婦也，猶執此義。實望根矩，仁爲己任，授手援溺，振民於難。乃或晏晏居息，莫我肯顧，謂之君子，固如此乎！根矩，根矩，可以來矣！」原遂到遼東。遼東多虎，原之邑落獨無虎患。原嘗行而得遺錢，拾以繫樹枝，此錢既不見取，而繫錢者愈多。問其故，答者謂之神樹。原惡其由己而成淫祀，乃辨之，於是里中遂斂其錢以爲社供。後原欲歸鄉里，止於三山。孔融書曰：「隨會在秦，賈季在翟，諓仰靡所，歎息增懷。頃知來至，近在三山。詩不云乎，『來歸自鎬，我行永久』。今遣五官掾，奉問榜人舟楫之勞，禍福動靜告慰。亂階未已，阻兵之雄，若棋弈爭梟。」原於是遂復反還。積十餘年，後乃遁還。南行已數日，而度甫覺。度知原之不可復追也，因曰：「邴君所謂雲中白鶴，非鶉鷃之網所能羅矣。又吾自遣之，勿復求也。」遂免危難。

此段記孔融與邴原的一段對話，孔融舉薦人才又欲殺之，聽邴原諫言又辯此爲戲耳，反覆再三，邴原深表不以爲然，道：「君子於其言，出乎身，加乎民；言行，君子之樞機也。安有欲殺人而可以爲戲者哉？」說得孔融啞口無言。其後見朝政每況愈下，原將家人遷往郁州山中。孔融又勸其出仕，乃往遼東。此處別傳所記二事，堪稱神怪。其一爲原所居獨不見虎患，其二原無心之動作，竟成爲鄉人稱相仿效之舉。二則軼事正史不載，別傳聊備之。又：

　　　　自反國土，原於是講述禮樂，吟詠詩書，門徒數百，服道數十。時鄭

玄博學洽聞，註解典籍，故儒雅之士集焉。原亦自以高遠清白，頤志澹泊，口無擇言，身無擇行，故英偉之士向焉。是時海內清議，云青州有邴、鄭之學。魏太祖爲司空，辟原署東閣祭酒。太祖北伐三郡單于，還住昌國，燕士大夫。酒酣，太祖曰：「孤反，鄴守諸君必將來迎，今日明旦，度皆至矣。其不來者，獨有邴祭酒耳！」言訖未久，而原先至。門下通謁，太祖大驚喜，攬履而起，遠出迎原曰：「賢者誠難測度！孤謂君將不能來，而遠自屈，誠副饑虛之心。」謁訖而出，軍中士大夫詣原者數百人。太祖怪而問之，時荀文若在坐，對曰：「獨可省問邴原耳！」太祖曰：「此君名重，乃亦傾士大夫心？」文若曰：「此一世異人，士之精藻，公宜盡禮以待之。」太祖曰：「固孤之宿心也。」自是之後，見敬益重。原雖在軍歷署，常以病疾，高枕里巷，終不當事，又希會見。河內張範，名公之子也，其志行有與原符，甚相親敬。令曰：「邴原名高德大，清規邈世，魁然而峙，不爲孤用。聞張子頗欲學之，吾恐造之者富，隨之者貧也。」魏太子爲五官中郎將，天下向慕，賓客如雲，而原獨守道持常，自非公事不妄舉動。太祖微使人從容問之，原曰：「吾聞國危不事冢宰，君去不奉世子，此典制也。」於是乃轉五官長史，令曰：「子弱不才，懼其難正，貪欲相屈，以匡勵之。雖云利賢，能不惡惡！」太子燕會，眾賓百數十人，太子建議曰：「君父各有篤疾，有藥一丸，可救一人，當救君邪，父邪？」眾人紛紜，或父或君。時原在坐，不與此論。太子諮之于原，原悖然對曰：「父也。」太子亦不復難之。〔註21〕

別傳末段記邴原設帳教學，講述禮樂，吟詠詩書，因其淡泊明志，口無擇言，身無擇行，故慕名之士甚眾，與鄭玄並享盛名。又記其常以病疾，不願仕事，高枕里巷，又稀會見，明其不願趨炎附勢，故太子諮之救君救父孰先孰後一事，只見邴原勃然大怒，簡要回答，太子亦不敢再行詰難。〈邴原別傳〉計有二千餘字，在現存別傳史料中，堪稱詳盡。

（三）虞　翻

　　虞氏是漢晉之間江東地區儒學世家，尤精治孟氏《易》。《翻別傳》中記載虞翻的易學成就，孔融也推許其治易的成績斐然，云：「聞延陵之理樂，睹吾子之治易，乃知東南之美者，非徒會稽之竹箭也。又觀象云物，察應寒溫，原其禍福，與神合

〔註21〕見《三國志・魏書》卷十一裴松之注引〈原別傳〉。

契，可謂探賾究通者也。」〔註22〕關於虞翻易學之成就詳見本論文第六章第一節。
虞翻在《三國志・吳書》有其傳記。他曾做過會稽郡功曹、富春長、騎都尉等官，
有軍事方面的才能。晚年因「性疏直，數有酒失」獲罪，流放交州，而講學不倦，
門徒常數百人。其主要著作有《易注》，以及《老子》、《論語》、《國語》訓注。虞翻
承襲家學，宗漢代孟喜之《易》學，主張「卦氣」、「陰陽」、「災變」之說，對於費
直古《易》，他以為荀爽所注較佳，但亦有隱晦、錯誤之處，馬融的解釋又不及荀爽，
鄭玄《易》注則是「未得其門」。《三國志》裴松之注引〈翻別傳〉則說：

> 翻初立《易》注，奏上曰：「臣聞六經之始，莫大陰陽，是以伏羲仰
> 天懸象，而建八卦，觀變動六爻為六十四，以通神明，以類萬物。臣高祖
> 父故零陵太守光，少治少治孟氏易，曾祖父故平輿令成，續述其業，
> 至臣祖父鳳為之最密。臣亡考故日南太守歆，受本於鳳，最有舊書，
> 世傳其業，至臣五世。前人通講，多玩章句，雖有祕說，於經疏闊。
> 臣生遇世亂，長於軍旅，習經於枹鼓之間，講論於戎馬之上，蒙先
> 師之說，依經立注。又臣郡史陳桃夢臣與道士相遇，放髮被鹿裘，
> 布易六爻，撓其三以飲臣，臣乞盡吞之。道士言易道在天，三爻足
> 矣。豈臣受命，應當知經！所覽諸家解不離流俗，義有不當實，輒
> 悉改定，以就其正。孔子曰：『乾元用九而天下治。』聖人南面，蓋
> 取諸離，斯誠天子所宜協陰陽致麟鳳之道矣。謹正書副上，惟不罪
> 戾。」翻又奏曰：「經之大者，莫過於易。自漢初以來，海內英才，
> 其讀易者，解之率少。至孝靈之際，潁川荀諝號為知易，臣得其注，
> 有愈俗儒，至所說西南得朋，東北喪朋，顛倒反逆，了不可知。孔
> 子歎易曰：『知變化之道者，其知神之所為乎！』以美大衍四象之作，
> 而上為章首，尤可怪笑。又南郡太守馬融，名有俊才，其所解釋，
> 復不及諝。孔子曰『可與共學，未可與適道』，豈不其然！若乃北海
> 鄭玄，南陽宋忠，雖各立注，忠小差玄而皆未得其門，難以示世。」
> 竊恥之。」

從上述資料可知虞翻在《易》學上是反對鄭玄之說的。虞翻的《易注》已亡佚，其
學說略存於唐代李鼎祚《周易集解》之中。清代惠棟輯《漢易學》，黃奭輯《漢學堂
叢書》，孫堂輯《漢魏二十一家易注》，張惠言輯《周易虞氏易》、《周易虞氏消息》、
《虞氏易禮》、《虞氏易事》、《虞氏易言》、《虞氏易候》等書中均可見虞翻《易》學

〔註22〕見《三國志》卷五十七《吳書・虞翻傳》。

的梗概，亦可與〈翻別傳〉相印證。別傳所記，對於學術保存有一定之功。

（四）何　晏

　　何晏和王弼兩人，可以稱得上是魏晉玄學的創始者，他們的事跡便散見在裴松之注《三國志》與劉孝標注《世說新語》之中。何晏（西元一九○～二四九年），字平叔，南陽宛（今河南南陽）人。魏明帝時，曹爽掌政，任爲心腹，因夥同曹爽謀反遭到誅殺。事見《三國志・魏志・曹眞傳》附〈曹爽傳〉中所記：

　　　　晏，何進孫也。母尹氏爲太祖夫人。晏長於宮省，又尚公主，少以才
　　秀知名。好莊老言，作《道德論》及諸文賦著述，凡數十篇。

何晏的才秀，表現在其能言善道及註解莊老之上。和他多次交鋒的傅嘏曾稱讚他「神明精微，言皆巧妙。巧妙之志，殆破秋毫。」而《世說新語・文學》劉孝標注引《魏氏春秋》也有：「晏少有異才，善談《易》、《老》。」又引《文章敘錄》云：「自儒者論以老子非聖人，絕禮棄學，晏說與聖人同，著論行於世也。」「晏能清言，而當時權勢，天下談士多宗尚之。」他在學術上調和儒道的特點，故在清談玄理方面，有其個人見地。他曾在擔任吏部尚書時，提攜過王弼，因其才華卓越，何晏對王弼讚譽有加。他在注解《老子》時，和王弼討論過，結果自覺不如王弼，遂改撰《道德經》〔註23〕，可惜目前何晏流傳下來的著作只有《論語集解》。以上記載多著眼於何晏清談及學術上的成就，而在《太平御覽》所存之〈何晏別傳〉中，則有二段關於日常生活的紀錄：

　　　　何晏，南陽人，大將軍進之孫。遇害，魏武納晏於魏宮，至七八歲，
　　惠心天悟，形貌絕美。武帝欲以爲子，每扶將遊觀，令與諸子長幼相次。
　　晏微覺之，坐則專席，止則獨立。或問其故，答曰：「禮，異姓不相貫。」
　〔註24〕
　　　　晏時小，養魏宮。七八歲便慧心大悟，眾無愚智，莫不貴異之。魏武
　　讀兵書，有所未解，試以問晏，晏分散所疑，無不冰釋。〔註25〕

首段記何晏出身及曹操欲收爲義子一事，次段記其幼時聰慧如神，眾人皆知。不僅在玄學空談方面，即使是兵書，也能有一番見解，令曹操得以冰釋所疑。這些佚文軼事，可以補充正史紀錄之不足。

〔註23〕據《世說新語・文學》記載，何晏注《老子》成（另一說「未成」），見王弼，自以爲
　　　　不如王注，遂改作《道德論》。
〔註24〕見《太平御覽》卷三八○〈何晏別傳〉。
〔註25〕見《太平御覽》卷三八五〈何晏別傳〉。

（五）王　弼

王弼（西元二二六～二四九年），字輔嗣，山陽（今河南焦作）人。《三國志・魏志・鍾會傳》記載：

> 初，會弱冠與山陽王弼並知名，弼好論儒道，辭才逸辯，注《易》及《老子》，爲尚書郎，年二十餘卒。

裴松之注引何劭〈王弼傳〉說：

> 弼幼而察慧，年十餘，好老氏，通辯能言。父業爲尚書郎，時裴徽爲吏部郎，弼未弱冠，往造焉，徽一見而異之，問弼曰：「夫無者，誠萬物之所資也，然聖人莫肯致言，而老子申之無已者何？」弼曰：「聖人體無，無又不可以訓，故不說也。老子是有者也，故恒言無，所不足。」尋亦爲傅嘏所知。於時何晏爲吏部尚書，甚奇弼，嘆之曰：「仲尼稱後生可畏，若斯人者，可與言天人之際乎！」……其論道附會文辭，不如何晏，自然有所拔得，多晏也。

所謂「附會文辭」，是指爲文技巧而言，在《文心雕龍・附會》有：「何謂附會？謂總文理，統首尾，彌綸一篇，使雜而不越者也。」所謂「自然有所拔得」，是指發揮義理而言。王弼對於老子反覆申論「無」，提出其獨到的見解，亦即老子仍停留在「有」的層次，故講述不已。引文中除盛讚王弼的聰慧穎悟，也將何、王兩人在學術上的見識做了比較。復參之〈王弼別傳〉所言：

> 弼字輔嗣，山陽高平人。少而察惠，十餘歲便好莊老，通辯能言，爲傅嘏所知。吏部尚書何晏甚奇之，題之曰：『後生可畏，若斯人者，可與言天人之際矣。』以弼補臺郎。〔註26〕

別傳補充本傳之說，王弼少好老莊，能言通辯，不僅爲傅嘏所知，亦深得何晏稱許讚嘆，推薦他擔任臺郎一職，然可惜王弼過於清高自負，且不好政務，缺乏官場上的應變能力，在正始十年，連臺郎一職都丟失了。是年秋，感染疫病而身亡，得年僅二十四歲。

（六）嵇　康

嵇康（223～262）字叔夜，譙郡銍（今安徽渦陽縣）人。生於魏文帝黃初四年，卒於陳留王景元三年，享年四十。他與阮籍爲知己，同在山陽縣竹林中隱居生活。在《三國志・魏書》卷二十一有一段關於嵇康的記載：

> 時又有譙郡嵇康，文辭壯麗，好言老、莊，而尚奇任俠。至景元中，

〔註26〕《世說新語・文學第四》劉孝標注引。

坐事誅。

關於嵇康的儀表風采與襟懷，以及他在坐呂安事臨刑前從容神態，在〈嵇康別傳〉中有更詳盡的記載可供參照，茲列舉如下：

康長七尺八寸，偉容色，土木形骸，不加飾屬而龍章鳳姿，天質自然，正爾在群形之中便自知非常之器。〔註27〕

康美音氣，好容色，龍章鳳姿，天質自然。〔註28〕

康性含垢藏瑕，愛惡不爭於懷，喜怒不寄於顏。所知王濬沖（戎）在襄城，面數百，未嘗見其疾聲朱顏。此亦方中之美範，人倫之勝業也。〔註29〕

康別錄云：「孫登謂康曰：『君性烈而才雋，其能免乎？』」然則登曾見其喜慍矣。故康臨終時作自責詩曰：「欲寡其過，謗議沸騰；性不傷物，頻致怨憎；昔慚柳下，今愧孫登。」〔註30〕

孫登謂康曰：「君性烈而才雋，其能免乎？」〔註31〕

孫月峰曰：「《別傳》稱叔夜偉容色，不加飾麗，而龍章鳳姿，文質自然，今此文亦復似之。」〔註32〕

從以上數則別傳紀錄中可得知，嵇康身長七尺八寸，容貌俊偉，天資自然，氣宇軒昂，具有龍鳳之姿與非常之器。嵇康外表儀態風采翩翩，無庸置疑，劉勰《文心雕龍》甚至用來形容文章。然其個性有二段不同的紀錄，一則記其「愛惡不爭於懷，喜怒不寄於顏」，另一謂其「性烈而才雋」，孰是孰非，蓋難定奪。然觀其生平行事，因山濤薦其為官，不惜作〈與山巨源絕交書〉以明志。鍾會往見，不理不睬，照樣打鐵。後因仗義執言坐呂安事被誅，臨刑前有三千名太學生罷課請求釋放嵇康，然未能如願。臨死前，他撫琴彈一曲〈廣陵散〉，道：「廣陵散於今絕矣！」何其從容自適：

嵇康臨死，顏色不變，謂兄曰：「向以琴來不？」兄曰：「已來。」康取調之，為〈太平引〉。曲成，嘆息曰：「〈太平引〉絕於今邪？」〔註33〕

《三國志》裴松之注引《康別傳云》記載：「孫登謂康曰：『君性烈而才，其能免乎？』稱康臨終之言曰：『袁孝尼嘗從吾學廣陵散，吾每固之不與。廣陵散於今絕矣！』」

〔註27〕見《世說新語‧容止》劉孝標注引。
〔註28〕見《文選‧詩乙》卷二十一李善注引〈嵇康別傳〉。
〔註29〕見《世說新語‧德行》劉孝標注引。
〔註30〕見《世說新語‧德行》劉孝標注引。
〔註31〕見《三國志‧魏書》卷二十一裴松之注引。
〔註32〕見《文心雕龍‧書記》第二十五注引。
〔註33〕《文選‧思舊賦》注引《文士傳‧嵇康》。

不論是〈太平引〉抑或廣陵散，嵇康一死，也就隨之消絕了。

　　其他如〈向秀別傳〉記其一段趣聞：「弱冠著《儒道論》，棄而不錄，好事者或存之。或云是其族人所作，困於不行，乃告秀，欲假其名，笑曰：『何復爾耳。』」〔註34〕雖然《儒道論》一書今不復見，然此則軼事也為向秀多添一段佳話。

　　吳士鑑所著《晉書斠注》，引用了眾多別傳史料，補《晉書》缺佚。湯球有《晉諸公別傳》輯本，包括家傳、家史在內的別傳百餘種。《四庫全書總目・史部》有言：

　　　　墓碑最盛於東漢，別傳則盛於漢、魏之間。……裴松之註《三國志》，
　　亦多引別傳。其遺文佚事，往往補正史所不及，故講史學者恆資考證焉。
　　由唐及宋，撰述彌繁。雖其間韓愈載筆，不乏諛言，李繁摛詞，亦多誣說。
　　而其議論之同異，遷轉之次序，拜罷之歲月，則較史家為得真。故李燾作
　　《續通鑑長篇》、李心傳作《繫年要錄》往往採用，蓋以此也。〔註35〕

張晏注《史記》，根據墓碑才得知伏生名勝。司馬貞作《史記索隱》，也是依據班固泗上亭長碑知昭靈夫人姓溫。裴松之注《三國志》，亦多引別傳。其遺文佚事，往往可以補正史所不及，故學者恆資考證。

二、制度方面

（一）用　人

　　《三國志》中可以見到曹操與尚書令荀彧討論人物優劣，或荀彧向曹操推賢進士的記載。在〈荀彧傳〉裴注所引之〈彧別傳〉則詳細記錄了荀彧引進的著名人物有荀攸、鍾繇、陳群、司馬懿、郗慮、華歆、王朗、荀悅、杜襲、辛毗、趙儼、戲志才、郭嘉、杜畿等人，並說荀彧「取士不以一揆，戲志才、郭嘉等有負俗之譏，杜畿簡傲少文，皆以智策舉之，終各顯名」。這正是求才三令對選舉的要求，可以作為當時不以性行好壞廢才的說明。〈彧別傳〉還說「荀攸後為魏尚書令，亦推賢進士」。曹操稱讚荀彧、荀攸二人：「二荀令之論人，久而益信，無沒世不忘。」由此可知，曹操時期，典選歸東曹與吏部，吏部選官要通過尚書令，尚書令又可以直接向曹操推賢進士。其原則與標準均不離求才三令的規定，唯才是舉，把「才」放在首位，且作為唯一的要求。

　　唯才是舉的利弊得失，歷史做了驗證，史家也給予了評論。與曹操同時代的著名人物郭嘉，曾經把袁紹與曹操的用人政策，做過比較。他說袁紹「用人而疑之，

〔註34〕見《世說新語・言語》劉孝標注引。
〔註35〕見《四庫全書總目》卷五十七，史部十三〈傳記類〉一。

所任唯親戚子弟」；曹操則「用人無疑，唯才所宜，不問遠近」。他認為在度量上，曹操勝過袁紹，故袁紹終將失敗。〔註36〕官渡之戰曹勝袁敗，用人是重要原因之一。《三國志》作者陳壽，也看到曹操之所以「終能總御皇機，克成洪業」，是他能「官方授材，各因其器，矯情任算，不念舊惡」〔註37〕的原因。宋代理學家雖然大罵他為漢賊、奸臣，但如洪邁所說，曹操所用之人，無一不有治才，無一不清廉正直。《容齋隨筆》書中還立了一條〈曹操用人〉，藉以旌其功。如荀彧、郭嘉等人，本從袁紹，但袁紹未能重用，故投奔曹操，成為得力戰將及謀士。即使是縣令，曹操也注意人選。〈何夔傳〉中記東南多變，曹操「以陳群為酇令，夔為城父令，諸縣皆用名士以鎮撫之，其後吏民稍定。」〈劉曄傳〉說曹操「征曄及蔣濟、胡質等五人，皆揚州名士，以四人為令」〔註38〕。用人無疑，唯才是用，是曹操異於東漢末年諸軍將領的特點，也是他成功的不二法門。

（二）考　課

在考課制度方面，魏晉時期是否恢復該制度，一直爭論不休。曹操並沒有建立起考課制度，上計流於形式，甚至蛻化為一種儀式，因此劉廙曾上表言：

> 昔者周有亂臣十人，有婦人焉，九人而已。孔子稱「才難，不其然乎！」
> 明賢者難得也。況亂弊之後，百姓凋盡，士之存者蓋亦無幾。股肱大識，
> 及州郡督司，邊方重任，雖備其官，亦未得人也。此非選者之不用意，蓋
> 才匱使之然耳。況於長吏以下，群職小任，能皆簡練備得其人也？其計莫
> 如督之以法，不爾而數轉易，往來不已，送迎之煩，不可勝計。轉易之間，
> 輒有姦巧，既於其事不省，而為政者亦以其不得久安之故，知惠益不得成
> 於己，而苟且之可免於患，皆將不念盡心於卹民，而夢想於聲譽，此非所
> 以為政之本意也。今之所以為黜陟者，近頗以州郡之毀譽，聽往來之浮言
> 耳。亦皆得其事實而課其能否也？長吏之所以為佳者，奉法也，憂公也，
> 卹民也。此三事者，或州郡有所不便，往來者有所不安。而長吏執之不已，
> 於治雖得計，其聲譽未為美；屈而從人，於治雖失計，其聲譽必集也。長
> 吏皆知黜陟之在於此也，亦何能不去本而就末哉？以為長吏皆宜使小久，
> 足使自展。歲課之能，三年總計，乃加黜陟。課之皆當以事，不得依名。
> 事者，皆以戶口率其墾田之多少，及盜賊發興，民之亡叛者，為得負之計。

〔註36〕《三國志》卷十四〈郭嘉傳〉注引《傅子》。荀彧也有相同的看法。
〔註37〕《三國志‧武帝紀》。
〔註38〕裴注引《傅子》。

如此行之，則無能之吏，脩名無益；有能之人，無名無損。法之一行，雖

無部司之監，姦譽妄毀，可得而盡。〔註39〕

劉廙之表，是有識之士對建安以來地方官吏考課問題的反省。其所反映的有幾個問題：其一，地方長吏沒有任期制，經常換人。居之者心懷苟且，不安於位；換人時又得迎新送舊，敲詐勒索，民不堪其擾。其二，地方長吏的優劣但憑聲譽，無考課制。聲譽來自「往來之浮言」，地方大眾的輿論。而這種輿論決定地方長吏的黜陟。其三，地方長吏奉公守法，憂國恤民，有時不免觸犯地方大族的利益，政績雖美，但聲譽卻因此受損，如爲求升遷，有時不得不屈從大族勢力。劉廙主張「督之以法」，其中一項就是重新建立考課制度，結合上計與考課，每年一考，三年總計，然後實行黜陟。考課的內容包括戶口、墾田、盜賊等。據史書記載，對此表「太祖甚善之」，可見劉廙之表對於理解當時地方政治甚爲重要。

第二節　史學體例的開展

　　《三國志》、《後漢書》已經由性格化轉向敘事化，《宋書》、《南齊書》、《魏書》中的人物傳記多半變成一種敘述性的概要介紹，具體過程與人物形象就看不到了，甚至有些傳記只是簡單羅列履歷。如《宋書・武帝紀》寫劉裕代晉的過程：「奉表陳讓，晉武已遜琅琊王第，表不獲通，於是陳留王虔嗣等二百七十人及宋台群臣并上表勸進，上獲不許。太史令駱達陳天文、符瑞數十條，群臣又固請，上乃從之。」很簡單地紀錄劉裕代晉的過程，劉裕心中如何想，以及幕後有何爭鬥，都無法看到。《南齊書・高帝紀》上下兩卷，寫蕭道成一生，按日月次序，一一陳列，不見事件經過，也不見一句足以代表性格的語言。茲以《魏書》中的〈李寶傳〉爲例，以見南北朝寫人方面的共同之處：

　　　　李寶，字懷素，小字衍孫，隴西狄道人，私署涼王暠之孫也。父翻，字士舉，小字武強，私署驍騎將軍，祈連、酒泉、晉昌三郡太守。寶沈雅有度量，驍勇善撫接。伯父歆爲沮渠蒙遜所滅，寶徙於姑臧。多餘，隨舅唐契北奔伊吾，臣於蠕蠕。其遺民歸附者稍至二千。寶傾身禮接，甚得其心，眾皆樂爲用，每希報雪。屬世祖遣將討沮渠無諱於敦煌，無諱捐城遁走。寶自伊吾南歸敦煌，遂修繕城府，規復先業。遣弟懷達奉表歸誠。世祖嘉其忠款，拜懷達散騎常侍、敦煌太守，別遣使授寶使持節、侍中、都督西垂諸軍事、鎮西大將軍、開府儀同三司、領護西戎校尉、沙州牧、敦

〔註39〕《三國志・魏書・劉廙傳》注引《廙別傳》。

煌公，仍鎮敦煌，四品以下聽承制假授。眞君五年，因入朝，遂留京師，
拜外都大官。轉鎮南將軍、并州刺史。還，除內都大官。高宗初，代司馬
文思鎮懷慌，改授鎮北將軍。太安五年薨，年五十三。詔賜命服一襲，贈
以本官，謚曰宣。有六子：承、茂、輔、佐、公業、沖。

這樣的傳記，是南北朝史傳的主要形式，從人物的籍貫字號，以及子孫，一直到死
為止，一個完整的紀錄。但人物的形象就不像《史記》、《漢書》那樣清晰鮮明。在
敘述方法上，《宋書》使用帶敘法，即是在原來附傳的基礎上，把附在最後的有關人
物插入到正傳之中，暫時打斷正傳人物事蹟，等插入人物的事蹟結束後再接到正傳
人物。後來《南齊書》也使用這種方法。帶敘法的好處在於避免呆板，使敘述變化
多端；但若使用不當，又會使得傳記內容結構鬆散拖沓。別傳的大量出現，則開展
了此一時期的史學體例。

一、個人傳記蔚為風尚

　　魏晉南北朝被稱為是一個「開明時代」（An Age of Enlightenment），各類人物競
出其間。名士的放誕，隱士的飄逸，孝子的至性，忠臣的勁節，前後輝映。於是這
一類人物的傳記成為風氣〔註40〕。這個時候也是一個世族的社會，社會地位最崇高
者為世族，世族為了突顯其族的特殊地位，於是撰寫族譜，又變為時尚。如鄭樵《通
志・氏族略》中記載：

　　　　自隋唐而上，官有簿狀，家有譜系，官之選舉，必由於簿狀，家之婚
　　姻，必由於譜系。歷代並有圖譜局，置郎令史以掌之，仍令博通古今之儒，
　　知撰譜事。凡百官族性之有家狀者，則上之，官為考定詳實，藏於秘閣，
　　副在左戶。若私書有濫，則糾之以官籍；官籍不及，則稽之以私書。此追
　　古之制，以繩天下，使貴有常尊，賤有等威者也。所以人尚譜系之學，家
　　藏譜系之書。

《新唐書・儒學傳》中記載柳芳之言：

　　　　魏氏立九品，置中正，尊世冑，卑寒士，權歸右姓已。其州大中正、
　　主簿，郡中正、功曹，皆取著姓士族為之，以定門冑，品藻人物。晉、宋
　　因之，始尚姓已。然其別貴賤、分士庶，不可易也。于時有司選舉，必稽
　　譜籍，而考其眞偽。故官有世冑，譜有世官，賈氏、王氏譜學出焉。由是
　　有譜局，令史職皆具。過江則為僑姓，王、謝、袁、蕭為大；東南則為吳

〔註40〕《隋書・經籍志》史部雜傳部分有高士傳、逸士傳、逸民傳、高隱傳、高僧傳、止
　　　足傳、孝子傳、孝德傳、孝友傳、忠臣傳、良吏傳等。

姓，朱、張、顧、陸爲大；山東則爲郡姓，王、崔、盧、李、鄭爲大；關
中亦號郡姓，韋、裴、柳、薛、楊、杜首之；代北則爲虜姓，元、長孫、
宇文、于、陸、源、竇首之。

「官有簿狀，家有譜系，官之選舉，必由於簿狀，家之婚姻，必由於譜系」。「魏氏
立九品，置中正，尊世胄，卑寒士」。魏晉南北朝出現「人尚譜系之學，家藏譜系之
書」的盛況，由於官方選舉人才，憑藉簿狀；家族締結婚姻，稽考譜系；而這種情
況的形成，則由於自魏以後所創立的九品中正制度。魏承漢末天下喪亂之後，人士
流徙，東漢所實行的州郡察舉孝廉的選舉制度，已名實難符，於是權變採行九品中
正制度。其制爲在京師設各州之大中正，各郡之中正，履行品藻人物的任務。凡各
州各郡的人物，經過中正官的品藻後，分爲九品，一一列入簿籍（簿狀、譜籍）。這
類簿籍最後送到吏部，吏部即據其品之高下，選用人才。此與東漢舉孝興廉，西漢
選賢任能的察舉制度，大異其趣。其弊自然形成「上品無寒門，下品無世族」的不
公平現象。然影響所及「人尚譜系之學，家藏譜系之書」，亦爲自然趨勢。人物傳記
的競相撰寫，尤爲這種制度下的產品如名士傳、高士傳、高隱傳、高僧傳、忠臣傳、
孝子傳、良吏傳等一再出現。《隋書‧經籍志》：「世有著述，皆擬班馬」，史記、漢
書的列傳體例，與社會好尚配合，撰寫人物傳記者，遂風起雲湧了。

　　《隋書‧經籍志》著錄雜傳二百一十七部，一千二百八十六卷。以部數論，居
各類史書之冠；以卷數論，僅次於正史、儀注與地理三類。其中有單傳、有類傳，
也有以地域爲中心的合傳。後兩者尤佔多數。如梁元帝的忠臣傳，皇甫謐的高士傳、
逸士傳、列女傳，釋慧皎的高僧傳，都是類傳。謝承的會稽先賢傳，習鑿齒的襄陽
耆舊記，陸凱的吳先賢傳，則是以地域爲中心的合傳。各地域的人物，各類型的人
物，忠臣、孝子、孝友、良吏、高士、名士、列女，甚至於美女、神仙〔註41〕，都
寫入傳記，這是撰寫人物傳記的極盛時期。

二、族譜家傳的流行

　　受魏晉門閥世族制度的影響，以個人爲中心的史學向四周擴散，擴及世族、地
方郡縣的人物源流，產生大量的家傳、族譜。《隋書‧經籍志》著錄譜系之書四十一
部，三百六十卷，如加上亡書，共五十三部，一千二百八十卷。其中晉摯虞所作的
族姓昭穆記，雖晉亂時已亡，而流傳甚廣，競相模仿，遂成風尚〔註42〕。一時譜學

〔註41〕《隋書‧經籍志》著錄了作者不詳的美婦人傳六卷。神仙傳更多，如葛洪的神仙傳
　　　　十卷即其一。
〔註42〕《隋書‧經籍志》曾述及族姓昭穆記的流傳及亡失。

名家輩出，如王僧孺所撰十八州譜七百一十卷，百家譜集十五卷，東南譜集抄十卷〔註43〕，洋洋灑灑，嘆為觀止。當時私撰之外，也有官修。東晉孝武帝命賈弼所修的姓氏簿狀，北周明帝集群臣之力所修的世譜，都是顯例。官設圖譜局，置郎令史以掌之，並令博通古今之儒，知撰譜事，是當時流行的制度。故劉知幾《史通‧書志》曰：「譜牒之作，盛於中古」。

《文心雕龍‧史傳》說：「觀夫左氏綴事，附經間出，於文為約，而氏族難明。及史遷各傳，人始區分，詳而易覽，述者宗焉。」由此可見，當時為人物立傳的一個主要目的是明氏族，使得「人始區分，詳而易覽」。而家傳無疑是最容易達到此一目的的。魏晉時期世家大族，往往自編家傳，出現了《裴氏家傳》、《荀氏家傳》、《王朗家傳》、《邵氏家傳》等。如《荀氏家傳》中記載：

> 荀貌除太原榆次令，為政以德，人懷之，時有鳳凰，晉武帝下詔褒美，太始三年卒，吏人如喪親戚，為之樹碑，其序曰：「俾之如日月，敬之如神明，愛之如父母，樂之如時雨。」〔註44〕

> 荀淑子爽字慈明，一名諝。幼而好學，年十二能通《春秋》、《論語》，太尉杜喬見而稱之曰：「可為人師。」爽遂耽思經書，慶弔不行，征命不應，穎川為之語曰：「荀氏八龍，慈明無雙。」〔註45〕

又《江氏家傳》記江充：

> 江充字應元，時太傅從事中郎庚子嵩以風韻見重，亦雅敬君德，每云：「當今可以居司徒，允民望者，江生其人也。」〔註46〕

又《王朗家傳》記載會稽太守王朗：

> 會稽舊祀秦始皇，刻木為像，與夏禹同廟。朗到官，以為無德之君，不應見祀，於是除之，居郡四年，惠愛在民。

> 朗少與沛國名士劉陽交友，陽為莒令，年三十而卒，故後世鮮聞。初，陽以漢室漸衰，知太祖有雄才，恐為漢累，意欲除之而事不會。及太祖貴，求其嗣子甚急。其子惶窘，走伏無所。陽親舊雖多，莫敢藏者。朗乃納受積年，及從會稽還，又數開解，太祖久乃赦之，陽門戶由是得全。〔註47〕

又《褚氏家傳》記褚陶一段：

〔註43〕《梁書‧王僧孺傳》；《隋書‧經籍志》著錄王僧孺百家譜三十卷，百家譜集抄十五卷。

〔註44〕引自《太平御覽》卷二六八。

〔註45〕《太平御覽》卷二六八引《荀氏家傳》記荀爽。

〔註46〕引自《太平御覽》卷二〇八。

〔註47〕《三國志‧魏志‧王朗傳》裴注所引。

　　　　陶字季雅，吳郡錢塘人，褚先生後也。陶聰慧絕倫，年三十，作〈鷗
　　鳥〉、〈水石垂〉二賦。宛陵嚴仲弼見而奇之曰：「褚先生復出矣！」弱不好
　　弄，清談閑默，以《墳》、《典》自娛。語所親曰：「後賢備在黃卷中，舍此
　　何求？」州郡辟不就。吳歸命世祖，補台郎，建忠校尉。司空張華與陶書
　　曰：「二陸龍躍於江、漢，彥先鳳鳴於朝陽，自此以來，常恐南金已盡，而
　　復得之於吾子！故知延州之德不孤，淵、岱之寶不匱。」仕至中尉。〔註48〕

上述記載，除了著重其世系的記載與延續外，多爲讚譽之辭。劉知幾《史通‧雜述》
論家史者云：「高門華胄，奕世載德，才子承家，思顯父母，由是紀其先烈，貽厥後
來。」可知「家傳」撰寫的目的在於強調出身爲豪門的高貴和優越的地位，身爲其
中一員的謝靈運就曾說：「家傳以申世模。」〔註49〕因此家傳中的人物描寫，除了
著重其世係的延續之外，其它多溢美之辭。透過家傳的紀錄，可見當時世家大族在
當時國家政治中舉足輕重的地位，生活面貌及其社會生活。姑且不論眞實性如何，
卻展示出當時魏晉時期世族勢力的強大。

三、僧侶傳記的出現

　　佛教在魏晉時期興盛，僧人人數也隨之增多，大量的僧人傳記問世。如惠皎的
《高僧傳》、寶唱的《比丘尼傳》和《名僧傳》、裴子野的《眾僧傳》等，這些傳記，
有利於後人瞭解當時佛教的發展情況，如《高僧傳》就有二五七名高僧，且附見者
亦多達二三九人，可謂蔚爲大觀。其中對於高僧執著追求佛法的精神描寫特別感人
肺腑。如《法顯傳》中寫過雪山一段，也是字字珠璣，擲地有聲：

　　　　法顯等三人南度小雪山，雪山冬夏積雪，山北陰中遇寒風暴起，人皆
　　噤戰。慧景一人不堪復進，口出白沫，語法顯曰：「我亦不復活，便可時
　　去，勿得俱死。」於是遂終。法顯撫之悲號：「本圖不果，命也奈何！」
　　復自力前，得過嶺。

一句「本圖不果，命也奈何！」充分表現出法顯內心哀而不怨、悲而不傷的複雜心
裡，讀來倍覺蒼涼。但又令人折服於法顯等三人爲求佛法，不辭千辛萬難的精神，
益覺感嘆扼腕。

　　再如〈曇無竭傳〉寫曇無帶領僧人，效法法顯西行求法一段，生動細微：

　　　　初至河南國，仍出海西郡。進入流沙，到高昌郡，經歷龜茲、沙勒諸
　　國。登蔥嶺、度雪山，瘴氣千重，層冰萬里，下有大江，流急若箭。東西

〔註48〕《世說新語‧賞譽》劉孝標注引。
〔註49〕見《宋書‧謝靈運傳》載〈山居賦〉。

> 兩山之脇，繫索爲橋。十人一過，到彼岸已，舉煙爲幟，後人見煙，知前
> 已度，方得更進，若久不見煙，則知暴風吹索，人墮江中。復過大雪山，
> 懸崖壁立，無安足處。石壁皆有故棧孔，處處相對。人各執四棧，先拔下，
> 右手攀上，展轉相攀，經三日方過。及到平地相待，料檢同侶，失十二人。

爲了求佛法，登蔥嶺、度雪山，不僅要抵禦瘴癘之氣，還得克服艱險的環境，渡江河、攀石壁。作者詳細刻劃這一段驚險的過程，更加凸顯高僧不畏艱險、捨身忘害的精神。

除了《高僧傳》，寶唱的《比丘尼傳》也反映了魏晉時期佛教的流傳廣遠。《比丘尼傳》中記載自東晉至梁共計六十五位皈依佛門的女性。其中也有形象生動的人物傳記，如〈司州西寺智賢尼傳〉：

> 智賢，本姓趙，常山人也，父珍，撫柳縣令。賢幼有雅采，感慨貞立，
> 及在緇衣，戒行修備，神情凝遠，曠然不雜。太守杜霸，篤信黃老，憎疾
> 釋種，符下諸寺，克日簡汰。制格高峻，非凡所行，年少怖懼，皆望風奔
> 駭。唯賢獨無懼，從容興居自若，集城外射堂，皆是耆德。簡試之日，尼
> 眾盛壯，唯賢而已。霸先識賢以格，格皆有餘。賢儀觀清雅，辭吐辯麗，
> 霸密挾邪心，逼賢獨住，賢識其意，誓不毀戒法，不苟存身命，抗言據之。
> 霸怒以刀斫賢二十餘創，悶絕辟地，霸去乃醒。〔註50〕

智賢這一位篤信佛教的比丘尼，在形貌上凝遠曠然，個性上誓不毀戒法，透過與篤信黃老的太守杜霸之間的爭鬥，表現出不畏強權的堅持。

第三節　文學方面的影響

魏晉時期的傳記文學理論，散見於當時一些文學批評的文章中，如曹丕《典論・論文》、裴松之《三國志》注文、范曄〈獄中與諸甥姪書〉、劉劭《人物志》、陸機《文賦》、劉勰《文心雕龍・史傳》等篇。較之於先秦兩漢，這個時期傳記文學不論在文體的認識、尚簡的審美標準、內容的多樣、傳主形象的塑造、傳文的論贊等各方面，都有比較明確的觀點。

魏晉時期品鑒人物以「簡」爲貴，故官吏的選拔與人倫識鑒也受到影響，如《世說新語》中所記：

> 阮宣子有令聞。太尉王夷甫見而問曰：「老莊與聖教同異？」對曰：「將
> 無同？」太尉善其言，辟之爲掾。世謂「三語掾」。衛玠嘲之曰：「一言可

〔註50〕〈比丘尼傳〉卷一。

辟，何假於三！」宣子曰：「苟是天下人望，亦可無言而辟，復何假一！」遂相與爲友。〔註51〕

　　吏部郎闕，文帝問其人於鍾會，會曰：「裴楷清通，王戎簡要，皆其選也。」〔註52〕

阮修以「將無同」三字得官，王戎以「簡要」見重於人，都是晉人「尙簡」風氣的反映。這種「尙簡」的審美觀念最早可推溯於《易大傳》。在〈繫辭上〉中記載：

　　乾以易知，坤以簡能。易則易知，簡則易從。易知則有親，易從則有功。有親則可久，有功則可大。可久則賢人之德，可大則賢人之業。易簡而天下之理得矣。天下之理得，而成位乎其中矣。

此處的「易」指平易；「簡」謂簡約。只要得到「簡易」之理，也就得到《易》的卦理。在《易傳·繫辭下》又云：「夫乾確然，示人易矣。夫坤隤然，示人簡矣。」《周易》作爲三玄之一，乃魏晉士人必讀之書，故「簡易」觀念必然影響時人，如《世說新語·品藻》言：

　　王黃門兄弟三人具詣謝公，子猷、子重多說俗事，子敬寒溫而已。既出，坐客問謝公：「向三賢孰愈？謝公曰：『小者最勝。』客曰：『何以知之？』」謝公曰：「吉人之辭寡，躁人之辭多。據此知之。」

「吉人之辭寡，躁人之辭多」，語出《易大傳·繫辭下》，以辭令的多寡來品評人物的高下，《禮記》中也有類似說法，要言之「言語簡約，不求辭繁。」正體現了以「簡」爲美的品藻。謝安便以《易傳》之語作爲衡量人物的標準了。又《世說新語·賞譽》云：

　　王長吏謂林公：「眞長可謂金玉滿堂。」林公曰：「金玉滿堂，復何爲簡選？」王曰：「非爲簡選，直致言處自寡耳。」

劉孝標注稱：「謂吉人之辭寡，非擇言而出也。」王濛對劉惔，其所持標準與謝安一致。

　　尙「簡」的審美觀念又與魏晉玄學「言意之辨」理論關係密切。湯用彤先生說：「夫玄學者，爲玄遠之學。學貴玄遠，則略於具體事物而探究心抽象原理。論天道則不拘於構成質料，而進探本體存在。論人事則輕忽有形之粗跡，而專期神理之妙用。夫具體之跡象，可道者也，有言有名者也。抽象之本體，無名絕言而以意會者也。跡象本體之分，由於言意之辨。依言意之辨，普遍推之，而使之爲一切論理之

〔註51〕《世說新語·文學》。
〔註52〕《世說新語·賞譽》。

准量，則實爲玄學家所發現之新眼光新方法。」〔註53〕這一「新眼光新方法」的原創者是王弼。王弼以《莊》解《易》，他說：

> 夫象者，出意者也。言者，明象者也。盡意莫若象，盡象莫若言。言生於象，故可尋言以觀象；象生於意，故可尋以觀意。意以象盡，象以言著。故言者所以明象，得象而忘言；象者，所以存意，得意而忘象。……

由王弼之說，晉人形成了重意輕言、得意忘言、寄言出意的思辨方法和心理傾向。無論天道人事任何方面，都以之爲權衡。〔註54〕這樣的權衡施之於人物品藻，便形成了「尚簡」的審美標準。如《世說新語·輕詆》記載：

> 裴郎又云：「謝安目支道林如九方皋之相馬，略其玄黃，取其俊逸。」

此條下劉孝標注引《支遁傳》曰：「遁每標舉會宗，而不留心象喻，解釋章句，或有所漏，文字之徒，多以爲疑。謝安石聞而善之，曰：『此九方皋之相馬也，略其玄黃而取其俊逸。』」此事又見釋慧皎《高僧傳》卷四。支遁「標舉會宗」鄙薄章句的治學方法，正是魏晉尚簡學風的表現。湯用彤先生說：

> 漢代經學依於文句，故樸實說理，而不免拘泥。魏世以後，學尚玄遠，雖頗乖於聖道，而因主得意，思想言論乃較爲自由。漢人所習曰章句，魏晉所尚者曰「通」。章句多隨文飾說，通者會通其義而不以辭害意。〔註55〕

不論玄談的內容、理想的追求、審美的標準，對於簡的崇尚，深深的影響魏晉時期人物的品藻與傳記中。如《世說新語·德行》記載：

> 王恭以會稽還，王大看之。見其坐六尺簟，因語恭：「卿東來，故應有此物，可以一領及我。」恭無言。大去後，即舉所坐者送之。既無餘席，便坐薦上。後大聞之，甚驚，曰：「吾本爲卿多，故求耳。」對曰：「丈人不悉恭，恭作人無長物。」

此條之下劉孝標注引〈恭別傳〉曰：「恭清廉貴峻，志存格正，……。」爲人清廉，身無長物，這是王恭的人生態度，也是「尚簡」的具體表現。

除了人生修爲，「簡」也是清談辭令的要求之一。晉人的清談與漢人的講經不同，必須符合「簡」的標準。與此相連，「簡」也成爲人物品藻的評語之一，如：

> 謝幼輿曰：「友人王眉子清通簡暢……。」〔註56〕
> 撫軍問孫興公：「劉眞長何如？」曰：「清蔚簡令。」〔註57〕

〔註53〕見〈言意之辨〉，《湯用彤學術論文集》，頁二一四。
〔註54〕見〈言意之辨〉，《湯用彤學術論文集》，頁二一五。
〔註55〕見〈言意之辨〉，《湯用彤學術論文集》，頁二一七～二一八。
〔註56〕《世說新語·賞譽》。

性韻方質，和正沈簡。〔註58〕

所謂「簡暢」、「簡令」、「沈簡」等語詞，都是對人物性格與爲人風範的濃縮體現。其它還有「簡正」、「簡至」、「簡秀」等語詞〔註59〕，都有相同的含意。

尚簡的審美觀念也影響了文學理論。如《文心雕龍·鍊字》云：「自晉來用字，率從簡易。時並習易，人誰取難？」簡易成爲魏晉時文章語言風格的特點之一，西晉太康時期，陸機詩賦華美、精工絢爛，如《世說新語·文學》中所記：

孫興公云：「潘文爛若披錦，無處不善；陸文若排沙簡金，往往見寶。」

此條下劉孝標注引《續文章志》曰：「岳爲文，選言簡章，清綺絕倫。」又引《文章傳》曰：「機善屬文，司空張華見其文章，篇篇稱善，猶譏其作文太冶。謂曰：『人之作文，患於不才；至子爲文，乃患太多也。』」張華所謂「乃患太多」意謂其文多累句，不夠簡潔凝練；而潘岳「選言簡章」，臻至「清綺絕倫」之境界。針對陸機詩賦的特點，陸雲提出文貴「清省」的觀點。張溥說：「士龍與兄書，稱論文章，頗貴『清省』，妙若《文賦》，尚嫌『綺語』未盡。」〔註60〕陸雲論文的觀點之一是「清省」，《陸雲集》卷八〈與兄平原書〉記：

《文賦》甚有辭，綺語頗多，文適多體，便欲不清。……云今意視文，

乃好清省，欲無以尚，意之至此，乃出自然。

「清省」爲簡潔省淨之意，與「繁多」恰好相反。陸雲認爲「文適多體，便欲不清」，故其反對文章的繁蕪龐雜。簡潔之文方爲上乘，文章表面上的輝煌富麗，往往是爲掩蓋內容的淺薄空虛。在《文心雕龍·熔裁》中有云：

至如士衡才優，而綴辭尤繁；士龍思劣，而雅好清省。及雲之論機，

亟恨其多，而稱清新相接，不以爲病，蓋崇友於耳。

對於陸雲的審美觀點，劉勰非常重視。其中淵源正是魏晉時人尚簡的審美觀。

別傳離開正史列傳而獨立，形式方面更爲自由靈活。篇幅長短，依傳主不同而異。短的數十字，較長的一二千字，如〈鍾離意別傳〉輯佚近二千字，〈邴原別傳〉有一千七百多字。篇幅更長的如〈管輅別傳〉有一萬四千多字。相較於已經出現的史傳內容更爲豐富。有些別傳的結尾如正史列傳，附作者贊論，如〈馬鈞傳〉；也有無論贊者，如〈管輅別傳〉等。

〔註57〕同前注。

〔註58〕《世說新語·賢媛》劉孝標注引〈郗曇別傳〉。

〔註59〕〈賞譽〉：「王大將軍與元皇表云：『舒風概簡正』。」〈品藻〉：「司馬文王問武陔：『陳玄伯何如其父司空？』陔曰：『……明練簡至，立功立事，過之。』」又「時人道阮思曠，……簡秀不如眞長。」

〔註60〕《陸清河集》題辭，引自《漢魏六朝百三名家集題辭注》，頁一三五。

　　別傳對於傳主性格的描寫和細節記載爲後代傳記所應用，如晉代《法顯傳》中記敘遊歷的方法爲唐代慧立寫《大慈恩寺三藏法師傳》所繼承。陶淵明〈五柳先生傳〉以抒情述志爲主的自傳形式，後世模仿者不斷。別傳的內容和人物描寫與結構形式，上承《史記》，下開唐宋散傳與傳奇小說的創作，如《三國志》裴松之注中引用的別傳資料，後來成爲《三國志演義》的情節來源。魏晉之後，別傳之名仍可見到，如清人王士愼的〈吳六奇別傳〉〔註61〕，陳寅恪〈柳如是別傳〉等，但多數已經成爲一種描寫傳奇的文學作品，與魏晉時期的別傳仍有所不同與區別。

〔註61〕見《續古文觀止》。

第七章　結　論

綜合以上研究，歸納本論文研究成果如下：

一、別傳有兩種意涵

魏晉時期的別傳，是一種以個人為單位的傳記，流行於東漢末年至東晉末年的兩百年間。「別傳」之「別」，顧名思義，即為區別、另外之意。別傳的出現在正史紀傳體之後，其產生與發展受到紀傳體史書的影響，但與之相較仍有區別。而別傳之所以稱之為「別」，至少代表兩種意義，一是「別乎正史而名之」，因為別傳不是官修的，故無正史裡濃厚的儒家色彩。二是作「區別」或「分別」解，因為「志尚不同，風流殊別」，表示每一位傳主的獨特性，以及傳主與傳主之間彼此的不同。

二、別傳興起的三種因素

別傳興起的原因，經考辨可歸諸以下幾項：

（一）政治的解構與重組：東漢末年政局動盪，戰亂頻仍，人們對於自身的命運難以把握，因此對生命的珍惜和對人生意義的追尋，便成為文學與哲學中常見的思索與問題。東漢滅亡之後，新的權力中心一時還無法建立，更增添了士人對於政治的疏離。出身世家大族之士，因其地位高低不是政治所能改變的，故轉而關心自己家族的興廢程度，遠勝過國家的治亂興衰。因此這個時期的別傳，有許多世家大族的好尚反應及其生活的紀錄。

（二）儒學的衰微與史學文學的轉變：原本附驥在《漢書·藝文志·春秋類》的史書，經過四百多年的演變與增加，魏晉時期，史學漸漸脫離了經學的羈絆，形成《隋書·經籍志》中獨立的「史部」。亦以儒家經典的地位衰退，儒家思想失去原有權威，其他的思想、文學與藝術，獲得獨立發展的機會，紛紛脫穎而出。沒有太多儒家的規範或企圖塑造某種典型，以為後人鑒戒的要求。因此別傳中的生活記實

遠遠超過了政教色彩，也可以稱爲是社會性的個人傳記。其中《世說新語》就是一個很好的例子。該書所敍述的時代，從二世紀晚期東漢末年到四世紀末的晉宋之際，這兩百餘年中國正處於歷史上變動最大的時期，而書中所出現的六百多人，體現了當時人物的論辨機智與生活情趣，也替這段時期個人意識的抬頭做了最佳的印證。

魏晉時期被稱爲是一個開明時代，各類人物競出其間。名士的放誕、隱士的飄逸、孝子的至性、忠臣的勁節，前後輝映。於是撰寫這一時期的人物傳記，成爲風氣。據《隋書·經籍志》著錄雜傳二百一十七部，一千二百八十六卷。以部數論，居各類史書之冠；以卷數論，僅次於正史、儀注與地理三類。其中有單傳、類傳，也有以地域爲中心的合傳。各種類型的人物，如忠臣、孝子、良吏、高士、名士、高僧、文士、列女，甚而美女、神仙等，都寫入傳記。還有一個特點就是譜牒之學的出現。《史通·書志》記載：「譜牒之作，盛於中古。漢有趙岐《三輔決錄》、晉有摯虞《族姓記》，江左有兩王《百家譜》，中原有《方思殿格》。蓋氏族之事盡在是矣。」在這段時間裡，社會上地位崇高者爲世族，世族爲了突顯其家族的特殊地位，於是撰寫家譜、族譜大爲興盛，數目奏增，種類繁多，成爲一科專門之學。

（三）九品中正制的盛衰及人物品藻之風：在魏晉時期特殊的社會結構之中，九品官人之法，詳細記載個人與家族情況的品狀，是別傳寫作的重要資料來源。同時該法中對人物類比評論的齊名和輩目，對別傳的寫作形式也發生了作用。因爲類比的品評形式，往往是一個家族，或以門第相當而結合的婚姻，或兩家郡望相等的家族，彼此之間所作的比較評論。構成九品官人之法的品狀，不但爲別傳提供豐富的資料來源，也對別傳的寫作與評論方式產生影響。「品狀」淵源於兩漢地方察舉制度的「行狀」，是吏部選用官吏時，依據中正所提供有關被選者的個人資料。內容詳細記載了個人的才能、父祖的官爵及族望。並且由大小中正加以評狀，然後以黃紙寫定，連同相關的資料都存放在吏部，以備政府選舉與用人時參考。兩晉時期，世家子弟多由職閒廩重的秘書郎或著作佐郎開始起家。著作佐郎所掌是有關於史料蒐集的工作。不論在職時間長短，到職之時，都必須撰寫名臣傳一篇。名臣傳內容的來源就是中正品狀所提供的資料，因此吏部儲存的大批資料，也成爲魏晉時期別傳的重要來源。

三、別傳初多出於民間

「別傳」在曹魏之後始大量出現，然而遺憾的是，和魏晉南北朝時期其他樣式的傳記作品一樣，此一時期的人物別傳多已散佚，目前只能從《三國志》、《後漢書》、《世說新語》、《水經注》、《文選》等注引中見到片斷，如裴松之《三國志》注，其

中所引東漢至曹魏這一時期人物為傳主的別傳作品，便達二十多種。其後劉孝標注《世說新語》，所引的魏晉人物別傳亦有八十多種。再加上《北堂書鈔》、《藝文類聚》、《太平御覽》等類書所引錄的別傳作品，合計可達百種以上。可惜的是別傳作者大多不可考，因為別傳多出於民間，後世引錄者重其事有別於正史，遂載之以備異聞，對於作者則略而不錄了。能夠考證出作者的，分析其與傳主之間，多半為血緣或姻戚關係，或門生故舊所纂述者互相立傳。

四、正史傳記與別傳的異同

正史傳記雖以歷史人物為中心，但在依時為序、以類相從的敘述之中，主要在探討治亂興衰的規律，故往往偏重於政治、軍事、教育、德化方面的記載，較不著意於日常生活的聲音形貌，而別傳除了選擇重大事件展現人物的生命歷程，也常常用生活軼事來表現人物的個性，對於人物鑑賞，言談風度也有較為集中的描寫。如《三國志·武帝紀》多記曹操在政治、軍事上的事蹟，而題名為吳人所傳的〈曹瞞傳〉，該傳已亡佚，現今所見乃自《三國志》裴注、《世說新語》劉注及《文選》李善注等書中輯錄而成。以許多生活軼事來表現曹操的個性，叫以看出對曹操個性及生活神韻的捕捉。又如《世說新語》劉孝標注所引的別傳，記錄人物的日常生活，整本書予人一種平易切近的感受。

從《史記》開始，司馬遷把自己的感情傾注在歷史人物上，感染讀者。魏晉時期的別傳，離開正史列傳而獨立，形式方面更為自由靈活。篇幅長短，依傳主不同而異。短的數十字，較長的一二千字，如〈鍾離意別傳〉輯佚近二千字，〈邴原別傳〉有一千七百多字。篇幅更長的如〈管輅別傳〉有一萬四千多字。相較於已經出現的史傳內容更為豐富。有些別傳的結尾如正史列傳，附作者贊論，如〈馬鈞傳〉；也有無論贊者，如〈管輅別傳〉等。在描繪人物時，也帶有作者的感情色彩，或褒獎、或貶斥、或隱蔽、或明顯；常常借別人之口給予評價褒貶。別傳的語言，蘊含豐厚的文化內涵和鮮明的藝術特色。

五、別傳對後世的影響

在影響與價值方面，如裴松之注《三國志》著力於補闕、備異、懲妄、論辯的功夫，所徵引旁搜的書籍多達兩百種以上，且所引之書，多首尾俱全，保存原貌。唐宋以後，裴氏所引之書，十不存一，考證者因裴氏之注而得以窺見亡書，裴注中所引各項別傳資料，對於補正史料，成就卓越。

別傳對於傳主性格的描寫和細節記載為後代傳記所應用，如晉代《法顯傳》中

記敘遊歷的方法為唐代慧立寫《大慈恩寺三藏法師傳》所繼承。陶淵明〈五柳先生傳〉以抒情述志為主的自傳形式，後世模仿者不斷。別傳的出現，開展了此一時期的史學體例。別傳的內容和人物描寫與結構形式，影響了唐宋散傳與傳奇小說的創作，如《三國志》裴松之注中引用的別傳資料，後來成為《三國志演義》的情節來源。故魏晉之後，別傳之名仍可見到，如清人王士禎的〈吳六奇別傳〉，陳寅恪〈柳如是別傳〉等，成為一種描寫傳奇的文學作品，與魏晉時期的別傳有所不同。

六、別傳與史傳的分流與限制

韋勒克（Wellek）和沃倫（Warren）在《文學理論》一書中指出：「一個傳記家遇到的問題，簡直就是一個歷史家所遇到的問題。傳記家要解釋詩人的文獻、書信、見證人的敘述、回憶錄和自傳性的文字，而且還要解決材料的真偽和見證人的可靠性等類的問題。」魏晉南北朝史傳走向以簡略敘事為主，就其外緣因素來說，此時文學與史學分道揚鑣，史學已從文學中獨立出去，如曹丕《典論‧論文》列舉文學四科是「奏議」、「書論」、「銘誄」、「詩賦」；蕭統《文選》也把史傳排除在文學之外，只收錄了一些史傳的論贊。這種情形說明了史學著作走上純粹記事的道路上。至於用文學手法刻畫人物形象，倒是次要之事了。因此此一時期的史傳大都以記事為本，且大量收錄經世之文。雖然別傳在資料取捨上不同於正史，有許多資料可以補正史之闕。可是對於別傳的史料真實性也不宜估計過高，如《三國志‧孫資傳》裴注所云：「資之別傳出自其家，欲以是言掩其大夫。」作者對於傳主缺乏深入研究，有時候要為數百人作傳，無暇對傳主進行深入研究，只好根據現成的材料加工而成，缺乏對傳主個性的深入剖析；即使注意到傳主的詩文資料，也很少去深入分析，因此寫出來的人物比較缺乏生動感。這些都是欲研究別傳史料時必須注意到的問題。

參考資料

一、書 籍

（一）古 籍

1. （西晉）陳壽著、（南朝宋）裴松之注，《三國志》，浙江古籍出版社，二○○○年一月。

2. 陳壽，《三國志》，台北，鼎文書局，一九八六年。

3. （晉）陳壽撰（宋）裴松之注；盧弼集解，三《國志集解》，台北，藝文印書館，一九七一年。

4. （宋）李昉等奉敕撰，《太平御覽》（五冊），台北，臺灣商務印書館，一九九七年七月台一版第七次印刷。

5. （清）章學誠著、葉瑛校注，《文史通義校注》，北京，中華書局，二○○○年一月。

6. （清）趙翼，《廿二史劄記》，台北，中華書局，一九六六年。

7. （宋）劉義慶撰、（梁）劉孝標注，朱鑄禹彙校集注，《世說新語彙校集注》，上海，上海古籍出版社，二○○二年十二月。

8. （唐）虞世南，《北堂書鈔》

9. （唐）虞世南撰、（明）陳禹謨補註，《北堂書鈔》，台北，台灣商務印書館，一九八三年。

10. （唐）劉知幾撰（清）浦起龍釋，《史通通釋》，台北，里仁書局，一九九三年。

11. （宋）洪邁，《夷堅志》，台北，新興書局，一九七八年。

12. 孔安國注、孔穎達疏，《尚書正義》（十三經注疏本），台北，藝文印書館，一九八二年。

13. （晉）葛洪，《抱朴子》，台北，大化出版社，一九八七年。

14. （唐）徐堅編，《初學記》，台北，新興書局，一九七二年。

15. （宋）范曄，《後漢書》，台北，鼎文書局，一九八一年。

16. （宋）范曄撰（唐）李賢注（清）王先謙集解，《後漢書集解》，台北，藝文印書館，一九七二年。

17. 杜預注、孔穎達疏，《春秋左傳正義》（十三經注疏本），台北，藝文印書館，一九八二年。

18. 杜預注、孔穎達疏，《春秋左傳正義》（十三經注疏本），台北，藝文印書館，一九八二年。

19. （宋）王溥，《唐會要》（叢書集成初編本），北京，中華書局，一九九七年。

20. 房玄齡等，《晉書》，台北，鼎文書局，一九九○年。

21. 王子今、方光華主編，《秦漢魏晉南北朝史》，台北，五南圖書出版股份有限公司，二○○二年六月。

22. 皇甫謐，《高士傳》，台北，中華書局四部備要，一九七八年。

23. （梁）釋慧皎撰、湯用彤校注，《高僧傳》，北京，中華書局，一九九二年。

24. 慧皎，《高僧傳》，台北，廣文書局，一九七一年。

25. 姚思廉，《梁書》，台北，鼎文書局，一九九○年。

26. （宋）歐陽修，《新唐書》，北京，中華書局，一九九七年。

27. （宋）司馬光，《資治通鑑》，北京，中華書局，一九九七年。

28. 班固，《漢書》，台北，鼎文書局，一九八一年。

29. （東漢）許慎著，段玉裁注，《說文解字注》，上海，古籍出版社，一九八一年。

30. 何晏集解、邢昺疏，《論語注疏》（十三經注疏本），台北，藝文印書館，一九八二年。

31. （唐）韓愈，《韓昌黎集》，台北，台灣商務印書館，一九六八年。

32. 鄭玄注、孔穎達疏，《禮記正義》（十三經注疏本），台北，藝文印書館，一九八二年。

33. （後梁）薛居正，《舊五代史》，北京，中華書局，一九九七年。

34. （後晉）劉昫，《舊唐書》，北京，中華書局，一九九七年。

35. （唐）歐陽詢，《藝文類聚》，台北，新興書局，一九七三年七月。

36. （清）王夫之，《讀通鑑論》，台北，里仁書局，一九八五年。

37. （宋）晁載之，《續談助外二種》，台北，新文豐出版公司，一九八四年六月。

38. （宋）王安石，《王安石全集》，台北，河洛圖書出版社，一九七四年。

（二）今人著作

1. 莎日娜、王宏，《人處天地之間人物傳記卷》，北京，北京圖書館出版社，一九九八年。

2. 李純蛟，《三國志研究》，成都，巴蜀書社，二○○二年九月。

3. 周建江輯校，《三國兩晉十六國詩文記事》，鄭州，中州古籍出版社，二〇〇一年九月。

4. 鄭鐵生，《三國演義敘事》，北京，新華出版社，二〇〇〇年八月。

5. 余英時，《士與中國文化》，上海，人民出版社，一九八七年十二月。

6. 范子燁，《中古文人生活研究》，濟南，山東教育出版社，二〇〇一年七月。

7. 王瑤，《中古文學史論》，北京，北京大學出版社，一九八六年。

8. 何啓民，《中古門第論集》，台北，學生書局，一九八二年二月。

9. 張蓓蓓，《中古學術略論》，台北，大安出版社，一九九一年五月。

10. 祁志祥，《中國人學史》，上海，上海大學出版社，二〇〇二年三月。

11. 寧稼雨，《中國文言小說總目提要》，山東，齊魯書社，一九九六年十二月。

12. 北京大學中文系編，《中國文學史》，北京，北京大學出版社，一九五九年。

13. 葉慶炳，《中國文學史》，臺灣，學生書局，一九八四年。

14. 郭紹虞，《中國文學批評史》，上海，上海古籍出版社，一九八二年。

15. 羅根澤，《中國文學批評史》，上海，古典文學出版社，一九五七年。

16. 朱東潤，《中國文學批評史大綱》，臺北，開明書局，一九四四年。

17. 王運熙、顧易生，《中國文學理論史》，上海，上海古籍出版社，一九八五年。

18. 蔡種翔、黃保真、成復旺，《中國文學理論史》，北京，北京出版社，一九八七年。

19. 張少康、劉三富，《中國文學理論批評發展史》，北京，北京大學出版社，一九九五年。

20. 尹達生主編，《中國文學發展史》，河南，中州古籍出版社，一九八五年七月。

21. 劉大杰，《中國文學發展史》，台北，華正書局，一九九三年。

22. 王平，《中國古代小說敘事研究》，石家莊，河北人民出版社，二〇〇一年十二月。

23. 許倬雲，《中國古代文化的特質》，台北，聯經出版社，一九九五年三月。

24. 成復旺，《中國古代的人學與美學》，北京，中國人民大學出版社，一九九二年七月。

25. 陳蘭村、張新科，《中國古典傳記論稿》，陝西，陝西人民出版社，一九九一年。

26. 李宗侗，《中國史學史》，台北，文化大學出版社，一九九一年。

27. 王靖宇，《中國早期敘事文論集》，台北，中央研究院，一九九九年。

28. 川合康三著、蔡毅譯，《中國的自傳文學》，北京，中央編譯出版社，一九九九年。

29. 余英時，《中國知識階層史論》（古代篇），台北，聯經出版事業公司，一九八四年。

30. 王錦貴，《中國紀傳體文獻研究》，北京，北京大學出版社，一九九六年。

31. 葉朗，《中國美學史大綱》，台北，滄浪出版社，一九九○年。

32. 楊義，《中國敘事學》，嘉義，南華管理學院，一九九八年。

33. 毛鵬基，《中國傳記文述評》，台北，雅言出版社，一九七八年六月。

34. 韓兆琦主編，《中國傳記文學史》，河北，河北教育出版社，一九九二年。

35. 陳蘭村主編，《中國傳記文學發展史》，浙江，浙江師範大學出版社，一九九七年。

36. 梁啓超，《中國歷史研究法》，台北，台灣中華書局，一九六一年。

37. 景蜀慧，《中國魏晉南北朝文學史》，北京，人民出版社，一九九四年。

38. 楊耀坤，《中國魏晉南北朝宗教史》，北京，人民出版社，一九九四年。

39. 羅宏曾，《中國魏晉南北朝思想史》，北京，人民出版社，一九九四年。

40. 何德章，《中國魏晉南北朝政治史》，北京，人民出版社，一九九四年。

41. 黃新亞，《中國魏晉南北朝藝術史》，北京，人民出版社，一九九四年。

42. 徐復觀，《中國藝術精神》，台北，學生書局，一九八三年一月。

43. 瞿林東，《中華文化通志（第六典）史學志》，上海，人民出版社，一九九八年一○月。

44. 劉紹唐等，《什麼是傳記文學》，台北，傳記文學出版社，一九八五年十二月。

45. 王永平，《六朝江東世族之家風家學研究》，南京，江蘇古籍出版社，二○○三年一月。

46. 吳功正，《六朝美學史》，南京，江蘇美術出版社，一九九六年。

47. 鄭毓瑜，《六朝情境美學》，台北，里仁書局，一九九七年十二月。

48. 李亦園，《文化與行為》，臺灣，商務印書館，一九九五年十二月。

49. 詹鍈，《文心雕龍的風格學》，北京，人民文學出版社，一九八二年。

50. （梁）劉勰著、詹鍈義證，《文心雕龍義證》，上海，上海古籍出版社，一九八九年八月。

51. 徐中玉主編，《文氣・風骨篇》，北京，中國社會科學出版社，一九九七年十二月。

52. 周振甫著，《文章例話》，台北，五南圖書出版有限公司，一九九四年五月。

53. 朱光潛，《文藝心理學》，台北，漢京文化事業公司，一九八四年。

54. 程章燦，《世族與六朝文學》，，黑龍江教育出版社，一九九八年一○。

55. 胡友鳴，《世說新語的名士風度》，台北，大村文化出版，一九九八年三月。

56. 何寄澎，《北宋的古文運動》，台北，幼獅文化事業公司，一九九二年。

57. 周建江，《北朝文學史》，北京，中國社會科學出版社，一九九七年七月。

58. 姜濤、趙華，《古代傳記文學史稿》，遼寧，遼寧大學出版社，一九九○年。

59. 瀧川龜太郎，《史記會注考證》，台北，洪氏出版社，一九八二年。

60. 郭丹著，《史傳文學》，廣西，廣西師範大學出版社，一九九九年。

61. 呂思勉，《史學與史籍》，上海，華東師範大學出版社，二〇〇二年六月。

62. 羅宗強，《玄學與魏晉士人心態》，台北，文史哲出版社，一九九二年。

63. 顧易生、蔣凡，《先秦兩漢文學批評史》，上海，上海古籍出版社，一九九〇年。

64. 傅修延，《先秦敘事研究——關於中國敘事傳統的形成》，北京，東方出版社，一九九九年一二月。

65. 陳仲奇等，《佛教與中國文化》，北京，中華書局，一九九七年一〇月。

66. 羅偉國，《佛藏與道藏》，上海，上海書店出版社，二〇〇一年七月。

67. 馬積高，《宋明理學與文學》，，湖南師範大學出版社，一九八九年。

68. 沈約，《宋書》，台北，鼎文書局，一九九〇年。

69. 簡錦松，《明代文學批評研究》，台北，台灣學生書局，一九八九年。

70. 張可禮，《東晉文藝綜合研究》，濟南，山東大學出版社，二〇〇一年一月。

71. 曹道衡、劉耀進，《南北朝文學編年史》，北京，人民出版社，二〇〇〇年十一月。

72. 周建江輯校，《南北朝隋詩文記事》，鄭州，中州古籍出版社，二〇〇一年九月。

73. 蕭子顯，《南齊書》，台北，鼎文書局，一九九〇年。

74. 閻步克，《品位與職位——秦漢魏晉南北朝官階制度研究》，北京，中華書局，二〇〇二年二月。

75. 鄭孟彤，《建安風流人物》，山西，人民出版社，一九八九年二月。

76. 張高評，《春秋書法與左傳學史》，台北，五南圖書出版，二〇〇二年一月。

77. 宗白華，《美學的散步》，台北，洪範書局，一九八一年。

78. 吳小林著，《唐宋八大家》，台北，里仁書局，一九九九年十二月。

79. 張新科，《唐前史傳文學研究》，西安，西北大學出版社，二〇〇〇年九月。

80. 李紀祥，《時間、歷史、敘事》，台北，麥田出版社，二〇〇一年。

81. 王先霈，《國學舉要》（文卷），武漢，湖北教育出版社，二〇〇二年九月。

82. 田昌五，《國學舉要》（史卷），武漢，湖北教育出版社，二〇〇二年九月。

83. 洪修平，《國學舉要》（佛卷），武漢，湖北教育出版社，二〇〇二年九月。

84. 王曉毅，《國學舉要》（道卷），武漢，湖北教育出版社，二〇〇二年九月。

85. 逯耀東，《從平城到洛陽：拓跋魏文化轉變的歷程》，台北，聯經出版社，一九七九年。

86. 馮爾康，《清代人物傳記史料研究》，北京，商務印書館，二〇〇〇年。

87. 韓經太，《理學文化與文學思潮》，北京，中華書局，一九九七年。

88. 萬繩楠整理，《陳寅恪魏晉南北朝史講演錄》，台北，雲龍出版社，二〇〇二年三月初版二刷。

89. 湯用彤，《隋唐佛教史稿》，北京，中華書局，一九八二年。

90. 魏徵，《隋書》，台北，鼎文書局，一九九〇年。

91. 楊正潤，《傳記文學史綱》，江蘇，江蘇教育出版社，一九九四年。

92. 倪豪士，《傳記與小說》，台北，南天書局有限公司，一九九五年。

93. 王名元，《傳記學》，廣州，天成印務局，一九四八年。

94. 顧頡剛，《當代中國史學》，上海，上海古籍出版社，二〇〇二年四月。

95. 皮錫瑞，《經學通論》，台北，學海出版社，一九九六年。

96. 羅小東，《話本小說敘事研究》，北京，學苑出版社，二〇〇二年。

97. 王運熙，《漢魏六朝唐代文學論叢》（增補本），上海，復旦大學出版社，二〇〇二年五月。

98. 李祥年，《漢魏六朝傳記文學史稿》，上海，復旦大學出版社，一九九五年。

99. 台灣商務印書館編審部，《漢魏兩晉南北朝佛教史》，台北，台灣商務印書館，一九六八年。

100. 杜維明，《儒家自我意識的反思》，台北，聯經出版事業公司，一九九一年。

101. （德）黑格爾著，王造時譯，《歷史哲學》，上海，世紀出版集團，二〇〇一年八月。

102. 余英時，《歷史與思想》，台北，聯經出版公司，一九七八年。

103. 戴清，《歷史與敘事》，北京，學苑出版社，二〇〇二年。

104. 張蓓蓓，《魏晉人物新研》，台北，大安初版社，二〇〇一年十二月。

105. 逯耀東，《魏晉史學及其他》，台北，東大圖書公司，一九九八年一月。

106. 逯耀東，《魏晉史學的思想與社會基礎》，台北，東大圖書有限公司，二〇〇〇年二月。

107. 孔繁，《魏晉玄談》，瀋陽，遼寧教育出版社，一九九二年。

108. 高華平，《魏晉玄學人格美研究》，成都，巴蜀書社，二〇〇〇年八月。

109. 許抗生等著，《魏晉玄學史》，西安，陝西師範大學出版社，一九八九年。

110. 盧盛江，《魏晉玄學與中國文學》，南昌，百花文藝出版社，二〇〇二年四月。

111. 湯用彤，《魏晉玄學論稿》，北京，人民出版社，一九五七年。

112. 李清筠，《魏晉名士人格研究》，台北，文津出版社，二〇〇〇年一〇月。

113. 萬繩楠，《魏晉南北朝文化史》，台北，雲龍出版社，二〇〇二年三月初版二刷。

114. 王運熙、楊明，《魏晉南北朝文學批評史》，上海，上海古籍出版社，一九八九年。

115. 羅宗強，《魏晉南北朝文學思想史》，北京，中華書局，一九九六年一〇月。

116. 南京大學中國語言文學系主編，《魏晉南北朝文學論集》，南京，南京大學出版社，一九九七年九月。

117. 周勛初，《魏晉南北朝文學論叢》，南京，江蘇古籍出版社，一九九九年十一月。

118. 王仲犖，《魏晉南北朝史》，上海，人民出版社，一九九〇年。

119. 周一良，《魏晉南北朝史論集》，北京，北京大學出版社，一九九七年六月。

120. 萬繩楠，《魏晉南北朝史論稿》，台北，雲龍出版社，二〇〇二年三月初版二刷。

121. 王國良，《魏晉南北朝志怪小說研究》，台北，文史哲出版社，一九八四年。

122. 陳琳國，《魏晉南北朝政治制度研究》，台北，文津出版社，一九九四年三月。

123. 湯一介，《魏晉南北朝時期的道教》，西安，陝西師範大學出版社，一九八八年。

124. 陳綬祥，《魏晉南北朝繪畫史》，北京，人民美術出版社，二〇〇〇年十二月。

125. 魯迅、容肇祖、湯用彤，《魏晉思想乙編三種》，台北，里仁書局，一九九五年八月。

126. 賀昌群、劉大杰、袁行霈，《魏晉思想甲編三種》，台北，里仁書局，一九九五年八月。

127. 何啟民，《魏晉思想與談風》，台北，學生書局，一九九〇年。

128. 朱義雲，《魏晉風氣與六朝文學》，台北，文史哲出版社，一九八〇年。

129. 唐翼明，《魏晉清談》，台北，東大圖書公司，一九九一年。

130. 賀昌群，《魏晉清談思想初論》，台北縣，文壇書局，一九七七年。

二、學位論文

1. 逯耀東，〈論魏晉史學轉變及其特色〉，台灣大學歷史研究所，一九七一年。

2. 李豐楙，〈魏晉南北朝文士與道教之關係〉，政治大學中研所博士論文，一九七八年。

3. 范瑞珠，〈魏晉論辯散文之研究：以嵇康為中心的試探〉，政治大學中研所碩士論文，一九八二年。

4. 張釩星，〈魏晉清談轉變之研究：自魏初至魏晉之際〉，政治大學中研所碩士論文，一九八三年。

5. 呂素端，〈六朝文論中的自然觀〉，中央大學中研所碩士論文，一九九四年。

6. 徐麗貞，〈世說新語呈現之魏晉士人審美觀研究〉，政治大學中研所博士論文，一九九五年。

7. 孫良水，〈阮籍審美思想研究〉，高雄師範大學國研所博士論文，一九九八年。

8. 許晉溢，〈章學誠撰寫傳記之研究〉，中國文化大學史學研究所碩士論文，一九九八年。

9. 張蓓蓓，〈漢晉人物品鑒研究〉，台灣大學中研所博士論文，一九八三年。

10. 蔡忠道，〈魏晉玄學儒道互補思想之研究〉，高雄師範大學國研所博士論文，一九九八年。

11. 李清筠，〈魏晉名士人格研究〉，台灣師範大學國研所博士論文，一九九一年。

12. 李玲珠，〈魏晉自然思潮研究〉，高雄師範大學國研所博士論文，二〇〇〇年。

三、期　刊

1. 〈一個故事，五種記載──唐人雜傳、雜文、軼事、傳奇之比較研究〉，卞孝萱，《運城高等專科學校學報》，第十八卷第一期，二〇〇〇年二月。

2. 〈人物傳記的別體──年譜〉，顧眞，《歷史月刊》，第一一五期，一九九七年八月。

3. 〈中西古典史學批評論〉，張齊政，《史學月刊》，第二期，一九九八年。

4. 〈中國女性類傳的發軔之作──劉向《列女傳》的傳記意義，張慧禾，《浙江師大學報》（社會科學版），第五期，一九九八年。

5. 〈中國地方志人物傳記述評〉，蕭駟，《歷史月刊》，第一一五期，一九九七年八月。

6. 〈中國族譜的人物傳記〉，常建華，《歷史月刊》，第一一五期，一九九七年八月。

7. 〈六朝雜傳概說〉，熊明，《遼寧大學學報》（哲學社會科學版），第三十卷第一期，二〇〇二年一月。

8. 〈六朝雜傳與傳奇體制〉，熊明，《武漢大學學報》（人文科學版），第五十四卷第五期，二〇〇一年九月。

9. 〈《太平御覽》纂修緣起當議〉，張秀春，《古籍整理研究學刊》，第二期，一九九六年。

10. 〈《世說新語》的敘事藝術──兼論其對中國敘事傳統的傳承與創變〉，梅家玲，《國家科學委員會研究彙刊：人文及社會科學》，第四卷第一期，一九九四年一月。

11. 〈《史記》人物語言述例〉，蔡日新，《中國文化月刊》，第二一六期，一九九八年三月。

12. 〈《史通》的散文觀與小說觀述評〉，肖芃，《湘潭師範學院學報》，第二十一卷第四期，二〇〇〇年七月。

13. 〈《史通》敘事尚簡論初探〉，洪之淵，《溫州師範學院學報》（哲學社會科學版），第二十二卷第二期，二〇〇一年四月。

14. 〈《史通》論史書的編纂方法和技巧〉，楊緒敏，《徐州師範學院學報》（哲學社會科學報），第四期，一九九六年。

15. 〈史傳文學中的美學特徵〉，郭丹，《中山人文學報》，第七期，一九九八年八月。

16. 〈史學批評中的權力視角〉，雷戈，《長沙電力學院社會科學學報》，第一期，一九九七年。

17. 〈史學批評若干基本問題研究〉，游翔，《湖北大學學報》，第六期，一九九四年。

18. 〈史學批評與史學發展〉，白雲，《學術論壇》，第二期（總第一三九期），二〇〇〇年。

19. 〈史學批評學論綱〉，雷戈，《史學理論研究。

20. 〈《四庫全書總目》史學批評的特點〉，王記錄，《史學史研究》，第四期，一九

九九年。

21. 〈自傳就是別傳嗎——論自傳敘述中事實的三要素〉,趙白生,《國外文學》(季刊),第四期,二〇〇一年。

22. 〈求實錄與揚名教:劉知幾史學批評的雙重原則〉,白雲,《蒙自師範高等專科學校學報》,第三卷第五期,二〇〇一年十月。

23. 〈後漢風謠、清議與士人品格〉,王保頂,《孔孟月刊》,第三十四卷第十一期。

24. 〈《後漢書》的書寫女性:兼論傳統中國女性史之建構〉,衣若蘭,《暨大學報》,第四卷第一期,一九九〇年三月。

25. 〈紀傳體史書中人物列傳的纂修〉,喬治忠,《歷史月刊》,第一一五期,一九九七年八月。

26. 〈《唐史論斷》的史學批評特色〉,趙榮蔚,《鹽城師範學院學報》(哲學社會科學版),第三期,一九九九年。

27. 〈從《通志·總序》看鄭樵史學批評的偏頗和失誤〉,楊緒敏,《江蘇社會科學》,第四期,一九九六年。

28. 〈淺談紀傳體中類傳的特色〉,傅滿倉,《甘肅高師學報》,第四卷第六期,一九九九年。

29. 〈略論兩漢雜史雜傳體志怪小說〉,唐驥,《寧夏大學學報》,第二十卷第四期,一九九八年。

30. 〈略論皇甫謐雜傳小說品格〉,熊明,《錦州師範學院學報》,第二十四期卷第二期,二〇〇二年三月。

31. 〈陳寅恪之「別傳」體由來新探〉,李栩鈺。

32. 〈章學誠「論古必恕」說在史學批評上的價值〉,陳鵬鳴,《史學史研究,第一期,一九九四年。

33. 〈章學誠的史論及其影響〉,楊志遠。

34. 〈《隋書》的記事載言和人物描寫〉,李少雍、蔣先偉,《中國社會科學研究生院學報》,第一期,二〇〇〇年。

35. 〈《隋書·經籍志》史學思想初探〉,何曉濤,《北京社會科學》,第三期,二〇〇二年。

36. 〈《隋書·經籍志》在文學目錄學史上的成就和影響〉,何新文,《湖北大學學報》(哲學社會科學版),第三期,一九九七年。

37. 〈《隋書·經籍志》所據「舊錄」新探〉,張固也,《古籍整理研究季刊》,第三期,一九九八年。

38. 〈《隋書·經籍志》的史學觀〉,吳懷祺,《史學史研究》,第一期,一九九五年。

39. 〈《試論柳如是別傳》的醒世作用〉,雷戈,《安徽史學》,第三期,一九九八年。

40. 〈《試論劉知幾史通》對班固《漢書》的評論〉,田文紅,《四川教育學院學報》,第十五卷第七、八期,一九九九年七月。

41. 〈對史學批評性質與作用的再思考〉，鄧鴻光，《華中師範大學學報》（人文社會科學版），第三十九卷第四期，二〇〇〇年七月。

42. 〈漢魏六朝時期人物別傳綜論〉，田廷峰，《寶雞文理學院學報》（哲學社會科學版），第二期，一九九五年。

43. 〈劉知幾《史通》所建立的歷史編纂學體系〉，郭紹林，《洛陽師專學報》，第四期（總四十八期），一九九五年。

44. 〈劉知幾《史通》與小說觀念的系統化〉，韓雲波，《西南師範大學學報》（人文社會科學版），第二十七卷第二期，二〇〇一年三月。

45. 〈劉知幾鄭樵章學誠的史學理論及其比較〉，林時民，《國立中興大學夜間部學報》，第十二期，一九九六年。

46. 〈劉勰與琉善史學批評思想之比較〉，徐善偉，《齊魯學刊》，第四期，一九九六年。

47. 〈論六朝雜傳對史傳敘事傳統的突破與超越〉，熊明，《遼寧大學學報》（哲學社會科學版），第二十八卷第六期，二〇〇〇年十一月。

48. 〈論《史通》的史學比較〉，王守正，《河北學刊》，一九九七年三月。

49. 〈論四史非記言敘事中的言談〉，廖卓成，《國立臺北師範學院學報》，第十二期，一九九九年六月。

50. 〈論宋人對傳記文學理論的探討〉，楊俊庫，《浙江師大學報》（社會科學版），第五期，一九九七年。

51. 〈歷史人物傳記的史料價值〉，杜家驥，《歷史月刊》，第一一五期，一九九七年八月。

52. 〈辨章學術考鏡源流──《隋書·經籍志》讀後〉，李遠龍，《廣西民族學院學報》（哲學社會科學版），一九九七年四月。

53. 〈雜傳體文類生成初探〉，劉苑如，《鵝湖月刊》，第二十一卷第一期。

54. 〈雜傳體志怪與史傳的關係──從文類觀念所作的考察〉，劉苑如，《中國文哲研究集刊》，第八期，一九九六年三月。

附錄：現存人物別傳輯佚

【凡　例】

一、資料來源：《世說新語劉孝標注》、《藝文類聚》、《顏氏家訓集解》、《通典》、《後漢書集解》、《三國志裴松之注》、《文選李善注》、《太平御覽》、《北堂書鈔》、《初學記》、《晉書》、《文心雕龍義證》、《古小說鉤沈》、《續談助》等。

二、如同一人物所徵引別傳資料眾多，則以（一）時代較早（二）資料較齊備者為主，其它相關佚文及校箋則置於備註之中。

三、排列方式：依人物姓氏筆畫順序遞增排列。

四、人物的時代範圍自西漢至魏晉時期。

卞壺

卞壺別傳曰：「壺字望之，濟陰冤句人。父粹，太常卿。壺少以貴正見稱。累遷御史中丞，權門屏跡。轉領軍尚書令，蘇峻作亂，率眾拒戰。父子二人俱死。」（《世說新語》劉孝標注，〈賞譽〉第八）

卞壺別傳曰：「壺正色立朝，百僚嚴憚，貴遊子弟莫不祇肅。」（《世說新語》劉孝標注，〈任誕〉第二十三）

孔愉

孔愉別傳曰：「愉字敬康，會稽山陰人。初辟中宗參軍，討華軼有功，封餘不亭侯。愉少時嘗得一龜放於餘不溪中。龜中路左顧者數過。及後鑄印，而龜左顧，更鑄猶如此。印師以聞，愉悟，取而佩焉。累遷尚書左僕射，贈車騎將軍。中丞，孔群也。」（《世說新語》劉孝標注，〈方正〉第五）

孔融

融別傳曰：「融四歲與兄食梨，輒取小者。人問其故，答曰：『小兒法當取小者。』

年十歲隨父詣京師，河南尹李膺有重名，融欲睹其爲人，遂造之。膺問：『高明父祖嘗與僕周旋乎？』融曰：『然。先君孔子與君先人李老君，同德比義，而相師友，則融與君累世通家也。』眾坐莫不嘆息，僉曰：『異童子也！』太中大夫陳韙後至，同坐以告，韙曰：『人小時了了者，長大未必能奇。』融應聲曰：『即如所言，君之幼時，豈實慧乎？』膺大笑，顧謂融曰：『長大必爲偉器。』」（《世說新語》劉孝標注，〈言語〉第二）

孔融別傳曰：「融常歎曰：『坐上客恆滿，樽中酒不空。吾無憂矣。』」（《藝文類聚》卷七十三〈雜器物部〉〈樽〉）

支遁

支遁別傳曰：「遁任心獨往，風期高亮。」

支遁別傳曰：「遁神心警悟，清識玄遠，嘗至京師，王仲祖稱其造微之功不異王弼。」（《世說新語》劉孝標注，〈賞譽〉第八）

王允

王允別傳曰：「允仕，郡民有路拂者，少無行，而太守王珠召以補吏。允犯顏固爭，珠怒收允，欲殺之。刺史鄧盛聞而馳傳，辟爲別駕從事。允由是知名，路拂以之廢棄。」（《太平御覽》卷二六三）

王充

充別傳曰：「充祖睦，蔡邕孫也。充少好學，有雅尚，體貌尊嚴，莫有媟慢於其前者。高平劉整有雋才而車服奢麗，謂人曰：『沙轂，人常服耳。嘗遇蔡子尼在坐，終日不自安。』見憚如此，是時，陳留爲大郡，多人士，琅邪王澄嘗經郡，入境問：『此郡多士，有誰乎？』吏曰：『有江應元、蔡子尼。』時陳留多居大位者，澄問：『何以但稱此二人？』吏曰：『向謂君侯問人不謂位也。』澄笑而止。充歷成都王曹掾，故稱東曹。」（《世說新語》劉孝標注，〈輕詆〉第二十六）

王含

含別傳曰：「含字處弘，琅邪臨沂人，累遷徐州刺史，光祿勳，與弟敦作逆，伏誅。」（《世說新語》劉孝標注，〈言語〉第二）

王劭、王薈

劭、薈別傳曰：「劭字敬倫，丞相導第五子，清貴簡素，研味玄賾。大司馬桓溫稱爲『鳳雛』。累遷尚書僕射、吳國內史。薈字敬文，丞相最小子。有清譽，夷泰無競。仕至鎮軍將軍。」（《世說新語》劉孝標注，〈雅量〉第六）

王珉

珉別傳曰：「珉字季琰，琅邪人，丞相導孫，中領軍洽少子。有才藝，善行書，名出兄珣右。累遷侍中、中書令，贈太常。」（《世說新語》劉孝標注，〈政事〉第三）

王長史

王長史別傳曰：「濛字仲祖，太原晉陽人。其先出自周室，經漢魏，世爲大族。祖父佐，北軍中候。父訥，葉令。濛神氣清韶，年十餘歲，放邁不群。弱冠檢尙，風流雅正。外絕榮競，內寡私欲，辟司徒掾、中書郎。以後父贈〈光祿大夫〉。」（《世說新語》劉孝標注，〈言語〉第二）

按：王長史即王濛

王威

王威別傳曰：「時有白鷖來翔，被令爲賦。宋元嘉起居注曰：『元年七月，有白鷖集於齊郡，遊翔庭宇，經九月乃去，眾鷖翼隨，僅有數千。』」（《藝文類聚》卷九十九〈祥瑞部下〉〈鷖〉）

王胡之

王胡之別傳曰：「胡之常遺世務，以高尙爲情，與謝安相善也。」

胡之別傳曰：「胡之潔身清約，以風操自居。」（《世說新語》劉孝標注，〈賞譽〉第八）

王胡之別傳曰：「胡之好談講，善屬文辭，爲當世所重。」（《世說新語》劉孝標注，〈品藻〉第九）

王胡之別傳曰：「胡之，字脩齡，琅邪臨沂人也。廙之子也。歷吳興太守，徵侍中、丹陽尹、秘書監，並不就。拜使持節都督司州諸軍事、西中郎將、司州刺史。」（《世說新語》劉孝標注，〈言語〉第二）

王述

述別傳曰：「述常以謂人之處世，當先量己而後動，義無虛讓。是以應辭便當固執。其貞正不踰皆此類。」（《世說新語》劉孝標注，〈方正〉第五）

王述別傳曰：「述字懷祖，太原晉陽人。祖湛、父承，並有高名。述早孤，事親孝謹，簞瓢陋巷，宴安永日。由是，爲有識所知。襲爵藍田侯。」（《世說新語》劉孝標注，〈文學〉第四）

王恭

恭別傳曰：「恭，清廉貴峻，志存格正。起家著作郎，歷丹陽尹、中書令，出爲五州都督、前將軍、青兗二州刺史。」（《世說新語》劉孝標注，〈德行〉第一）

王彬

王彬別傳曰：「彬字世儒，琅邪人。祖覽，父正並有名德。彬爽氣出儕類，有雅正之韻。與元帝姨兄弟，佐佑皇業，累遷侍中。從兄敦下石頭，害周伯仁。彬與顗素善，往哭其尸，甚慟。既而見敦，敦怪其慘容而問之，答曰：『向哭周伯仁，情不能已。』敦曰：『伯仁自致刑戮，汝復何爲者哉！』彬曰：『伯仁清譽之士有何罪？』因數敦曰：『抗旌犯上，殺戮忠良。』音辭慷慨，與淚俱下。敦怒甚，丞相在坐代爲之懼，命彬曰：『拜謝。』彬曰：『有足疾，比來見天子，尚不欲拜，何跪之有！』敦曰：『腳疾何如頸疾！』以親，故不害之。累遷江州刺史，左僕射，贈衛將軍。」（《世說新語》劉孝標注，〈雅量〉第六）

王祥

王祥別傳：稱晉「受禪」時，「祥神色不加怡，時人爲之語曰：『王公恨恨，有送故之情也。』」（《太平御覽》卷四九六）

王彪之

王彪之別傳曰：「彪之從伯導謂彪之曰：『選曹舉汝爲尙書郎，幸可作諸王佐耶？』此知郎官，寒素之品也。（《世說新語》劉孝標注，〈方正〉第五）

王弼

弼別傳曰：「弼字輔嗣，山陽高平人。少而察惠，十餘歲便好莊老，通辯能言，爲傅嘏所知。吏部尙書何晏甚奇之，題之曰：『後生可畏，若斯人者，可與言天人之際矣。』以弼補臺郎。弼事功雅非所長，益不留意，頗以所長笑人，故爲時士所嫉。又爲人淺而不識物情，初與王黎、荀融善，黎奪其黃門郎，於是恨黎，與融亦不終好。正始中，以公事免，其秋遇癘疾亡，時年二十四。弼之卒也，晉景帝嗟歎之累日，曰：『天喪予！』其爲高識悼惜如此。

弼別傳曰：「弼父爲尙書郎，裴徽爲吏部郎，徽見異之，故問。」（《世說新語》劉孝標注，〈文學〉第四）

王敦

王敦別傳曰：「敦子應，字安期，官至武衛將軍。」（《太平御覽》卷二三七）

敦別傳曰：「敦，字處仲，琅邪臨沂人。少有名理，累遷青州刺史。避地江左，歷侍中、丞相、大將軍，揚州牧，以罪伏誅。」（《世說新語》劉孝標注，〈文學〉第四）

王湛

汝南別傳曰：「襄城郝仲將門至孤陋，非其所偶也。君嘗見其女，便求聘焉，

果高明英邁，母儀冠族。其通識餘裕皆此類。」（《世說新語》劉孝標注，〈賢媛〉第十九）

王雅

雅別傳曰：「雅字茂建，東海沂人，少知名。」（《世說新語》劉孝標注，〈讒險〉第三十二）

王嘏

王嘏別傳曰：「嘏字昭先，魏文以嘏爲黃門侍郎，每納忠言，輒手壞本，白在禁省，歸書不封。帝嘉其淑慎如此。」（《太平御覽》卷二二一）

備註：又見《太平御覽》卷四三〇、《藝文類聚》卷四十八。唯兩書「王嘏」俱做「任嘏」，疑此處亦爲「任嘏」之誤。

王廙

王廙別傳曰：「廙字世將，祖覽，父正。廙高朗豪率。王導、虞亮遊於石頭，會廙至，爾口汎風飛飄，廙倚船樓長嘯，神氣甚逸。導謂亮曰：『世將爲復識事。』亮曰：『正足舒其逸氣耳。』性倨傲，不合己者，面距之，故爲物所疾。加平南將軍，薨。」（《世說新語》劉孝標注，〈仇隙〉第三十六）

王廙別傳曰：「王導與庾亮遊于石頭，會遇廙至。爾日迅風飛帆，廙倚樓而長嘯，神氣甚逸。」（《藝文類聚》卷十九〈人部三〉〈嘯〉）

王澄

王澄別傳曰：「澄，風韻邁達，志氣不群。從兄戎，兄夷甫名冠當年。四海人士，一爲澄所題目，則二兄不復措意，云已經平子，其見重如此，是以名聞益盛，天下知與不知，莫不傾注。澄後事跡不逮，朝野失望，及舊遊識見者，猶曰：『當今名士也。』」（《世說新語》劉孝標注，〈賞譽〉第八）

王導

丞相別傳曰：「王導，字茂弘，琅邪人。祖覽，以〈德行〉稱。父裁，侍御史。導，少知名，家世貧約，恬暢樂道，未嘗以風塵經懷也。」（《世說新語》劉孝標注，〈德行〉第一）

王濛

【一】濛別傳曰：「濛之交物，虛己納善，恕而後行，希見其喜慍之色，凡與一面莫不敬而愛之。然少孤，事諸母甚謹，篤義穆親，不脩小絜，以清貧見稱。」

【二】濛別傳曰：「濛與沛國劉惔齊名，時人以濛比袁曜卿，惔比荀奉倩，而共交友，甚相知賞也。」

【三】王濛別傳曰：「濛性和暢。能清言，識道貴理中，簡而有會，商略古賢顯默之際，辭旨劭令往往有高致。」（《世說新語》劉孝標注，〈賞譽〉第八）

濛別傳曰：「濛以永和初卒，年三十九。沛國劉惔與濛至交。及卒，惔深悼之，雖友於之愛，不能過也。」（《世說新語》劉孝標注，〈傷逝〉第十七）

王濛別傳曰：「丞相王導辟名士時賢，協贊中興，旌命所加，必延俊乂，辟濛為掾。」（《世說新語》劉孝標注，〈任誕〉第二十三）

王濛別傳曰。濛為中書郎。在職四年。首尾如一人。難與比肩故也。（《藝文類聚》卷四十八〈職官部四〉〈中書侍郎〉）

王邃

王邃別傳曰：「邃字處重，琅邪人，舒弟也。意局剛清，以〈政事〉稱。累遷中領軍，尚書左僕射。舒、邃并敦從弟。」（《世說新語》劉孝標注，〈賞譽〉第八）

王獻之

獻之別傳：「祖父曠，淮南太守。父羲之，右將軍。咸寧中詔尚餘姚公主。簽中書令，卒。」（《世說新語》劉孝標注，〈德行〉第一）

王蘊

王蘊別傳曰：「蘊字叔仁，為吏部郎。欲使時無屈滯，曾下鼓急出，日昃乃至。家去臺數里，高褰車帷，先後與語，不得進也。一官缺，求者十輩。蘊連狀呈宰錄曰：『某人有地』『某人有才』，不得者甘心無怨。」（《太平御覽》卷二一六）

司空豁

豁別傳曰：「豁字朗子，溫之弟，累遷荊州刺史，贈司空。」（《世說新語》劉孝標注，〈豪爽〉第十三）

司馬徽

司馬徽別傳曰：「徽字德操，潁川陽翟人。有人倫鑒識，居荊州，知劉表性暗，必害善人，乃括囊不談議，時人有以人物問者，初不辨其高下，每輒言佳。其婦諫曰：『人質所疑，君宜辨論，而一皆言佳，豈人所以咨君之意乎？』徽曰：『如君所言亦復佳。』其婉約遜遁如此。嘗有妄認徽豬者，便推與之，後得其豬，叩頭來還，徽又厚辭謝之。劉表子琮往候徽，遣問再不，會徽自鋤園，琮左右問『司馬君在耶？』徽曰：『我是也。』左右見其醜陋，罵曰：『死庸！將軍諸郎欲求見司馬，汝何等用奴，而自稱是耶？』徽歸，刈頭，著幘出見琮。左右見徽，故是向老翁，恐向琮道之，琮起，叩頭辭謝。徽乃謂曰：『卿真不可，然吾甚羞之，此自鋤園，唯卿知之耳。』有人臨蠶求簇箔者，徽自棄其蠶而與之。或曰：『凡人損己以贍人者，謂彼急我緩也。

今彼此正等，何爲與人？』徽曰：『人未嘗求，已。求之不與，將慚，何有以財物令人慚者。』人謂劉表曰：『司馬德操奇士也，但未遇耳。』表後見之曰：『世間人爲妄語，此直小書生耳。』其智而能愚，皆此類。荊州破，爲曹操所得，操欲大用，會其病死。」（《世說新語》劉孝標注，〈言語〉第二）

司馬德操初見龐士元，稱之曰：「此人當爲南州冠冕。」時士元尚少，及長，果如徽言。（《古小説鉤沈》〈小説〉）

備註：出《徽別傳》、《續談助》四

左思

【一】思別傳曰：「思字太沖，齊國臨淄人。父雍，起於筆札，多所掌練，爲殿中御史。思少孤。不甚教其書學，及長，博覽名文，遍歷百家。司空張華辟爲祭酒，賈謐舉爲祕書郎。謐誅，歸鄉里，專思著述。齊王冏請爲記室參軍，不起，時爲三都賦未成也。後數年疾終，其三都賦改定至終乃止。初作蜀都賦云：『金馬電發於高岡，碧雞振翼而雲披。鬼彈飛丸以雷激，火井騰光以赫曦。』今無鬼彈，故其賦往往不同。思爲人無吏幹而有文才。又頗以椒房自矜，故齊人不重也。」

【二】思別傳曰：「思造張載問岷、蜀事，交接亦疏。皇甫謐，西州高士，摯仲治宿儒知名，非思倫正。劉淵林、衛伯輿並蕃終，皆不爲思賦序注也。諸注解皆思自爲，欲重其名，故假時人名姓也。」（《世說新語》劉孝標注，〈文學〉第四）

【一】左思別傳曰：「思字太沖，齊國臨淄人。父雍起于筆札，多所掌練，爲殿中御史。思早喪母，雍憐之，不甚教其書學。及長，博覽名文，遍閱百家。司空張華辟爲祭酒。賈謐舉爲祕書郎。謐誅，歸鄉里，專思著述，齊王冏請爲記室參軍，不起，時爲三都賦未成也。後數年疾終，其三都賦改定至終乃止。初作蜀都賦云『金馬電發於高岡，碧雞振翼而雲披，鬼彈飛丸以礌礰，火井騰光以赫曦。』」

【二】思別傳：「博覽名文，遍閱百家。思爲人無吏幹而有文才。」

備註：嚴可均曰：「案別傳失實，晉書所棄，其可節取者僅耳。思先造齊都賦成，復欲賦三都，泰始八年妹芳爲脩儀，因移家京師，求爲祕書郎，歷咸寧至太康初，賦成。晉書所謂構思十年者也。皇甫謐卒于太康三年，而爲賦序，是賦成必在太康初。此後但可云賦未定，不得云賦未成也。其賦屢經刪改，歷三十餘年，至死方休。」（《世說新語》劉孝標注，〈文學〉第四）

石虎

石虎別傳曰：「十三年，春二月，虎率三公九卿躬耕籍田。后率二夫人命婦，先蠶近郊。是歲八月，雨雪，大寒，行旅凍死。」（《太平御覽》卷三四）

石勒

石勒別傳曰：「初勒鄉里所居，原上地中石生日長，類鐵騎之象。於時父老相者云：『此胡體貌奇異，有大志，其終不可量，勸邑人厚遇之。』」（《北堂書鈔》卷一六〇）

備註：嚴氏校以量字誤置，其字上移正。今按唐類函改入。白帖引至之象句止。又《世說新語》中之上注引石勒別傳有大志八字作有不可知四字，餘與木鈔同。

任嘏

別傳曰：「嘏，樂安博昌人。世爲著姓，夙智性成，故鄉人爲之語曰：『蔣氏翁，任氏童。』父旐，字子旟，以至行稱。漢末，黃巾賊起，天下饑荒，人民相食。寇到博昌，聞旐姓字，乃相謂曰：『宿聞任子旟，天下賢人也。今雖作賊，那可入其鄉邪？』遂相帥而去。由是聲聞遠近，州郡並招舉孝廉，歷酸棗、祝阿令。嘏八歲喪母，號泣不絕聲，自然之哀，同於成人，故幼以至性見稱。年十四始學，疑不再問，三年中誦五經，皆究其義，兼包群言，無不綜覽，於時學者號之神童。遂遇荒亂，家貧賣魚，會官稅魚，魚貴數倍，嘏取直如常。又與人共買生口，各雇八匹。後生口家來贖，時價直六十匹。共買者欲隨時價取贖，嘏自取本價八匹。共買者慚，亦還取本價。比居者擅耕嘏地數十畝種之，人以語嘏，嘏曰：『我自以借之耳。』耕者聞之，慚謝還地。及邑中爭訟，皆詣嘏質之，然後意厭。其子弟有不順者，父兄竊數之曰：『汝所行，豈可令任君知邪！』其禮教所化，率皆如此。會太祖創業，召海內至德，嘏應其舉，爲臨菑侯庶子、相國東曹屬、尙書郎。文帝時，爲黃門侍郎。每納忠言，輒手書懷本，自在禁省，歸書不封。帝嘉其淑愼，累遷東郡、趙郡、河東太守，所在化行，有遺風餘教。嘏爲人淳粹凱悌，虛己若不足，恭敬如有畏。其脩身履義，皆沈默潛行，不顯其美，故時人少得稱之。著書三十八篇，凡四萬餘言。嘏卒後，故吏東郡程威、趙國劉固、河東上官崇等，錄其事行及所著書奏之。詔下祕書，以貫群言。」（《三國志》裴松之注，〈魏書〉卷二十七）

備註：任嘏以直價賣魚事，亦見《太平御覽》卷四〇三所錄〈任嘏別傳〉

任嘏別傳曰：「嘏字昭先，魏文帝以嘏爲黃門郎，每納中言，輒手壞其本，自在禁省，歸不書封。帝嘉其淑愼。」（《藝文類聚》卷四十八〈職官部四〉〈黃門侍郎〉）

備註：亦見《太平御覽》卷四三〇所錄〈魏任嘏別傳〉

向秀

向秀別傳曰：「秀與呂安灌園於山陽收其餘利，以供酒食之費。」（《太平御覽》卷一九七）

備註：亦見《太平御覽》卷八二四所錄〈向秀別傳〉

向秀別傳曰：「秀字子期，河內人。少為同郡山濤所知，又與譙國嵇康、東平呂安友善，並有拔俗之韻。其進止無固必，而造事，營生業，亦不異常，與嵇康偶鍛於洛邑，與呂安灌園於山陽，不慮家人有無，外物不足怫其心。弱冠著儒道論，棄而不錄，好事者或存之。或云是其族人所作，困於不行，乃告秀，欲假其名，笑曰：『何復爾耳。』後康被誅，秀遂失圖，乃應歲舉到京師，詣大將軍司馬文王。文王問曰：『聞君有箕山之志，何能自屈？』秀曰：『常謂彼人不達堯意，本非所慕也。』一坐皆悅，隨次轉至〈黃門侍郎〉、散騎常侍。」（《世說新語》劉孝標注，〈言語〉第二）
備註：亦見《太平御覽》卷四〇九所錄〈向秀別傳〉

秀別傳曰：「秀與嵇康、呂安為友，趣舍不同。嵇康傲世不羈，安放逸邁俗，而秀雅好讀書。二子頗以此嗤之。後秀將注莊子，先以告康、安。康、安咸曰：『此書詎復須注，徒棄人作樂事耳。』及成，以示二子。康曰：『爾故復勝不？』安乃驚曰：『莊周不死矣！』後注周易，大義可觀，而與漢世諸儒互有彼此，未若隱莊之絕倫也。」秀本傳或言：秀遊託數賢，蕭屑卒歲，都無注述，唯好莊子，聊隱崔譔所注，以備遺忘云。（《世說新語》劉孝標注，〈文學〉第四）

向秀別傳曰：「秀常與嵇康偶鍛於洛邑，與呂子灌園於山陽，收其餘利以供酒食之費。」（《昭明文選》李善注注，〈詩乙〉卷二十一）

向秀別傳曰：「秀常與呂安灌園於山陽，收其利以供酒食之費。」（《藝文類聚》卷六十五〈產業部上〉〈園〉）

江祚

江祚別傳曰：「祚為安南太守，民思其德，生子多以江名子。」（《太平御覽》卷二六二）

羊祜

羊祜別傳曰：「先時吳童謠云：『阿童復阿童，啣刀浮渡江。不畏岸上虎，但畏水中龍。』祜聞之曰：『此必水軍有功。』即表王濬為龍驤將軍，謀伐吳。」（《太平御覽》卷二三九）

羊曼

曼別傳曰：「曼字延祖，泰山南城人。父監，陽平太守。曼頹縱宏任，飲酒誕節，與陳留阮放等，號『兗州八達。』累遷丹陽尹，為蘇峻所害。」（《世說新語》劉孝標注，〈雅量〉第六）

佛圖澄

澄別傳曰：「道人佛圖澄，不知何許人，出於燉煌，好佛道，出家為沙門。永嘉

中至洛陽，值京師有難，潛遁草澤，聞石勒雄異好殺害，因勒大將軍郭默略見勒，以麻油塗掌，占見吉凶數百里外；聽浮圖鈴聲，逆知禍福。勒甚敬信之。虎即位亦師澄，號『大和尚』。自知終日，開棺無尸，惟裂裟法服存焉。」(《世說新語》劉孝標注，〈言語〉第二)

何晏

何晏別傳曰：「何晏，南陽人，大將軍進之孫。遇害，魏武納晏於魏宮，至七八歲，惠心天悟，形貌絕美。武帝欲以為子，每扶將遊觀，令與諸子長幼相次。晏微覺之，坐則專席，止則獨立。或問其故，答曰：『禮，異姓不相貫。』」(《太平御覽》卷三八○)

何晏別傳曰：「晏時小，養魏宮。七八歲便慧心大悟，眾無愚智，莫不貴異之。魏武讀兵書，有所未解，試以問晏，晏分散所疑，無不冰釋。」(《太平御覽》卷三八五)

何禎

何禎別傳曰：「禎，廬江潛人。父他，字文奇，有儁才，早卒。禎在孕而孤，生遇荒亂，歸依舅氏。齠齔乃追行喪哀泣合禮，鄉邑稱焉。十餘歲，耽志博覽，研精群籍，名馳淮泗。」(《太平御覽》卷三八五)

何顒

何顒別傳曰：「顒，字伯求，有人倫鑒。同郡張仲景總角造顒，顒謂曰：『君用思精，而韻不高。將為良醫。』卒如其言。」(《太平御覽》卷四四四)

吳猛

【一】吳猛別傳曰：「豫章縣東鄉呂里山中，有石笥，歷代不能開。吳猛往，遂得發之，有石牒古字，弟子莫有曉者，猛亦不言。弟子數十人舉蓋，不動如山，猛一手提，若無重焉。」

【二】吳猛別傳曰：「猛性至孝，入山採薪。還忽失其九歲，乃尋逐十三日，踰難險絕，無飲食，於大石岩下息，因得眠，夢見一老公語之曰：君妹當已還。驚覺，歸，妹果在家。」(《北堂書鈔》卷一六○)

吳質

質別傳曰：「帝嘗召質及曹休歡會，命郭后出見質等。帝曰：『卿仰諦視之。』其至親如此。質黃初五年朝京師，詔上將軍及特進以下皆會質所，大官給供具。酒酣，質欲盡歡。時上將軍曹真性肥，中領軍朱鑠性瘦，質召優，使說肥瘦。真負貴，恥見戲，怒謂質曰：『卿欲以部曲將遇我邪？』驃騎將軍曹洪、輕車將軍王忠言：『將

軍必欲使上將軍服肥，即自宜爲瘦。』眞愈恚，拔刀瞋目，言：『俳敢輕脫，吾斬爾。』遂罵坐。質案劍曰：『曹子丹，汝非屠几上肉，吳質吞爾不搖喉，咀爾不搖牙，何敢恃勢驕邪？』鑠因起曰：『陛下使吾等來樂卿耳，乃至此邪！』質顧叱之曰：『朱鑠，敢壞坐！』諸將軍皆還坐。鑠性急，愈恚，還拔劍斬地。遂便罷也。及文帝崩，質思慕作詩曰：『愴愴懷殷憂，殷憂不可居。徙倚不能坐，出入步踟躕。念蒙聖主恩，榮爵與眾殊。自謂永終身，志氣甫當舒。何意中見棄，棄我歸黃壚。㷀㷀靡所恃，淚下如連珠。隨沒無所益，身死名不書。慷慨自俛俛，庶幾烈丈夫。』太和四年，入爲侍中。時司空陳群錄尙書事，帝初親萬機，質以輔弼大臣，安危之本，對帝盛稱『驃騎將軍司馬懿，忠智至公，社稷之臣也。陳群從容之士，非國相之才，處重任而不親事。』帝甚納之。明日，有切詔以督責群，而天下以司空不如長文，即群，言無實也。質其年夏卒。質先以怙威肆行，諡曰醜侯。質子應仍上書論枉，至正元中乃改諡威侯。應字溫舒，晉尙書。應子康，字子仲，知名於時，亦至大位。（《三國志》裴松之注，〈魏書〉卷二十一）

吳質別傳曰：「質爲北中郎將，朝京師。上歡喜其到，比至家，問訊相續。詔將軍列鹵簿，作〈鼓吹〉，望闕而止。吳曆曰：『曹公出濡須口，吳王乃自乘船，從濡須口入，曹公嚴兵待之，乃作〈鼓吹〉迴還。』曹公見吳舟船器仗法伍整肅，乃嘆曰：『養兒當如孫會稽，劉表兒直是豚犬耳。』」（《藝文類聚》卷六十八〈儀飾部〉〈鼓吹〉）

李固

李固別傳曰：「益州及司隸辟，皆不就。門徒或稱從事掾，固曰：『未曾受其位，不宜獲其號。』」（《太平御覽》卷二六五）

李固別傳曰：「固被誅，弟子汝南郭亮始成童，遊學洛下，乃詣闕上書，乞收固屍。不許，因往臨哭喪不去，太后聞而誅之。」（《太平御覽》卷三八五）

李郃

李郃別傳曰：「公長七尺八寸，多鬚髯，八眉，左耳有奇表，項枕如鼎足手握。三，公之字。」（《太平御覽》卷三六三）

杜祭酒

杜祭酒別傳曰：「桓宣武館於赤蘭橋南，曰『延賢里』。」（《太平御覽》卷一五七）

杜祭酒別傳曰：「君在孩抱之中，異於凡童，舉宗奇之。年六七歲，在縣北郭與小兒輩爲竹馬戲，有車行老公停車視之，嘆曰：『此有奇相，吾恨不見。』」（《太平

御覽》卷三八五）

杜蘭香

杜蘭香別傳曰：「香降張碩，碩既成婚，香便去，絕不來。年餘，碩船行，忽見香乘車於山際，碩不勝驚喜，遙往造香，見香悲喜，香亦有悅色。言語頃時，碩欲登其車，其婢舉扞之。嶷然山立，碩復欲車前上，車奴攘臂排之，於是遂退。」（《藝文類聚》卷七十一〈舟車部〉〈舟〉）

杜蘭香別傳曰：「杜蘭香，自稱南陽人。以建興四年春，數詣張傳。傳年十七，望見其車在門外。婢通言，阿母所生，遣授配君，君可不敬從。傳先改名碩，碩呼女前，視可十八九。說事邈然久遠。有婦子二人，大者萱支，小者松支。鈿車青牛，上飲食皆備。作詩曰：阿母處靈岳，時遊雲霄際，眾女侍羽儀，不出墉宮外，飄輪送我來，豈復恥塵穢，從我與福俱，嫌我與禍會。至其年八月且來，復作詩曰：逍遙雲霧間，呼嗟發九嶷。流汝不稽路，弱水何不之。出署豫子三枚，大如雞子。云：食此。令君不畏風波，辟寒溫。碩食二，欲留一。不肯，令碩盡食。言本為君作妻，情無曠遠，以年命未合，其小乖太歲東方外，當還求君。」（《藝文類聚》卷七十九〈靈異部下〉〈神〉）

車浚

車浚別傳曰：「鷾雀不能乘激風以飛。」（《太平御覽》卷九二一）

阮光祿

阮光祿別傳曰：「裕字思曠，陳留尉氏人。祖略，齊國內史。父顗，汝南太守。裕淹通有理識，累遷侍中，以疾築室會稽剡山。徵金紫光錄大夫不就，六十一，卒。」（《世說新語》劉孝標注，〈德行〉第一）

阮孚

孚別傳曰：「孚，風韻疏誕，少有門風。」（《世說新語》劉孝標注，〈雅量〉第六）

阮籍

阮籍別傳曰：「裕居會稽怏山，志存肥遁。」（《世說新語》劉孝標注，〈棲逸〉第十八）

周處

處別傳曰：「處字子隱，吳郡陽羨人，父鄱陽太守。處少孤，不治細行。」（《世說新語》劉孝標注，〈自新〉第十五）

周處別傳曰：「氐賊齊萬年為亂，處仰天嘆曰：古者將受命，鑿凶門以出，蓋有

進無退，我爲大臣，以身殉國，不亦可乎！遂戰死。臧榮緒晉書曰：氐，西戎別名。人之云亡，貞節克舉。」(《昭明文選》李善注，〈詩甲〉卷二十)

備註：按：御覽三一二引晉書正有「鑿」字。語出淮南子兵略，當有「鑿」字，今　　　　據補。

周顗

顗別傳曰：「王敦討劉隗時，溫太眞爲東宮庶子，在承華門外與顗相見曰：『大將軍此舉有在，義無有濫。』顗曰：『君年少希更事，未有人臣若此而不作亂，共相推戴數年，而爲此者乎？處仲狼抗而強忌，平子何在！』」(《世說新語》劉孝標注，〈方正〉第五)

孟宗

孟宗別傳曰：「宗爲光祿勳，大會，宗先少酒，偶有強者，飲一杯便吐。傳詔司察，宗吐麥飯，察者以聞。上乃嘆息曰：『至德清純如此。』」(《太平御覽》卷二二九)

孟宗別傳曰：「宗爲豫章太守，人思其惠，路有行歌。故時人之生子以孟爲名。」(《太平御覽》卷二六二)

孟嘉

嘉別傳曰：「嘉字萬年，江夏人。曾祖父宗，吳司空。祖父揖，晉廬陵太守。宗葬武昌陽新縣，子孫家焉。嘉少以清操知名。太尉庾亮領江州，辟嘉部廬陵從事，下都還，亮引問風俗得失。對曰：『待還，當問從事吏。』亮舉麈尾掩口而笑，語弟翼曰：『孟嘉故是盛德人。』轉勸學從事。太傅褚裒有器識，亮正旦大會，裒問亮：『聞江州有孟嘉，何在？』亮曰：『在坐，卿但自覓。』裒歷觀久之，指嘉曰：『將無是乎？』亮欣然而笑，喜裒得嘉，奇嘉爲裒所得，乃益器之。後爲征西桓溫參軍，九月九日溫遊龍山，參寮畢集，時佐史並箸戎服，風吹嘉帽墮落，溫戒左右勿言，以觀其舉止。嘉初不覺，良久如廁，命取還之，令孫盛作文嘲之，成，著嘉坐，嘉還即答，四坐嗟嘆。嘉善酣暢，愈多不亂。溫問：『酒有何好？而卿嗜之。』嘉曰：『明公未得酒中趣爾。』又問：『聽伎，絲不如竹，竹不如肉，何也？』答曰：『漸近自然。』轉從事中郎，遷長史。年五十三而卒。(《世說新語》劉孝標注，〈識鑒〉第七)

備註：事亦見《太平御覽》卷二六五、卷四四四所錄〈孟嘉別傳〉

東方朔

東方朔別傳曰：「武帝常飲酢，以八月九月中，禾稼方盛熟，夜漏下水十刻，微

行乃出。」(《太平御覽》卷二)

東方朔別傳曰:「武帝幸甘泉,長平坂道中有蟲,赤如肝,頭目口齒悉具。先驅馳還以報,上使視之,莫知也。時朔在屬車中,令往視焉。朔曰:『此謂怪氣,是必秦獄處也。』上使按地圖,果秦獄地。上問朔何以知之。朔曰:『夫積憂者,得酒而解。』乃取蟲置酒中,立消。賜朔帛百匹。後屬車上盛酒,為此也。」(《藝文類聚》卷七十二〈食物部〉〈酒〉)

邴吉

邴吉別傳曰:「原,字根矩。魏武皇帝初為司空辟署議曹掾,請見,禮畢,上送至門中,原辭直去不顧。上還,語左右:『孤甚敬此人,與其辭,遠送之,謂其尚顧,而終不顧,誠高士也。』人謂曰:『君宜謝公,公望君一日,辭不顧揖。』原勃然曰:『夫何謝哉?夫揖讓者,謂其敵耳。吾,人臣也;公,人君也。君尊臣卑,揖讓何施?且孔子反命曰:『賓不顧矣。』吾何謝哉!』人以語上,上曰:『快乎,斯言也,夫有斯名而豈徒哉!』」(《太平御覽》卷二○九)

邴原

【一】邴原別傳:「河內張範,名公之子也。其志行有與原符,甚相親近。(曹操)令曰:『邴原名高德大,清規邈世,魁然而峙,不為孤用。聞張子頗欲學之。吾恐造之者富,隨之者貧也。』」

【二】原別傳曰:原十一而喪父,家貧,早孤。鄰有書舍,原過其旁而泣。師問曰:「童子何悲?」原曰:「孤者易傷,貧者易感。夫書者,必皆具有父兄者,一則羨其不孤,二則羨其得學,心中惻然而為涕零也。」師亦哀原之言而為之泣曰:「欲書可耳!」答曰:「無錢資。」師曰:「童子苟有志,我徒相教,不求資也。」於是遂就書。一冬之間,誦孝經、論語。自在童齔之中,巋然有異。及長,金玉其行。欲遠游學,詣安丘孫崧。崧辭曰:「君鄉里鄭君,君知之乎?」原答曰:「然。」崧曰:「鄭君學覽古今,博聞彊識,鉤深致遠,誠學者之師模也。君乃舍之,躡屐千里,所謂以鄭為東家丘者也。君似不知,而曰『然』者何?」原曰:「先生之說,誠可謂苦藥良鍼矣;然猶未達僕之微趣也。人各有志,所規不同,故乃有登山而採玉者,有入海而採珠者,豈可謂登山者不知海之深,入海者不知山之高哉!君謂僕以鄭為東家丘,君以僕為西家愚夫邪?」崧辭謝焉。又曰:「兗、豫之士,吾多所識,未有若君者;當以書相分。」原重其意,難辭之,持書而別。原心以為求師啟學,志高者通,非若交游待分而成也。書何為哉?乃藏書於家而行。原舊能飲酒,自行之後,八九年間,酒不向口。單步負笈,苦身持力,至陳留則師韓子助,潁川則宗陳仲弓,

汝南則交范孟博，涿郡則親盧子幹。臨別，師友以原不飲酒，會米肉送原。原曰：「本能飲酒，但以荒思廢業，故斷之耳。今當遠別，因見貺餞，可一飲讌。」於是共坐飲酒，終日不醉。歸以書還孫崧，解不致書之意。後為郡所召，署功曹主簿。時魯國孔融在郡，教選計當任公卿之才，乃以鄭玄為計掾，彭璆為計吏，原為計佐。融有所愛一人，常盛嗟歎之。後恚望，欲殺之，朝吏皆請。時其人亦在坐，叩頭流血，而融意不解。原獨不為請。融謂原曰：「眾皆請而君何獨不？」原對曰：「明府於某，本不薄也，常言歲終當舉之，此所謂『吾一子』也。如是，朝吏受恩未有在某前者矣，而今乃欲殺之。明府愛之，則引而方之於子，憎之，則推之欲危其身。原愚，不知明府以何愛之？以何惡之？」融曰：「某生于微門，吾成就其兄弟，拔擢而用之；某今孤負恩施。夫善則進之，惡則誅之，固君道也。往者應仲遠為泰山太守，舉一孝廉，旬月之閒而殺之。夫君人者，厚薄何常之有！」原對曰：「仲遠舉孝廉，殺之，其義焉在？夫孝廉，國之俊選也。舉之若是，則殺之非也；若殺之是，則舉之非也。詩云『彼己之子，不遂其媾。』蓋譏之也。語云：『愛之欲其生，惡之欲其死。既欲其生，又欲其死，是惑也。』仲遠之惑甚矣。明府奚取焉？」融乃大笑曰：「吾直戲耳！」原又曰：「君子於其言，出乎身，加乎民；言行，君子之樞機也。安有欲殺人而可以為戲者哉？」融無以答。是時漢朝陵遲，政以賄成，原乃將家人入鬱洲山中。郡舉有道，融書喻原曰：「惰性保貞，清盧守高，危邦不入，久潛樂土。王室多難，西遷鎬京。聖朝勞謙，疇咨雋乂。我祖求定，策命懇惻。國之將隕，嫠不恤緯，家之將亡，緹縈跋涉，彼匹婦也，猶執此義。實望根矩，仁為己任，授手援溺，振民於難。乃或晏晏居息，莫我肯顧，謂之君子，固如此乎！根矩，根矩，可以來矣！」原遂到遼東。遼東多虎，原之邑落獨無虎患。原嘗行而得遺錢，拾以繫樹枝，此錢既不見取，而繫錢者愈多。問其故，答者謂之神樹。原惡其由己而成淫祀，乃辨之，於是里中遂斂其錢以為社供。後原欲歸鄉里，止於三山。孔融書曰：「隨會在秦，賈季在翟，諮仰靡所，歎息增懷。頃知來至，近在三山。詩不云乎，『來歸自鎬，我行永久』。今遣五官掾，奉問榜人舟楫之勞，禍福動靜告慰。亂階未已，阻兵之雄，若棋弈爭梟。」原於是遂復反還。積十餘年，後乃遁還。南行已數日，而度甫覺。度知原之不可復追也，因曰：「邴君所謂雲中白鶴，非鶉鷃之網所能羅矣。又吾自遣之，勿復求也。」遂免危難。自反國土，原於是講述禮樂，吟詠詩書，門徒數百，服道數十。時鄭玄博學洽聞，註解典籍，故儒雅之士集焉。原亦自以高遠清白，頤志澹泊，口無擇言，身無擇行，故英偉之士向焉。是時海內清議，云青州有邴、鄭之學。魏太祖為司空，辟原署東閤祭酒。太祖北伐三郡單于，還住昌國，燕士大夫。酒酣，太祖曰：「孤反，鄴守諸君必將來迎，今日明旦，度皆至矣。其不來者，獨有邴祭酒

耳！」言訖未久，而原先至。門下通謁，太祖大驚喜，攬履而起，遠出迎原曰：「賢者誠難測度！孤謂君將不能來，而遠自屈，誠副饑虛之心。」謁訖而出，軍中士大夫詣原者數百人。太祖怪而問之，時荀文若在坐，對曰：「獨可省問邴原耳！」太祖曰：「此君名重，乃亦傾士大夫心？」文若曰：「此一世異人，士之精藻，公宜盡禮以待之。」太祖曰：「固孤之宿心也。」自是之後，見敬益重。原雖在軍歷署，常以病疾，高枕里巷，終不當事，又希會見。河內張範，名公之子也，其志行有與原符，甚相親敬。令曰：「邴原名高德大，清規邈世，魁然而峙，不爲孤用。聞張子頗欲學之，吾恐造之者富，隨之者貧也。」魏太子爲五官中郎將，天下向慕，賓客如雲，而原獨守道持常，自非公事不妄舉動。太祖微使人從容問之，原曰：「吾聞國危不事冢宰，君去不奉世子，此典制也。」於是乃轉五官長史，令曰：「子弱不才，懼其難正，貪欲相屈，以匡勵之。雖云利賢，能不惡惡！」太子燕會，眾賓百數十人，太子建議曰：「君父各有篤疾，有藥一丸，可救一人，當救君邪，父邪？」眾人紛紜，或父或君。時原在坐，不與此論。太子諮之于原，原悖然對曰：「父也。」太子亦不復難之。（《三國志》裴松之注，〈魏書〉卷十一）

備註：事亦見《太平御覽》卷三八五所錄〈邴原別傳〉

　　原字根矩，東管朱虛人。少孤，數歲過書舍而泣。師問曰：『童子何泣也？』原曰：『凡得學者，有親也，一則願其不孤，二則羨其學。中心感傷，故泣耳。』師惻然曰：『苟欲學不須資也。』於是就業，長則博覽洽聞，金玉其行，知世將亂，避世遼東，公叔度厚禮之。中國既寧，欲還鄉里，爲度禁絕，原密自治嚴，謂部落曰：『移北近郡』以觀其意，皆曰『樂移。』原舊有捕魚大船，請村落，皆令熟醉，因夜去鶵鷯之網所能羅也。』魏王辟祭酒，累遷五官中郎長史。」（《世說新語》劉孝標注，〈賞譽〉第八）

　　邴原別傳曰：「魏五官中郎將嘗與群賢共論曰：『今有一丸藥得濟一人疾，而君父俱病，與君邪？』諸人紛葩，或父或君。原勃然曰：『父子一本也。』亦不復難。」君親相校，自古如此。（《世說新語》劉孝標注，〈輕詆〉第二十六）

　　邴原別傳曰：「魏太子爲五官郎將，原爲長史，太子宴會，眾賓客數十人。太子建議曰：『君父多有篤疾，有藥一九，可救一人。當救君耶、父耶。』眾人紛葩，或君或父。時原在坐不與此論，太子諮之於原，原勃然對曰：『父也。』太子亦不復難。」（《藝文類聚》卷八十一〈藥香草部上〉〈藥〉）

昭明太子

　　梁簡文帝上昭明太子集別傳等表曰：「臣聞無懷有巢之前，書契未作；尊盧赫胥之氏，墳典不傳。昭明太子，稟仁聖之姿、縱生知之量。孝敬兼極、溫恭在躬。明

月西流，幼有文章之敏；羽籥東序，長備元良之德。蘊茲三善，弘此四聰。地尊號嗣，外陽之術無徵，昭明太子集首作徵，位比周儲。緱山之駕不反，無以歊揚盛軌、宣記德音。請備之延閣，藏諸廣內，丞彰茂實，式表洪徽。（《藝文類聚》卷五十五〈雜文部一〉〈史傳〉）

柏階

柏階別傳曰：「階為尚書令，文帝行幸，見諸少子無褌。上搏手曰：『長者子無褌。』是日拜三子為黃門郎。」（《太平御覽》卷二二一）

胡琮

胡琮別傳曰：「吳時掘地，得銅匣，以琉璃為蓋，布雲母於其上。開之，得白玉如意。大皇帝以問琮。對曰：『秦始皇以金陵有天子氣，處處埋寶物以當王土之氣。此抑是乎？』」（《藝文類聚》卷八十三〈寶玉部上〉〈玉〉）

胡琮別傳曰：「時有掘地得銅匣，長二尺七寸。開之，得白玉如意。所執處，皆刻螭蟬等形。時人莫知其由，吳大帝以綜多識，乃問之。綜答云：『昔秦始皇東遊，以金陵有王者氣，乃鑿諸山崗，處處埋寶物，以當王者之氣。此抑是乎？』」（《藝文類聚》卷七十〈服飾部下〉〈如意〉）

備註：事亦見《太平御覽》卷七○三。唯《太平御覽》「胡琮」作「胡綜」。

范汪

范汪別傳曰：「汪字玄平，潁陽人。左將軍略之孫。少有不常之志，通敏多識，博涉經籍，致譽於時。歷吏部尚書，徐、兗二州刺史。」（《世說新語》劉孝標注〈排調〉第二十五）

范宣

宣別傳：「宣字子宣，陳留人，漢萊蕪長范丹後也。年十歲，能誦詩書，兒童時手傷改容，家人以其年幼皆異之。徵太學博士、散騎常侍，一無所就，年五十四卒。」（《世說新語》劉孝標注〈德行〉第一）

夏統

夏統，晉人，《晉書》有傳。《夏統別傳》已佚。（《齊民要術校釋》卷十〈五穀、果蓏、菜茹非中國物產者〉）

孫放

孫放別傳曰：「君性好音，能操琴及琵琶以自散。」（《太平御覽》卷五八三）

孫放別傳曰：「放應機制勝，時人仰焉。」（《文心雕龍注》〈指瑕〉第四十一）

孫放別傳曰：「放兄弟並秀異，與庾翼子爰客同為學生。爰客少有佳稱，因談笑

嘲放曰：『諸孫於今爲盛。』盛，監君諱也。放即答曰：『未若諸庾之翼翼。』放應機制勝，時人仰焉。司馬景王、陳、鍾諸賢相酬，無以踰也。」（《世說新語》劉孝標注〈排調〉第二十五）

孫放別傳曰：「放字齊莊，監君次子也。年八歲，太尉庾公召見之。放清秀，欲觀試乃授紙筆令書。放便自疏名字。公題後問之曰：『爲欲慕莊周耶？』放書答曰：『意欲慕之。』公曰：『何故不慕仲尼，而慕莊周？』放曰：『仲尼生而知之，非希企所及。至於莊周，是其次者，故慕耳。』公謂賓客曰：『王輔嗣應答，恐不能勝之。』卒長沙王相。（《世說新語》劉孝標注〈言語〉第二）

孫略

孫略別傳曰：「親親有窮老者，略或推被以恤之，竟寒不解帶而寢。」（《太平御覽》卷七○七）

孫惠

惠別傳曰：「惠好學有才智，晉永寧元年，赴齊王冏義，以功封晉興侯，辟大司馬賊曹屬。冏驕矜僭侈，天下失望。惠獻言於冏，諷以五難、四不可，勸令委讓萬機，歸藩青岱，辭甚深切。冏不能納，頃之果敗。成都王穎召爲大將軍參軍。是時穎將有事於長沙，以陸機爲前鋒都督。惠與機鄉里親厚，憂其致禍，謂之曰：『子盍讓都督於王粹乎？』機曰：『將謂吾避賊首鼠，更速其害。』機尋被戮，二弟雲、耽亦見殺，惠甚傷恨之。永興元年，乘輿幸鄴，司空東海王越治兵下邳，惠以書干越，詭其姓名，自稱南岳逸民秦祕之，勉以勤王匡世之略，辭義甚美。越省其書，牓題道衢，招求其人。惠乃出見，越即以爲記室參軍，專掌文疏，豫參謀議。每造書檄，越或驛馬催之，應命立成，皆有辭旨。累遷顯職，後爲廣武將軍、安豐內史。年四十七卒。惠文翰凡數十首。」（《三國志》裴松之注〈吳書〉卷五十一）

孫登

孫登別傳曰：「孫登，魏末處邙北山中。以石室爲宇，編草自覆。阮嗣宗聞登而往造焉，適見苫蓋被髮，端坐巖下鼓琴。嗣宗自下趨之，既坐，莫得與言。嗣宗乃嘲嘈長嘯，與鼓琴音諧會雍雍然。登乃逌爾而笑，因嘯和之，妙響動林壑。」（《藝文類聚》卷十九〈人部三〉〈嘯〉）

備註：事具見樂府部琴篇

孫資

【一】資別傳曰：「資字彥龍。幼而岐嶷，三歲喪二親，長於兄嫂。講業太學，博覽傳記，同郡王允一見而奇之。太祖爲司空，又辟資。會兄爲鄉人所害，資手刃

報讎，乃將家屬避地河東，故遂不應命。尋復為本郡所命，以疾辭。友人河東賈逵謂資曰：『足下抱逸群之才，值舊邦傾覆，主將殷勤，千里延頸，宜崇古賢桑梓之義。而久盤桓，拒違君命，斯猶曜和璧於秦王之庭，而塞以連城之價耳。竊為足下不取也！』資感其言，遂往應之。到署功曹，舉計吏。尚書令荀彧見資，嘆曰：『北州承喪亂已久，謂其賢智零落，今日乃復見孫計君乎！』表留以為尚書郎。辭以家難，得還河東。」

【二】資別傳曰：「諸葛亮出在南鄭，時議者以為可因發大兵，就討之，帝意亦然，以問資。資曰：『昔武皇帝征南鄭，取張魯，陽平之役，危而後濟。又自往拔出夏侯淵軍，數言『南鄭直為天獄，中斜谷道為五百里石穴耳』，言其深險，喜出淵軍之辭也。又武皇帝聖於用兵，察蜀賊棲於山巖，視吳虜竄於江湖，皆橈而避之，不責將士之力，不爭一朝之忿，誠所謂見勝而戰，知難而退也。今若進軍就南鄭討亮，道既險阻，計用精兵又轉運鎮守南方四州遏禦水賊，凡用十五六萬人，必當復更有所發興。天下騷動，費力廣大，此誠陛下所宜深慮。夫守戰之力，力役參倍。但以今日見兵，分命人將據諸要險，威足以震攝疆寇，鎮靜疆場，將士虎睡，百姓無事。數年之間，中國日盛，吳蜀二虜必自罷弊。』帝出是止。時吳人彭綺又舉義江南，議者以為因此伐之，必有所克。帝問資，資曰：『鄱陽宗人前後數有舉義者，眾弱謀淺，旋輒乖散。昔文皇帝嘗密論賊形勢，言洞浦殺萬人，得船千萬，數日間船人復會；江陵被圍歷月，權裁以千數百兵住東門，而其土地無崩解者。是有法禁，上下相奉持之明驗也。以此推綺，懼未能為權腹心大疾也。』綺果尋敗亡。」

備註：《北堂書鈔》卷一五八亦引。

【三】資別傳曰：「是時，孫權、諸葛亮號稱劇賊，無歲不有軍征。而帝總攝群下，內圖禦寇之計，外規廟勝之畫，資皆管之。然自以受腹心，常讓事於帝曰：『動大眾，舉大事，宜與群下共之；既以示明，且於探求為廣。』既朝臣會議，資奏當其是非，擇其善者推成之，終不顯己之德也。若眾人有譴過及愛憎之說，輒復為請解，以塞譖潤之端。如征東將軍滿寵、涼州刺史徐邈，並有譖毀之者，資皆盛陳其素行，使卒無纖介。寵、邈得保其功名者，資之力也。初，資在邦邑，名出同類之右。鄉人司空掾田豫、梁相宗豔皆妒害之，而楊豐黨附豫等，專為資構造謗端，怨隙甚重。資既不以為言，而終無恨意。豫等慚服，求釋宿憾，結為婚姻。資謂之曰：『吾無憾心，不知所釋。此為卿自薄之，卿自厚之耳！』乃為長子宏取其女。及當顯位，而田豫老疾在家。資遇之甚厚，又致其子於本郡，以為孝廉。而楊豐子後為尚方吏，帝以職事譴怒，欲致之法，資請活之。其不念舊惡如此。」

【四】資別傳曰：「帝詔資曰：『吾年稍長，又歷觀書傳中，皆歎息無所不念。

圖萬年後計，莫過使親人廣據職勢，兵任又重。今射聲校尉缺，久欲得親人，誰可用者？』資曰：『陛下思深慮遠，誠非愚臣所及。書傳所載，皆聖聽所究，向使漢高不知平、勃能安劉氏，孝武不識金、霍付屬以事，殆不可言！文皇帝始召曹真還時，親詔臣以重慮，及至晏駕，陛下即阼，猶有曹休外內之望，賴遭日月，御勒不傾，使各守分職，纖介不間。以此推之，親臣貴戚，雖當據勢握兵，宜使輕重素定。若諸侯典兵，力均衡平，寵齊愛等，則不相為服；不相為服，則意有異同。今五營所領見兵，常不過數百，選授校尉，如其輩類，為有儔匹。至於重大之任，能有所維綱者，宜以聖恩簡擇，如平、勃、金、霍、劉章等一二人，漸殊其威重，使相鎮固，於事為善。』帝曰：『然。如卿言，當為吾遠慮所圖。今日可參平、勃，倅金、霍，雙劉章者，其誰哉？』資曰：『臣聞知人則哲，惟帝難之。唐虞之聖，凡所進用，明試以功。陳平初事漢祖，絳、灌等謗平有受金盜嫂之罪。周勃以吹簫引彊，始事高祖，亦未知名也；高祖察其行跡，然後知可付以大事。霍光給事中二十餘年，小心謹慎，乃見親信。日磾夷狄，以至孝質直，特見擢用，左右向曰『妄得一胡兒而重貴之』。平、勃雖安漢嗣，其終，勃被反名，平劣自免於呂須之讒。上官桀、桑弘羊與霍光爭權，幾成禍亂。此誠知人之不易，為臣之難也。又所簡擇，當得陛下所親，當得陛下所信，誠非愚臣之所能識別。』」

備註：裴注：按本傳及諸書並云放、資稱贊曹爽，勸召宣王，魏室之亡，禍基於此。

資之別傳，出自其家，欲以是言掩其大失，然恐負國之玷，終莫能磨也。

【五】資別傳曰：「大將軍爽專事，多變易舊章。資歎曰：『吾累世蒙寵，加以豫聞屬託，今縱不能匡弼時事，可以坐受素餐之祿邪？』遂固稱疾。九年二月，乃賜詔曰：『君掌機密三十餘年，經營庶事，勳著前朝。暨朕統位，動賴良謀。是以曩者增崇寵章，同之三事，外帥群官，內望讜言。屬以年耆疾篤，上還印綬，前後鄭重，辭旨懇切。天地以大順成德，君子以善恕成仁，重以職事，違奪君志；今聽所執，賜錢百萬，使兼光祿勳少府親策詔君養疾于第。君其勉進醫藥，頤神和氣，以永無疆之祚。置舍人官騎，加以日秩肴酒之膳焉。』」（《三國志》裴松之注〈魏書〉卷十四）

孫資別傳曰：「資舉河東計吏，到許，薦於相府曰：『逵在絳邑，帥屬吏民，與賊郭援交戰，力盡而敗，為賊所俘，挺然直志，顏辭不屈；忠言聞於大眾，烈節顯於當時，雖古之直髮、據鼎，罔以加也。其才兼文武，誠時之利用。』」（《三國志》裴松之注〈魏書〉卷十五）

孫資別傳曰：「魏文帝欲并吞。孫資諫曰：『昔武皇帝征南鄭，取張魯，陽平之役，危而無濟。』又復自往拔出，夏侯淵軍數言，南鄭為天獄，斜谷道為五百里石

穴耳，言其深險。」（《北堂書鈔》卷一五八）

備註：《魏書》卷十四裴注引〈孫資別傳〉無復字，餘同。

　　孫資別傳曰：「朝臣會議，資奏是非，擇善者推而成之，終不顯己之德。持論從容，未嘗言人所短。」（《昭明文選》李善注〈序下〉卷四十六）

孫曉

　　曉別傳曰：「曉大著文章多亡失，今之存者不能十分之一。」（《三國志》裴松之注〈魏書〉卷十四）

備註：《札記》：「裴注引曉別傳曰：『曉大著文，多亡失，今之存者不能十分之一。』案如此言，則本文士，故其文峻利允當若是矣。」魏吳皆有校事，爲皇帝或執政耳目，刺探臣民言行。曹操初置校事，至曹丕爲帝，權任益重，上察宮廟，下攝眾官，校事盧洪、趙達等常以憎愛擅作威福。參閱俞正燮《癸巳存稿》卷七《校事考》。

徐延年

　　徐延年別傳曰：「道士姓徐，名延年。仙人以新黃羅衣衣之。」（《太平御覽》卷八一六）

徐稚

　　徐稚亡。海內群英，論其清風高致，乃比夷齊，或參許由。夏侯豫章追美名德，立亭於稚墓首，號曰思賢亭。（《古小說鉤沈》〈小說〉）

備註：出《稚別傳》、《續談助》四

徐邈

　　徐邈別傳曰：「邈，字仙民，舉世諮承，傳爲定範。舊疑歲神在卯，此宅之左即彼宅之右地，何得俱忌？邈以爲太歲之屬，自是遊神，譬如日出之時，向東皆逆，非爲定體。」（《太平御覽》卷一八〇）

備註：事亦見《太平御覽》卷五〇六所錄〈徐邈別傳〉

　　徐邈別傳曰：「君諱邈，字仙民，東莞人。岐嶷、朗慧、聰悟，七歲涉學，詩賦成章。」（《太平御覽》卷三八五）

桓玄

　　桓玄別傳曰：「玄字敬道，譙國龍亢人，大司馬溫少子也。幼童中，溫甚愛之，臨終命以爲嗣。年七歲，襲封南郡公，拜太子洗馬、義興太守，不得志，少時去職歸其國。與荊州刺史殷仲堪素書，情好甚隆。」（《世說新語》劉孝標注〈德行〉第一）

玄別傳曰：「玄克荊州，殺殷道護及仲堪參軍羅企生、鮑季接仲堪所親信也。(《世說新語》劉孝標注〈德行〉第一)

玄別傳曰：「玄初拜太子洗馬，時朝廷以溫有不臣之跡，故抑玄爲素官。」(《世說新語》劉孝標注〈任誕〉第二十三)

玄別傳曰：「玄既克殷仲堪，殺楊佺期，遣使諷朝廷。朝廷以玄都督八州，領江州，荊州刺史。」(《世說新語》劉孝標注〈文學〉第四)

桓石秀

桓石秀別傳曰：「石秀爲竟陵太守，遷江州刺史，非其志也。治稱不煩在州郡，弋釣山澤，縱心遊覽而已。善馳射，望之若畫。」(《太平御覽》卷二五五)

桓任

桓任別傳曰：「任子亡，愍念之。爲作象，著屏風，置座邊。」(《太平御覽》卷七○一)

桓沖

桓沖別傳曰：「沖字幼子，玄叔，溫弟也，累遷車騎將軍，都督七州諸軍事。」(《世說新語》劉孝標注〈夙惠〉第十二)

桓邵

桓邵別傳曰：「邵字敬倫，丞相之第五子。清貴簡素，風姿甚美，而善治容儀。雖家人近習，莫見其怠惰之貌。溫見而稱之曰：『可謂鳳雛。』」(《太平御覽》卷三八九〈人事部三十〉〈容止〉)

桓階

桓階別傳曰：「上已平荊州，引爲主簿，每有深謀疑事，嘗與君籌之。或日昃忘時，或夜坐徹旦。擢爲趙郡太守，會郡寮送之，上曰：『北邊未清，以卿威能震敵，德懷遠人，故用相煩，是亦寇恂河內之舉。』」(《太平御覽》卷二六二)

桓溫

溫別傳曰：「初，朝廷以蜀處險遠，而溫眾寡少，懸軍深入，甚以憂懼，而溫直指成都、李勢面縛。」(《世說新語》劉孝標注〈識鑒〉第七)

桓溫別傳曰：「興寧元年，以溫剋復舊京，肅靜華夏，進都督中外諸軍事、侍中、大司馬，加黃鉞，使人參朝政。」(《世說新語》劉孝標注〈品藻〉第九)

桓溫別傳曰：「溫，字元子，譙國龍亢人，漢五更桓榮後也。父彝，有〈識鑒〉。溫少有豪邁風氣，爲溫嶠所知，累遷琅邪內史，進征西大將軍，鎮西夏。時逆胡未誅，餘燼假息。溫親勒郡卒，建旗致討，清蕩伊、洛，展敬園陵。薨，諡宣武侯。」

（《世說新語》劉孝標注〈言語〉第二）

溫別傳曰：「溫有豪邁風氣也。」（《世說新語》劉孝標注〈方正〉第五）

溫別傳曰：「溫以太和四年上疏，自征鮮卑。」（《世說新語》劉孝標注〈文學〉第四）

桓範

桓氏家傳云：「範爲兗州刺史。表謝曰：『喜於復見選擢，慚於不堪所職，悲於戀慕闕廷。三者交集，不知所裁。』」（《太平御覽》卷一五五）

桓彝

桓彝別傳曰：「彝，字茂倫。明帝世，彝與當時英彥名德庾亮、溫嶠、羊曼等，共集青谿池上，郭璞預焉。乃援筆屬詩，以白四賢，並自序。」（《太平御覽》卷六十七）

桓彝別傳曰：「彝字茂倫，譙國龍亢人，漢五更桓榮十世孫也。父顥，有高名。彝少孤〈識鑒〉明朗。避亂渡江，累遷散騎。」（《世說新語》劉孝標注〈德行〉第一）

殷浩

浩別傳曰：「浩字淵源，陳郡長平人。祖識，濮陽相。父羨，光祿勳。浩，少有重名，仕至揚州刺史、中軍將軍。」中興書曰：「建元初，庾亮兄弟、何充等相尋薨，太宗以撫軍輔政，徵浩爲揚州，從民譽也。」（《世說新語》劉孝標注〈政事〉第三）

浩別傳曰：「浩善老易，能清言。」（《世說新語》劉孝標注〈文學〉第四）

浮圖澄

浮圖澄別傳曰：「石虎時，自正月不雨。澄詣滏口祠，稽首曝露，即日二白龍降於祠下，於是雨遍千里也。」（《太平御覽》卷六十四）

祖約

祖約別傳曰：「約字士少，范陽遒人。累遷平西將軍、豫州刺史，鎮壽陽，與蘇峻反。峻敗，約投石勒。約本幽州冠族，賓客填門。勒登高望見車騎大驚，又使占奪鄉里先人田地，地主多恨，勒惡之，遂誅約。」（《世說新語》劉孝標注〈雅量〉第六）

荀彧

【一】彧別傳載太祖表曰：「臣聞慮爲功首，謀爲賞本，野績不越廟堂，戰多不踰國勳。是故典阜之錫，不後營丘，蕭何之土，先於平陽。珍策重計，古今所尚。侍中守尚書令彧，積德累行，少長無悔，遭世紛擾，懷忠念治。臣自始舉義兵，周游征

伐，與彧戮力同心，左右王略，發言授策，無施不效。彧之功業，臣由以濟，用披浮雲，顯光日月。陛下幸許，彧左右機近，忠恪祗順，如履薄冰，研精極銳，以撫庶事。天下之定，彧之功也。宜享高爵，以彰元勳。」彧固辭無野戰之勞，不通太祖表。太祖與彧書曰：「與君共事已來，立朝廷，君之相爲匡弼，君之相爲舉人，君之相爲建計，君之相爲密謀，亦以多矣。夫功未必皆野戰也，願君勿讓。」彧乃受。

【二】彧別傳曰：太祖又表曰：「昔袁紹侵入郊甸，戰於官渡。時兵少糧盡，圖欲還許，書與彧議，彧不聽臣。建宜住之便，恢進討之規，更起臣心，易其愚慮，遂摧大逆，覆取其眾。此彧睹勝敗之機，略不世出也。及紹破敗，臣糧亦盡，以爲河北未易圖也，欲南討劉表。彧復止臣，陳其得失，臣用反旆，遂呑凶族，克平四州。向使臣退於官渡，紹必鼓行而前，有傾覆之形，無克捷之勢。後若南征，委棄兗、豫，利既難要，將失本據。彧之二策，以亡爲存，以禍致福，謀殊功異，臣所不及也。是以先帝貴指縱之功，薄搏獲之賞；古人尙帷幄之規，下攻拔之捷。前所賞錄，未副彧巍巍之勳，乞重平議，疇其戶邑。」彧深辭讓，太祖報之曰：「君之策謀，非但所表二事。前後謙沖，欲慕魯連先生乎？此聖人達節者所不貴也。昔介子推有言『竊人之財，猶謂之盜』。況君密謀安眾，光顯於孤者以百數乎！以二事相還而復辭之，何取謙亮之多邪！」太祖欲表彧爲三公，彧使荀攸深讓，至于十數，太祖乃止。

【三】彧別傳曰：彧自爲尙書令，常以書陳事，臨薨，皆焚毀之，故奇策密謀不得盡聞也。是時征役草創，制度多所興復，彧嘗言于太祖曰：「昔舜分命禹、稷、契、皋陶以揆庶績，教化征伐，並時而用。及高祖之初，金革方殷，猶舉民能善教訓者，叔孫通習禮儀於戎旅之閒，世祖有投戈講藝、息馬論道之事，君子無終食之閒違仁。今公外定武功，內興〈文學〉，使干戈戢睦，大道流行，國難方弭，六禮俱治，此姬旦宰周之所以速平也。既立德立功，而又兼立言，誠仲尼述作之意；顯制度於當時，揚名於後世，豈不盛哉！若須武事畢而後制作，以稽治化，於事未敏。宜集天下大才通儒，考論六經，刊定傳記，存古今之學，除其煩重，以一聖眞，並隆禮學，漸敦教化，則王道兩濟。」彧從容與太祖論治道，如此之類甚眾，太祖常嘉納之。彧〈德行〉周備，非正道不用心，名重天下，莫不以爲儀表，海內英雋咸宗焉。司馬宣王常稱：「書傳遠事，吾自耳目所從聞見，逮百數十年間，賢才未有及荀令君者也。」前後所舉者，命世大才，邦邑則荀攸、鍾繇、陳群，海內則司馬宣王，及引致當世知名郗慮、華歆、王朗、荀悅、杜襲、辛毗、趙儼之儔，終爲卿相，以十數人。取士不以一揆，戲志才、郭嘉等有負俗之譏，杜畿簡傲少文，皆以智策舉之，終各顯名。荀攸後爲魏尙書令，亦推賢進士。太祖曰：「二荀令之論人，久而

益信，吾沒世不忘。」鍾繇以爲顏子既沒，能備九德，不貳其過，唯荀或然。或問繇曰：「君雅重荀君，比之顏子，自以不及，可得聞乎？」曰：「夫明君師臣，其次友之。以太祖之聰明，每有大事，常先諮之荀君，是則古師友之義也。吾等受命而行，猶或不盡，相去顧不遠邪！」（《三國志》裴松之注〈魏書〉卷十）

荀氏家傳曰：「荀或〈德行〉周備，名重天下，海內英俊咸嘉焉。」（《太平御覽》卷四○三）

荀勖

荀勖別傳曰：「晉司徒闕，武帝問其人於勖。答曰：『三公具瞻所歸，不可用非其人。昔魏文帝用賈詡爲三公，孫權笑之。』」（《三國志》裴松之注〈魏書〉卷十）

荀粲

【一】粲別傳曰：「粲字奉倩，潁川潁陰人，太尉或少子粲諸兄儒術論議各知名。粲能言玄遠，常以子貢稱夫子之言性與天道，不可得而聞也，然則六籍雖存，故聖人之糠秕。言者不能屈。」

【二】粲別傳曰：「粲，太和初到京邑，與傅嘏談。善名理，而粲尚玄遠，宗致雖同，倉卒時，或格而不相得意。裴徽通彼我之懷，爲二家釋。頃之，粲與嘏善。」（《世說新語》劉孝標注〈文學〉第四）

荀粲別傳云：「粲到京邑，與傅嘏談，嘏善名理，粲尚玄遠。」（《世說新語》劉孝標注〈文學〉第四）

粲別傳曰：「粲常以婦人才智不足論，自宜以色爲至。驃騎將軍曹洪女有色，粲於是興焉，容服帷帳甚麗，專房燕婉歷年。後婦病亡，未殯，傅嘏往喭粲，粲不哭而神傷。嘏問曰：『婦人才色並茂爲難，子之聘也，遺才存色，非難遇也，何哀之甚？』粲曰：『佳人難再得，顧逝者不能有傾城之異，然未可易遇也。』痛悼不能已已，歲餘亦亡，亡時年二十九。粲簡貴不與常人交談，所交者一時俊傑。至葬夕，赴期者裁十餘人，悉同年相知名士也，哭之感慟路人。粲雖偏隘，以燕婉自喪，然有識猶追惜其能言。」（《世說新語》〈惑溺〉第三十五）

袁宏、山濤

袁宏山濤別傳曰：「陳留阮籍、譙國嵇康，並高才遠識，少有陪其契者。濤初不識一，與相遇，便爲神交。」（《太平御覽》卷四○九）

馬明生

馬明生別傳曰：「明生隨神女入石室，金床玉几，時自彈琴，有弦五音普，奏聞於數里。」（《太平御覽》卷五七七）

馬明生別傳曰：「先生隨神士還代，見安期先生語神女曰：『昔與女郎遊于安息，憶此未久，已二千年矣。鳳臺無還駕，簫管有遺聲。』」（《昭明文選》李善注〈詩戊〉卷二十八）

馬明生別傳曰：「安期生仙人見神女，設廚膳。安期曰：『昔與女郎游息於西海之際，食棗異美。此間棗小，不及之。憶此棗味久，已二千年矣。』神女云：『吾昔與君共食一枚，乃不盡。此間小棗。那可相比耶。』」（《藝文類聚》卷八十六〈百穀部〉〈棗〉）

馬鈞

馬鈞別傳曰：「鈞，字德衡，扶風人。巧思絕世，不自知其為巧也。」（《太平御覽》卷七五二）

馬融

馬融歷二縣兩郡，政務無為，事從其約。在武都七年，在南郡四年，未嘗按論刑殺一人。性好音樂，善鼓琴吹笛，笛聲一發，感得蜻蜒出吟，有如相和。（《古小說鉤沈》〈小說〉）

備註：出《融別傳》、《續談助》四、《廣記》二〇二。

馬融別傳曰：「馬融為儒，教養諸生，常有千數。善鼓琴、好吹笛，達生任性，不拘儒者之節。居宇器服，多存侈飾。常坐高堂，施絳紗帳。前授生徒，後列女樂。弟子以次相傳，鮮有入其室者。」（《藝文類聚》卷六十九〈服飾部上〉〈帳〉）

備註：事亦見《太平御覽》卷六九九所錄〈馬融別傳〉

高座

高座別傳曰：「和尚，胡名尸黎密，西域人。傳云：『國王子，以國讓弟，遂為沙門。永嘉中，始到此土，止於大市中。和尚天姿高朗，風韻遒邁。丞相王公，一見奇之，以為吾之徒也。周僕射領選，撫其背而嘆曰：『若選得此賢，令人無恨。』俄而周侯遇害，和尚對其靈坐，作胡咒數千言，音聲高暢，既而揮涕收淚。其哀樂廢興皆此類。性高簡，不學晉語，諸公與之言，皆因傳譯，然神領意得，頓在言前。』塔寺記曰：『尸密黎，冢曰高座，在石子晉元帝於冢邊立寺，因名『高座』。』」（《世說新語》劉孝標注〈言語〉第二）

郗超

郗超別傳曰：「超精於理義，沙門支道林以為一時之俊。」（《世說新語》劉孝標注〈言語〉第二）

郗愔

郗愔別傳曰：「愔字方回，高平金鄉人，太宰鑒長子也。淵端純素，無執無競，簡暱交遊。歷會稽內史、侍中、司徒。」（《世說新語》劉孝標注〈品藻〉第九）

郗曇

郗曇別傳曰：「曇字重熙，鑒少子。性韻方質，和正沈簡。累遷丹陽尹、北中郎將，徐兗二州刺史。」（《世說新語》劉孝標注〈賢媛〉第十九）

郗鑒

郗鑒別傳曰：「鑒字道徽，高平金鄉人，漢御史大夫郗慮後也。少有體正，耽思經籍，以儒雅著名。永嘉末，天下大亂，飢饉相望，冠帶天下，皆割己之資供鑒。元皇徵為領軍，遷司空太尉。」（《世說新語》劉孝標注）

庾珉

庾珉別傳曰：「珉，字子居，位列侍中。劉曜作亂，京都傾覆，珉時直在省，謂僚佐曰：『吾必死此屋內。』既天子蒙塵，珉與許遐等侍從，曜設會，使帝行酒，珉至帝前，乃慨然流涕。曜曰：『此動人心。』即時欲害。」（《太平御覽》卷四一八）

庾異行

庾異行別傳曰：「君妻樂氏，生子澤。初，君與妻捃而產於澤，遂以命之。」（《太平御覽》卷八一四）

庾翼

翼別傳曰：「翼為荊州，雅有大志，每以門地威重，兄弟寵授，不陳力竭誠，何以報國，雖蜀阻險塞，胡負凶力，然皆無道酷虐，易可乘滅，當此時不能掃除二寇，以復王業，非丈夫也。於是徵役二州，悉其帑實，成眾五萬，兼率荒附，治戎大舉，直指魏、趙，軍次襄陽，耀威漢北也。」（《世說新語》劉孝標注）

庾翼別傳曰：「翼，字稚恭，潁川鄢陵人也。少有大度，時論以經略許之。兄太尉亮薨，朝議推才，乃以翼都督七州，進徵南將軍、荊州刺史。」（《世說新語》劉孝標注）

張華

張華別傳曰：「陳壽好學，善著述，論著作佐郎。當時夏侯湛等多欲作〈魏書〉，見壽所作，即壞己書。」（《太平御覽》卷二三四）

張華別傳曰：「大駕西征鍾會，至長安。華兼〈中書侍郎〉，從行，掌軍事中書疏表檄。文帝善之。」（《藝文類聚》卷五十八〈雜文部〉四〈書〉）

曹志

志別傳曰：「志字允恭，好學有才行。晉武帝爲中撫軍，迎常道鄉公于鄴，志夜與帝相見，帝與語，從暮至旦，甚器之。及受禪，改封鄷城公。發詔以志爲樂平太守，歷章武、趙郡，遷散騎常侍、國子博士，後轉博士祭酒。及齊王攸當之藩，下禮官議崇錫之典，志嘆曰：『安有如此之才，如此之親，而不得樹本助化，而遠出海隅者乎？』乃建議以諫，辭旨甚切。帝大怒，免志官。後復爲散騎常侍。志遭母憂，居喪盡哀，因得疾病，喜怒失常，太康九年卒，諡曰定公。」（《三國志》裴松之注〈魏書〉卷十九）

曹操

曹瞞傳云：「買，尙兄子。未詳。」（《三國志》裴松之注〈魏書〉卷六）

曹瞞傳云：「自京師遭董卓之亂，人民流移東出，多依彭城閒。遇太祖至，坑殺男女數萬口於泗水，水爲不流。陶謙帥其軍武原，太祖不得進。引軍從泗南攻取慮、睢陵、夏丘諸縣，皆屠之；雞犬亦盡，墟邑無復行人。」（《三國志》裴松之注〈魏書〉卷十）

曹瞞傳曰：「時人語曰：『人中有呂布，馬中有赤兔。』」（《三國志》裴松之注〈魏書〉卷七）

【一】曹瞞傳曰：「太祖一名吉利，小字阿瞞。王沈〈魏書〉曰：其先出於黃帝。當高陽世，陸終之子曰安，是爲曹姓。周武王克殷，存先世之後，封曹俠於邾。春秋之世，與於盟會，逮至戰國，爲楚所滅。子孫分流，或家於沛。漢高祖之起，曹參以功封平陽侯，世襲爵土，絕而復紹，至今適嗣國於容城。」

【二】曹瞞傳云：太祖少好飛鷹走狗，游蕩無度，其叔父數言之於嵩。太祖患之，後逢叔父於路，乃陽敗面喎口；叔父怪而問其故，太祖曰：「卒中惡風。」叔父以告嵩。嵩驚愕，呼太祖，太祖口貌如故。嵩問曰：「叔父言汝中風，已差乎？」太祖曰：「初不中風，但失愛於叔父，故見罔耳。」嵩乃疑焉。自後叔父有所告，嵩終不復信，太祖於是益得肆意矣。

【三】曹瞞傳曰：太祖初入尉廨，繕治四門。造五色棒，縣門左右各十餘枚，有犯禁，不避豪彊，皆棒殺之。後數月，靈帝愛幸小黃門蹇碩叔父夜行，即殺之。京師斂迹，莫敢犯者。近習寵臣咸疾之，然不能傷，於是共稱薦之，故遷爲頓丘令。

【四】曹瞞傳曰：公聞攸來，跣出迎之，撫掌笑曰：「子遠，卿來，吾事濟矣！」既入坐，謂公曰：「袁氏軍盛，何以待之？今有幾糧乎？」公曰：「尙可支一歲。」攸曰：「無是，更言之！」又曰：「可支半歲。」攸曰：「足下不欲破袁氏邪，何言之不實也！」公曰：「向言戲之耳。其實可一月，爲之奈何？」攸曰：「公孤軍獨守，外無救援而糧穀已盡，此危急之日也。今袁氏輜重有萬餘乘，在故市、烏巢，屯軍

無嚴備；今以輕兵襲之，不意而至，燔其積聚，不過三日，袁氏自敗也。」公大喜，乃選精銳步騎，皆用袁軍旗幟，銜枚縛馬口，夜從間道出，人抱束薪，所歷道有問者，語之曰：「袁公恐曹操鈔略後軍，遣兵以益備。」聞者信以為然，皆自若。既至，圍屯，大放火，營中驚亂。大破之，盡燔其糧穀寶貨，斬督將眭元進、騎督韓莒子、呂威璜、趙叡等首，割得將軍淳于仲簡鼻，未死，殺士卒千餘人，皆取鼻，牛馬割唇舌，以示紹軍。將士皆怛懼。時有夜得仲簡，將以詣麾下，公謂曰：「何為如是？」仲簡曰：「勝負自天，何用為問乎！」公意欲不殺。許攸曰：「明旦鑒于鏡，此益不忘人。」乃殺之。

【五】曹瞞傳曰：遣候者數部前後參之，皆曰「定從西道，已在邯鄲」。公大喜，會諸將曰：「孤已得冀州，諸君知之乎？」皆曰：「不知。」公曰：「諸君方見不久也。」

【六】曹瞞傳曰：時寒且旱，二百里無復水，軍又乏食，殺馬數千匹以為糧，鑿地入三十餘丈乃得水。既還，科問前諫者，莫知其故，人人皆懼。公皆厚賞之，曰：「孤前行，乘危以徼倖，雖得之，天所佐也，故不可以為常。諸君之諫，萬安之計，是以相賞，後勿難言之。」

【七】曹瞞傳曰：公將過河，前隊適渡，超等奄至，公猶坐胡床不起。張郃等見事急，共引公入船。河水急，比渡，流四五里，超等騎追射之，矢下如雨。諸將見軍敗，不知公所在，皆惶懼，至見，乃悲喜，或流涕。公乃笑曰：「今日幾為小賊所困乎！」

【八】曹瞞傳曰：時公軍每渡渭，輒為超騎所衝突，營不得立，地又多沙，不可築壘。婁子伯說公曰：「今天寒，可起沙為城，以水灌之，可一夜而成。」公從之，乃多作縑囊以運水，夜渡兵作城，比明，城立，由是公軍盡得渡渭。或疑于時九月，水未應凍。臣松之按〈魏書〉：公軍八月至潼關，閏月北渡河，則其年閏八月也，至此容可大寒邪！

【九】曹瞞傳曰：公遣華歆勒兵入宮收后，后閉戶匿壁中。歆壞戶發壁，牽后出。帝時與御史大夫郗慮坐，后被髮徒跣過，執帝手曰：「不能復相活邪？」帝曰：「我亦不自知命在何時也。」帝謂慮曰：「郗公，天下寧有是邪！」遂將后殺之，完及宗族死者數百人。
備註：事亦見《太平御覽》卷一三七所錄〈曹瞞別傳〉

【十】曹瞞傳曰：為尚書右丞司馬建公所舉。及公為王，召建公到鄴，與歡飲，謂建公曰：「孤今日可復作尉否？」建公曰：「昔舉大王時，適可作尉耳。」王大笑。建公名防，司馬宣王之父。臣松之案司馬彪序傳，建公不為右丞，疑此不然，而王隱晉書云趙王篡位，欲尊祖為帝，博士馬平議稱京兆府君昔舉魏武帝為北部尉，賊

不犯界，如此則爲有徵。

【十一】曹瞞傳曰：是時南陽閒苦繇役，音於是執太守東里袞，與吏民共反，與關羽連和。南陽功曹宗子卿往說音曰：「足下順民心，舉大事，遠近莫不望風；然執郡將，逆而無益，何不遣之。吾與子共戮力，比曹公軍來，關羽兵亦至矣。」音從之，即釋遣太守。子卿因夜踰城亡出，遂與太守收餘民圍音，會曹仁軍至，共滅之。

【十二】曹瞞傳曰：王更脩治北部尉廨，令過于舊。

【十三】曹瞞傳曰：太祖爲人佻易無威重，好音樂，倡優在側，常以日達夕。被服輕綃，身自佩小鞶囊，以盛手巾細物，時或冠帢帽以見賓客。每與人談論，戲弄言誦，盡無所隱，及歡悅大笑，至以頭沒杯案中，看膳皆沾汙巾幘，其輕易如此。然持法峻刻，諸將有計畫勝出己者，隨以法誅之，及故人舊怨，亦皆無餘。其所刑殺，輒對之垂涕嗟痛之，終無所活。初，袁忠爲沛相，嘗欲以法治太祖，沛國桓邵亦輕之，及在兗州，陳留邊讓言議頗侵太祖，太祖殺讓，族其家，忠、邵俱避難交州，太祖遣使就太守士燮盡族之。桓邵得出首，拜謝於庭中，太祖謂曰：「跪可解死邪！」遂殺之。常出軍，行經麥中，令「士卒無敗麥，犯者死」。騎士皆下馬，付麥以相持，於是太祖馬騰入麥中，賴主簿議罪；主簿對以春秋之義，罰不加於尊。太祖曰：「制法而自犯之，何以帥下？然孤爲軍帥，不可自殺，請自刑。」因援劍割髮以置地。又有幸姬常從晝寢，枕之臥，告之曰：「須臾覺我。」姬見太祖臥安，未即寤，及自覺，棒殺之。常討賊，廩穀不足，私謂主者曰：「如何？」主者對以「可以小斛以足之。」太祖曰：「善。」後軍中言太祖欺，太祖謂主者曰：「特當借君死以厭，不然事不解。」乃斬之，取首題徇曰：「行小斛，盜官穀，斬之軍門。」其酷虐變詐，皆此類也。（《三國志》裴松之注〈魏書〉卷一）
備註：曹操佩囊事亦見《太平御覽》卷七〇四所錄〈曹瞞別傳〉

曹操別傳曰：「武皇帝爲兗州，以畢諶爲別駕。兗州亂，張孟卓劫諶母弟。帝見諶曰：『孤綏撫失和，聞卿母弟爲張邈所執，人情不相遠，卿可去，孤自遣，不爲相棄。』諶涕泣曰：『當以死自效。』帝亦垂涕答之。諶明日便走。後破下邳，得諶，還以爲掾。」（《太平御覽》卷二六三）

曹瞞傳曰：「時人語曰：『人中有呂布，馬中有赤菟。』」（《後漢書集解》卷七十五〈列傳〉）

曹瞞傳曰：「公聞許攸來，跣出迎之。攸勸公襲瓊等，公大喜，乃選精銳步騎，皆執袁軍旗幟，銜枚縛馬口，夜從閒道出，人把束薪。所歷道問者，語之曰：『袁公恐曹操鈔掠後軍，還兵以益備。』問者信以爲然。既至，圍屯，大放火，營中驚亂，大破之，盡燔其糧穀寶貨，斬督將睢元進等，割得將軍淳于仲簡鼻，殺士

卒千餘人，皆取鼻，牛馬割唇舌，以示紹軍。將士皆惶懼。」（《後漢書集解》卷七十四上〈列傳〉）

備註：〈魏書〉注引曹瞞傳，「還兵」作「遣兵」。

　　曹瞞傳曰：「時婁子伯說操曰：『今天寒，可起沙爲城，以水灌之，可一夜而成。』公從之，比明城立。超、遂數挑戰不利，操縱虎騎夾擊，大破之，超、遂走涼州。」（《後漢書集解》卷九〈本紀〉）

　　曹瞞傳曰：「太祖嘗行，過麥中，令士卒無敗麥，犯者死。騎士皆下馬，持麥以相付。時太祖馬騰入麥中，太祖曰：『制法而自犯之，何以帥下？然孤爲軍帥，不可殺，請自刑。』因援劍割髮置地。」（《太平御覽》卷三七三）

　　曹瞞別傳曰：「沛國桓邵，亦輕太祖。邵避難交州，得出，首拜謝於庭中。太祖曰：『跪可解死耶？』遂殺之。」（《太平御覽》卷五四二）

　　曹瞞傳曰：「操小字阿瞞，少好譎詐，游牧無度。」

　　曹瞞傳曰：「操在軍，廩穀不足，私語主者曰：『何如』？主者曰：『可以小斛足之。』操曰：『善。』後軍中言操欺眾，操題其主者背以徇曰：『行小斛，盜軍穀。』遂斬之，仍云：『特當借汝死，以厭眾心。』其變詐皆此類也。」（《世說新語》劉孝標注〈假譎〉第二十七）

梁冀

　　梁冀別傳曰：「太倉令奉宮出入冀妻壽所，語言飲食，獨往獨來，屏去御者。壽姊夫宗忻不知書，因壽氣力起家。」（《太平御覽》卷二三二）

　　梁冀別傳曰：「子嗣，爲河南尹。嗣一名胡狗，時年十六，容貌甚陋，不勝冠帶。道路見者，莫不嗤笑焉。」（《太平御覽》卷三八二）

　　梁冀別傳曰：「冀作狐尾單衣，上短下長。」（《太平御覽》卷六九一）

　　梁冀別傳曰：「元嘉二年，又加冀禮儀。大將軍朝，到端門若龍門，謁者將引。增掾屬、舍人、令史、官騎、〈鼓吹〉各十人。」（《後漢書集解》卷二十四〈志〉）

　　梁冀別傳曰：「常侍徐璜白言：『臣切見道術家常言，漢死在戌亥。今太歲在丙戌，五月甲戌，日蝕柳宿。朱雀，漢家之貴國，宿分周地，今京師是也。史官上占，去重見輕。』璜召太史陳援詰問，乃以實對。冀怨援不爲隱諱，使人陰求其短，發擿上聞。上以亡失候儀不肅，有司奏收殺獄中。」（《後漢書集解》卷十八〈志〉）

　　梁冀別傳曰：「冀之專政，天爲見異，眾災並湊，蝗蟲滋生，河水逆流，五星失次，太白經天，人民疾疫，出入六年，羌戎叛戾，盜賊略平，皆冀所致。」（《後漢書集解》卷十五〈志〉）

梁冀別傳云：「元嘉二年，又加冀禮儀。大將軍朝，到端門，謁者將引。增掾屬、舍人、令史、官騎、〈鼓吹〉各十人。」（《通典》卷二十九〈職官〉十一）

第五元

【一】元別傳云：「季長後戚嫚於待士，元不得見仕左右，自起精廬。」

備註：按：鄭玄本傳中有「師事京兆第五元」。

【二】別傳云：「時涿郡盧子幹爲門人冠首，。」

【三】別傳云：「紹一見元，嘆曰：『吾本謂鄭君東州名儒，今乃是天下長者。夫以布衣雄世，斯豈徒然哉！』及去，餞之城東，必欲元醉，會者三百餘人，皆離席奉觴，自旦及暮，度元飲三百餘杯，而溫克之容，終日無怠。」

【四】元別傳云：「康成以永建二年七月戊寅生，年八九歲能下算乘除。」

【五】元別傳云：「時益恩年二十三。」（本傳：玄惟有一子益恩。）

【六】別傳云：「北海有元儒林講堂。」（《後漢書集解》卷三十五〈列傳〉）

許劭

汝南中正周裴表稱許劭：「高□遺風，與郭林宗、李元禮、盧子干、陳仲弓齊名，劭特有知人之鑒。自漢中葉以來，其狀人取士，援引扶持，進導招致，則有郭林宗。若其看形色，目童齓、斷冤滯、摘虛名，誠未有如許劭之懿也。嘗以簡別清濁爲務，有一士失其所，便謂投之橫污；雖負薪抱關之類，吐一善言，未曾不有尋究欣然。兄子政常抵掌擊節，自以爲不及遠矣。許幼時謝子微便云：『此賢當持汝南管籥。』樊子昭□□之子，年十五六，爲縣小吏，劭一見便云：『汝南第三士也，此可保之。』後果有令名。（《古小說鉤沈》〈小說〉）

備註：出《劭別傳》、《續談助》四

許肅

許肅別傳曰：「肅爲愍帝侍中，左衛將軍麴武將與肅齊心拒守，而外救已退，城遂陷沒。逼愍帝送於平陽，肅後，冒難侍左右。」（《太平御覽》卷四一八）

許逴

許逴別傳云：「薊子訓齊人漢武內傳云：『薊遼，字子訓，齊國臨淄人。李少君之邑人也。少仕州郡，舉孝廉、除郎中，又從軍敗駙馬都尉，晚乃從少君學治病作醫法。』」

備註：又見《太平御覽》卷三七三。（《後漢書集解》卷八十二下）

許遜

許遜別傳曰：「遜年七歲，無父，躬耕負薪以養母，盡孝敬之道。」（《太平御覽》

卷四二四）

許邁

許邁別傳曰：「延陵之茅山，是洞庭西門，潛通五岳。」（《太平御覽》卷四十一）

許邁別傳曰：「邁好養生，遣妻歸家，東遊採藥。於桐廬山欲斷穀，以山近人，不得專一，移入臨安，自以無復返期，乃改名遠遊，書與婦別。」（《太平御覽》卷四八九）

許邁別傳曰：「邁有道術。燒香皆五色煙山。後莫知所在。」（《藝文類聚》卷八十〈火部〉〈煙〉）

郭太

郭太別傳曰：「鄉人見太，皆於床下拜。」（《太平御覽》卷五四二）

郭文舉

郭文舉別傳曰：「文舉，河內人也。懷帝未濟江，至餘杭市賣箭箬，易鹽米。以樹皮作囊，得米鹽以內囊中。」（《太平御覽》卷七○四）

郭文舉先生別傳：「先生每遊山林，輒旬月忘歸，隱華陰之崖，以觀石室之石函焉。」（《北堂書鈔》卷一六○）

郭林宗

郭林宗別傳曰：「郭泰，字林宗。入穎川，則友李元禮；至陳留，則結符偉明；之外黃，則親韓子助；過蒲亭，則師仇季智也。」（《太平御覽》卷四○九）

備註：文亦見《太平御覽》卷四四四所錄〈郭林宗別傳〉

郭林宗別傳曰：「鉅鹿孟敏字叔達，敦樸質直，客居太原，雜處凡俗，未有所名。嘗至市買甑，荷儋墮地壞之，徑去不顧。適遇林宗，見而異之，因問曰：『壞甑可惜，何以不顧？』客曰：『甑既已破，視之何益？』林宗賞其介決，因以知其德性，謂必美士，勸令讀書，遊學十年遂知名，三府並辟不就，東夏以爲美賢。」（《世說新語》劉孝標注〈黜免〉第二十八）

郭林宗別傳曰：「林宗常行陳梁之間。遇雨，故其巾一角霑而折。二國學士著巾，莫不折其角。云作林宗巾，其見儀則如此。」（《藝文類聚》卷六十七〈衣冠部〉〈巾帽〉）

郭林宗別傳曰：「林宗遊洛陽，始見河南尹李膺。膺大奇之，遂相友善。於是名震京師。後歸鄉里，〈衣冠〉諸儒，送至河上，車數千兩。林宗唯與李膺同舟而濟，眾賓望之，以爲神仙焉。」（《藝文類聚》卷七十一〈舟車部〉〈舟〉）

備註：事亦見《太平御覽》卷三八○所錄〈郭林宗別傳〉

泰別傳曰：「泰字林宗，有人倫鑒識，題品海內之士，或在幼童，或在里肆，後皆成英彥六十餘人。自著一卷，論取士之本末，行遭亂，亡失。」（《世說新語》劉孝標注〈政事〉第三）

泰別傳曰：「泰名顯，士爭歸之，載刺常盈車。」（《後漢書集解》卷六十八〈列傳〉）

備註：按：集解引惠棟說，謂郭泰別傳「戚」作「咸」。

郭泰別傳曰：「時林宗過薛恭祖，恭祖問曰：『聞足不見袁奉高，車不停軌，鑾不輟軛，從叔度乃彌信宿也？』」（《後漢書集解》卷五十三〈列傳〉）

郭璞

璞別傳曰：「璞奇博多通，文藻粲麗，才學賞豫，足參上流。其詩賦誄頌，並傳於世，而訥於世，造次詠語，常人無異。又不持儀檢，形質頹索，縱情嫚惰，時有醉飽之失。友人于令升戒之曰：『此伐性之斧也。』璞曰：『吾所受有分，恒恐用不盡，豈酒色之能害。』王敦取爲參軍，敦縱兵都輦，乃謀以大事。璞極言成敗，不爲回屈，敦忌而害之。」詩，璞幽思篇者。（《世說新語》劉孝標注〈文學〉第四）

郭璞別傳：「璞奇博多通，文藻粲麗，其詩賦誄頌，並傳於世。」

璞別傳云：「文藻粲麗，詩賦誄頌，並傳於世。」

郭璞別傳曰：「璞奇博多通，文藻粲麗，才學賞豫，足參上流。」（《世說新語》劉孝標注〈文學〉第四）

璞別傳：「文藻粲麗，詩賦誄頌，並傳於世。」（《世說新語》劉孝標注〈文學〉第四）

郭翻

郭翻別傳曰：「翻經河，墜刀於水。路人有爲取者，翻因與之。路人不取，至於三四，路人固辭。翻曰：『爾向不取，我豈能復得乎？』路人曰：『吾若取此物，爲天地鬼神所責矣。』知其終不受，乃沉刀於向所失處，路人悵然，乃復沒爲取之。翻於是不逆其意，十倍刀價與之。」（《太平御覽》卷四二四）

陳武

陳武別傳曰：「武，胡人，育於臨水令陳君。君奇之，起議欲易其故字。武長跪自啓曰：『里語有之：『都亭鼠，數聞長者語。』今當易字，寔有私心。嘗聞長卿慕藺相如之行，故字相如。往在鄉里，久聞故老之說，稱漢使蘇武，執忠守志，不服單于，流放漠北，擁節牧羊。寄秋雁以訴心，因行雲而託誠。高山仰止，意竊慕之。』

陳氏嘉其志，遂名之曰武。」（《太平御覽》卷三六三）

陳逵

陳逵別傳曰：「逵字林道，潁川許昌人。祖淮，太尉。父畛，〈光祿大夫〉。逵少有才幹，以清敏立名，襲封廣陵公、黃門郎、西中郎將，領梁、淮南二郡太守。」（《世說新語》劉孝標注〈品藻〉第九）

陳寔

陳寔別傳曰：「寔字仲弓，潁川許人也。為郡功曹時，中常侍侯覽託太守高倫用吏，倫教署〈文學〉掾。寔知非其人，乃懷檄請見，乞從外署，倫從之，於是鄉論怪其非舉。倫後被徵為尚書，郡中士大夫送至傳舍，倫語眾人曰：『吾前為侯常侍用吏，此各由故人。畏憚強禦，陳君可謂善則稱君，惡則稱己者也。』聞者方嘆息。」（《太平御覽》卷二六四）

陳寔別傳曰：「寔字仲躬，潁川人。自為兒童，不為戲弄等類所歸。寔在鄉閭，平心率物，其有諍訟，輒求判正，曉譬曲直，返無怨者。至乃嘆曰：『寧為刑罰所加，不為陳君所斷。』時歲荒民儉，有盜夜入其室，止於梁上，寔陰見之，乃起自整拂，呼命子孫，正色訓之曰：『夫人不可不自勉，不善之人，未必本惡，習與性成，遂至於此。如梁上君子矣。』盜大驚，自投於地，稽首歸罪。」（《太平御覽》卷四〇三）

陳寔別傳曰：「寔卒，蔡邕為立碑刻銘。然寔為太丘宰，故曰一城也。況乎甄陶周召，孕育伊顏？周公、召公、伊尹、顏回也。」（《昭明文選》李善注〈表下〉卷三十八）

陸玩

玩別傳曰：「是時王導、郗鑒、庾亮相繼薨殂，朝野憂懼，以玩德望，乃拜司空。玩辭不獲，乃嘆息謂朋友曰：『以我為三公，是天下無人矣！』時人以為知言。」（《世說新語》劉孝標注〈規箴〉第十）

陸玩別傳曰：「玩字士瑤，吳郡吳人。祖瑁、父英，仕郡有譽。玩器量淹雅，累遷侍中、尚書左僕射、尚書令，贈太尉。（《世說新語》劉孝標注〈政事〉第三）

陸雲

陸雲別傳曰：「雲字士龍，吾大司馬抗之第五子，機同母之弟也。儒雅有俊才，容貌偉，口敏能談，博聞彊記。善著述，六歲便能賦詩，時人以為項託、楊烏之疇也。年十八，刺史周俊命為主簿。俊常歎曰：『陸士龍當今之顏淵也。』累遷太子舍人、清河內史。為成都王所害。」（《世說新語》劉孝標注〈賞譽〉第八）

陸機、陸雲

機雲別傳曰：「晉太康末，俱入洛，造司空張華，華一見而奇之，曰：『伐吳之役，利在獲二俊。』遂爲之延譽，薦之諸公。太傅楊駿辟機爲祭酒，轉太子洗馬、尚書著作郎。雲爲吳王郎中令，出宰浚儀，甚有惠政，吏民懷之，生爲立祠。後並歷顯位。機天才綺練，文藻之美，獨冠於時。雲亦善屬文，清新不及機，而口辯持論過之。于時朝廷多故，機、雲並自結於成都王穎。穎用機爲平原相，雲清河內史。尋轉雲右司馬，甚見委仗。無幾而與長沙王搆隙，遂舉兵攻洛，以機行後將軍，督王粹、牽秀等諸軍二十萬，士龍著〈南征賦〉以美其事。機吳人，羈旅單宦，頓居群士之右，多不厭服。機屢戰失利，死散過半。初，宦人孟玖，穎所嬖幸，乘寵豫權，雲數言其短，穎不能納，玖又從而毀之。是役也，玖弟超亦領眾配機，不奉軍令。機繩之以法，超宣言曰陸機將反。及牽秀等譖機於穎，以爲持兩端，玖又搆之於內，穎信之，遣收機，并收雲及弟耽，並伏法。機兄弟既江南之秀，亦著名諸夏，並以無罪夷滅，天下痛惜之。機文章爲世所重，雲所著亦傳於世。初，抗之克步闡也，誅及嬰孩，識道者尤之曰：『後世必受其殃！』及機之誅，三族無遺，孫惠與朱誕書曰：『馬援擇君，凡人所聞，不意三陸相攜暴朝，殺身傷名，可爲悼歎。』」（《三國志》裴松之注〈吳書〉卷五十八）

備註：事亦并在《晉書》。

陸機陸雲別傳曰：「雲亦善屬文，清新不及機，而口辯持論過之。」（《昭明文選》李善注〈表下〉卷三十八）

陸績

陸績別傳曰：「績字公紀，郡人也。太守王朗命爲功曹，風化肅穆，郡內大治。」（《太平御覽》卷二六四）

陶侃

陶侃別傳曰：「外國獻甎甎，公舉之曰：『我還國，當與牙共眠。』牙名悛之，字處靜，是公庶孫，小而被知，以爲後嗣。」（《太平御覽》卷七〇八）

陶侃別傳曰：「庾翼薨，表其子爰之代爲荊州。何充曰：『陶公重勳也，臨終高遊散騎，未有超卓若此之授。』乃以徐州刺史桓溫爲安西將軍、荊州刺史。」（《世說新語》劉孝標注〈識鑒〉第七）

侃別傳曰：「母湛氏賢明有法訓。侃在武昌與佐史從容飲燕，常有飲限，或勸猶可少進，侃棲然良久曰：『昔年少曾有酒失，二親見約，故不敢踰限。』及侃丁母憂在墓下，忽二客來弔，不哭而退，儀服鮮異，知非常人，遣隨視之，但見雙鶴沖天而去。」（《世說新語》劉孝標注〈賢媛〉第十九）

傅宣

傅宣別傳曰：「宣，字世和。北地泥陽人。年十三而著河橋賦，有文義。」（《太平御覽》卷三八五）

傅巽

傅巽別傳曰：「衛臻領舉傅巽爲冀州刺史。文帝曰：『巽，吾腹心臣也。不妨與其籌筹帷幄之中，決勝千里之外。不可授以遠任。』」（《太平御覽》卷三二二）

傅嘏

傅嘏別傳曰：「嘏，字昭先。年八歲喪母，號泣不絕聲，自然之哀，同於成人。年十四始學，疑不再問。三年中，誦五經，皆究其義，群言無不綜覽。」（《太平御覽》卷三八五）

嵇康

康別傳云：「孫登謂康曰：君性烈而才俊儁，其能免乎！」（《三國志》裴松之注〈魏書〉卷二十一）

康別傳云：孫登謂康曰：「君性烈而才儁，其能免乎？」稱康臨終之言曰：「袁孝尼嘗從吾學廣陵散，吾每固之不與。廣陵散於今絕矣！」與盛所記不同。又晉陽秋云：康見孫登，登對之長嘯，踰時不言。康辭還，曰：「先生竟無言乎？」登曰：「惜哉！」此二書皆孫盛所述，而自爲殊異如此。康集目錄曰：「登字公和，不知何許人，無家屬，於汲縣北山土窟中得之。夏則編草爲裳，多則被髮自覆。好讀易鼓琴，見者皆親樂之。每所止家，輒給其衣服食飲，得無辭讓。」（《三國志》裴松之注〈魏書〉卷二十一）

孫月峰曰：「《別傳》稱叔夜偉容色，不加飾麗，而龍章鳳姿，文質自然，今此文亦復似之。」（《文心雕龍注》〈書記〉第二十五）

【一】康別傳曰：「康性含垢藏瑕，愛惡不爭於懷，喜怒不寄於顏。所知王濬沖（戎）在襄城，面數百，未嘗見其疾聲朱顏。此亦方中之美範，人倫之勝業也。」

【二】康別錄云：「孫登謂康曰：『君性烈而才儁，其能免乎？』」然則登曾見其喜慍矣。故康臨終時作自責詩曰：「欲寡其過，謗議沸騰；性不傷物，頻致怨憎；昔慚柳下，今愧孫登。」（《世說新語》劉孝標注〈德行〉第一）

康別傳曰：「山巨源爲吏部郎，遷散騎常侍，舉康。辭之，並與山絕，豈不識山之不以一官遇己情邪？亦欲標不屈之節以杜舉者之口耳。乃答濤書，自說不堪流俗而非薄湯武。大將軍聞而惡之。」（《世說新語》劉孝標注〈棲逸〉第十八）

康別傳曰：「康長七尺八寸，偉容色，土木形骸，不加飾厲而龍章鳳姿，天質自

然，正爾在群形之中便自知非常之器。」(《世說新語》劉孝標注〈容止〉第十四)

嵇康別傳曰：康美音氣，好容色，龍章鳳姿，天質自然。(《昭明文選》李善注〈詩乙〉卷二十一)

康別傳，臨終曰：「袁尼嘗從吾學廣陵散，吾每靳固之，不與，廣陵散於今絕矣！就死，命也。曹嘉之晉紀曰：康刑於東市，顧日影，援琴而彈。余逝將西邁，經其舊廬。言昔逝將西邁，今返經其舊廬。」(《昭明文選》李善注〈賦辛〉卷十六)

華他

華他別傳曰：「甘陵相夫人有胎六月，腹痛十餘日，大極，請他視脈。他曰：『有兩胎，一已死。』便手摹其胎。在左，男也；在右，女也。右死。即為湯，下之便愈。」(《太平御覽》卷三六○)

華他別傳曰：「佗嘗語吳普：『人體欲得勞動，但不當自使極爾。體常動搖，穀氣得消，血脈流通，疾則不生。卿見戶樞，雖用易腐之木，朝暮開閉動搖，遂最晚朽。是以古之仙者，赤松彭祖之為導引，蓋取於此也。』」(《藝文類聚》卷七十五〈方術部〉〈養生〉)

華佗

【一】佗別傳曰：「有人病兩腳蹙不能行，輿詣佗，佗望見云：『已飽針灸服藥矣，不復須看脈。』便使解衣，點背數十處，相去或一寸，或五寸，縱邪不相當。言灸此各十壯，灸創愈即行。後灸處夾脊一寸，上下行端直均調，如引繩也。」

【二】佗別傳曰：「人有在青龍中見山陽太守廣陵劉景宗，景宗說中平日數見華佗，其治病，手脈之候，其驗若神。琅琊劉勳為河內太守，有女年幾二十，左腳膝裏上有瘡，癢而不痛。瘡愈數十日復發，如此七八年，迎佗使視，佗曰：『是易治之。當得稻糠黃色犬一頭，好馬二疋。』以繩繫犬頸，使走馬牽犬，馬極輒易，計馬走三十餘里，犬不能行，復令步人拖曳，計向五十里。乃以藥飲女，女即安臥不知人。因取大刀斷犬腹近後腳之前，以所斷之處向瘡口，令去二三寸。停之須臾，有若蛇者從瘡中而出，便以鐵椎橫貫蛇頭。蛇在皮中動搖良久，須臾不動，乃牽出，長三尺所，純是蛇，但有眼處而無童子，又逆鱗耳。以膏散著瘡中，七日愈。又有人苦頭眩，頭不得舉，目不得視，積年。佗使悉解衣倒懸，令頭去地一二寸，濡布拭身體，令周帀，候視諸脈，盡出五色。佗令弟子數人以鈹刀決脈，五色血盡，視赤血，乃下，以膏摩被覆，汗自出周帀，飲以亭歷犬血散，立愈。又有婦人長病經年，世謂寒熱注病者。冬十一月中，佗令坐石槽中，平旦用寒水汲灌，云當滿百。始七八灌，會戰欲死，灌者懼，欲止。佗令滿數。將至八十灌，熱氣乃蒸出，囂囂高二三

尺。滿百灌，佗乃使然火溫床，厚覆，良久汗洽出，著粉，汗燥便愈。又有人病腹中半切痛，十餘日中，鬢眉墮落。佗曰：『是脾半腐，可刳腹養治也。』使飲藥令臥，破腹就視，脾果半腐壞。以刀斷之，刮去惡肉，以膏傅瘡，飲之以藥，百日平復。」

【三】佗別傳曰：「青黏者，一名地節，一名黃芝，主理五藏，益精氣。本出於迷入山者，見仙人服之，以告佗。佗以為佳，輒語阿，阿又祕之。近者人見阿之壽而氣力彊盛，怪之，遂責阿所服，因醉亂誤道之。法一施，人多服者，皆有大驗。」
（《三國志》裴松之注〈魏書〉卷二十九）

【一】佗別傳曰：「人有見山陽太守廣陵劉景宗，說數見華佗，見其療病平脈之候，其驗若神。琅邪劉勳為河內太守，有女年幾二十，左腳膝裏上有瘡，癢而不痛。創發數十日愈，愈已復發，如此七八年。迎佗使視，佗曰：『易療之。當得稻糠色犬一頭，好馬二匹。』以繩繫犬頸，使走馬牽犬。馬極輒易，計馬走犬三十餘里，犬不能行，復令步人拖曳，計向五十餘里。乃以藥飲女，女即安臥不知人。因取犬斷腹近後腳之前，所斷之處，向創口令去三二寸，停之須臾，有若蛇者從創中出，便以鐵錐橫貫蛇頭，蛇在皮中搖動良久，須臾不動，牽出，長三尺所，純是蛇，但有眼處而無童子，又逆鱗耳。以膏散著創中，七日愈。又有人苦頭眩，頭不得舉，目不得視，積年。佗使悉解衣倒懸，令頭去地一二寸，濡布拭身體，令周一巾，候視諸脈，盡出五色。佗令弟子數人以鈹刀決　五色血盡，視赤血出乃下，以膏摩，被覆，汗出周一巾，飲以亭歷犬血散，立愈。又有婦人長病經年，世謂寒熱注病者也。冬十一月中，佗令坐石槽中，旦用寒水汲灌，云當滿百。始七八灌，戰欲死，灌者懼，欲止，佗令滿數。至將八十灌，熱氣乃蒸出，囂囂高二三尺。滿百灌，佗乃然火溫床，厚覆良久，汗洽出著粉，汗參便愈。又有人病腹中半切痛，十餘日中，須眉墮落。佗曰：『是脾半腐，可刳腹養療也。』佗便飲藥令臥，破腹視，脾半腐壞。刮去惡肉，以膏傅創，飲之藥，百日平復也。」

【二】佗別傳曰：「有人病腳躄不能行，佗切脈，便使解衣，點背數十處，相去一寸或五寸，從邪不相當，言灸此各七壯，灸創愈即行也。後灸愈，灸處夾脊一寸上下，行端直均調如引繩也。」

【三】佗別傳曰：「吳普從佗學，微得其方。魏明帝呼之，使為禽戲，普以年老，手足不能相及，粗以其法語諸醫。普今年將九十，耳不聾，目不冥，牙齒完堅，飲食無損。」

【四】佗別傳曰：「青麥者，一名地節，一名黃芝，主理五藏，益精氣，本出於迷入山者，見仙人服之，以告佗。佗以為佳，語阿，阿又秘之。近者人見阿之壽，而氣力強盛，怪之，遂責所服食，因醉亂，誤道之。法一施，人多服者，皆有大驗。」

【五】佗別傳云：「佗以線爲書褒，褒中有祕要之方。」（《後漢書集解》卷八十二下〈列傳〉）

費禕

【一】禕別傳曰：「孫權每別酌好酒以飲禕，視其已醉，然後問以國事，並論當世之務，辭難累至。禕輒辭以醉，退而撰次所問，事事條答，無所遺失。」

備註：事亦見《太平御覽》卷四九七所錄〈費禕別傳〉

【二】禕別傳曰：「權乃以手中常所執寶刀贈之，禕答曰：『臣以不才，何以堪明命？然刀所以討不庭、禁暴亂者也，但願大王勉建功業，同獎漢室，臣雖闇弱，終不負來顧。』」

備註：事亦見《藝文類聚》卷六十及《太平御覽》卷四九七所錄〈費禕別傳〉

【三】禕別傳曰：「于時軍國多事，公務煩猥，禕識悟過人，每省讀〈書記〉，舉目暫視，已究其意旨，其速數倍於人，終亦不忘。常以朝晡聽事，其間接納賓客，飲食嬉戲，加之博弈，每盡人之歡，事亦不廢。董允代禕爲尚書令，欲學禕之所行，旬日之中，事多愆滯。允乃歎曰：『人才力相縣若此甚遠，此非吾之所及也。聽事終日，猶有不暇爾。』」

備註：事亦見《太平御覽》卷四三二所錄〈費禕別傳〉

【四】禕別傳曰：「禕雅性謙素，家不積財。兒子皆令布衣素食，出入不從車騎，無異凡人。」

【五】禕別傳曰：「恭爲尚書郎，顯名當世，早卒。」（《三國志》裴松之注〈蜀書〉卷四十四）

賀循

賀循別傳曰：「循字彥先，會稽山陰人。本姓慶，高祖純避漢帝諱，改爲賀氏。父劭，吳中書令，以忠正見害。循少嬰家禍，流放荒裔，吳平乃還，秉節高舉。元帝爲安東王，循爲吳國內史。」（《世說新語》劉孝標注〈規箴〉第十）

楊彪

楊彪別傳曰：「魏文帝令彪著布單衣，待以賓客之禮。」（《太平御覽》卷六九一）

葛仙公

葛仙公別傳曰：「公與客談語，時天大寒，仙公謂客曰：『居貧，不能人人得爐火，請作一大火，共致煖者。』仙公因吐氣，火赫然從口中出，須臾大滿屋，客皆熱脫衣矣。」（《藝文類聚》卷五〈歲時部下〉〈寒〉）

備註：事亦見《太平御覽》卷三十四所錄〈葛仙公別傳〉

葛仙翁

葛仙翁別傳曰：「仙公與客對食。客曰：『食畢，當請先作一奇戲。』食未竟，仙公曰：『諸君得無邑邑，欲見乎。』即吐口中飯，盡成飛蜂滿屋。或集客身，莫不震肅，但自不螫人耳。良久，仙公乃張口，見蜂皆飛還入口中，成飯食之。」（《藝文類聚》卷九十七〈鱗介部下〉〈蟲豸部〉〈蜂〉）

董卓

董卓別傳曰：「卓冶鑄候望璇機儀。」（《太平御覽》卷二）

卓別傳曰：「悉埋青城門外東都門內，而加書焉。又恐有盜取者，復以屍送郿藏之。」（《後漢書集解》〈列傳〉卷七十四上）

卓別傳曰：「發成帝陵，解金縷，探含璣焉。」（《後漢書集解》卷六〈志〉）

【一】卓別傳曰：「卓父君雅為潁川輪氏尉，生卓及弟旻，故卓字仲穎，旻字叔穎。」

【二】卓別傳曰：「卓孫年七歲，愛以為己子，為作小鎧冑，使騎駃騠馬與玉甲一具俱，出入以為麟駒鳳雛，至殺人之子如蚤虱耳。」

【三】卓別傳云：「長安酒肉，為之涌貴。」（《後漢書集解》卷七十二〈列傳〉）

虞翻

【一】翻別傳曰：「朗使翻見豫章太守華歆，圖起義兵。翻未至豫章，聞孫策向會稽，翻乃還。會遭父喪，以臣使有節，不敢過家，星行追朗至候官。朗遣翻還，然後奔喪。而傳云孫策之來，翻衰絰詣府門，勸朗避策，則為大異。」

【二】翻別傳曰：「權即尊號，翻因上書曰：『陛下膺明聖之德，體舜、禹之孝，歷運當期，順天濟物。奉承策命，臣獨扑舞。罪棄兩絕，拜賀無階，仰瞻宸極，且喜且悲。臣伏自刻省，命輕雀鼠，性輶毫釐，罪惡莫大，不容於誅，昊天罔極，全宥九載，退當念戮，頻受生活，復偷視息。臣年耳順，思咎憂憤，形容枯悴，髮白齒落，雖未能死，自悼終沒，不見宮闕百官之富，不睹皇輿金軒之飾，仰觀巍巍眾民之謠，傍聽鍾鼓侃然之樂，永隕海隅，棄骸絕域，不勝悲慕，逸豫大慶，悅以忘罪。』」

【三】翻別傳曰：「翻初立《易注》奏上曰：『臣聞六經之始，莫大陰陽，是以伏羲仰天懸象，而建八卦，觀變動六爻為六十四，以通神明，以類萬物。臣高祖父故零陵太守光，少治孟氏易，曾祖父故平輿令成，纘述其業，至臣祖父鳳為之最密。臣亡考故日南太守歆，受本於鳳，最有舊書，世傳其業，至臣五世。前人通講，多玩章句，雖有祕說，於經疏闊。臣生遇世亂，長於軍旅，習經於枹鼓之間，講論於戎馬之上，蒙先師之說，依經立注。又臣郡吏陳桃夢臣與道士相遇，放髮被鹿裘，

布易六爻，撓其三以飲臣，臣乞盡吞之。道士言易道在天，三爻足矣。豈臣受命，應當知經！所覽諸家解不離流俗，義有不當實，輒悉改定，以就其正。孔子曰：『乾元用九而天下治。』聖人南面，蓋取諸離，斯誠天子所宜協陰陽致麟鳳之道矣。謹正書副上，惟不罪戾。」翻又奏曰：『經之大者，莫過於易。自漢初以來，海內英才，其讀易者，解之率少。至孝靈之際，潁川荀諝號為知易，臣得其注，有愈俗儒，至所說西南得朋，東北喪朋，顛倒反逆，了不可知。孔子歎易曰：『知變化之道者，其知神之所為乎！』以美大衍四象之作，而上為章首，尤可怪笑。又南郡太守馬融，名有俊才，其所解釋，復不及諝。孔子曰『可與共學，未可與適道』，豈不其然！若乃北海鄭玄，南陽宋忠，雖各立注，忠小差玄而皆未得其門，難以示世。」又奏鄭玄解尚書違失事目：「臣聞周公制禮以辨上下，孔子曰『有君臣然後有上下，有上下然後禮義有所錯』，是故尊君卑臣，禮之大司也。伏見故徵士北海鄭玄所注尚書，以顧命康王執瑁，古『月』似『同』，從誤作『同』，既不覺定，復訓為杯，謂之酒杯；成王疾困憑几，洮　為濯，以為澣衣成事，『洮』字虛更作『濯』，以從其非；又古大篆『丱』字讀當為『柳』，古『柳』『丱』同字，而以為昧；『分北三苗』，『北』古『別』字，又訓北，言北猶別也。若此之類，誠可怪也。玉人職曰天子執瑁以朝諸侯，謂之酒杯；天子　面，謂之澣衣；古篆『丱』字，反以為昧。甚違不知蓋闕之義。於此數事，誤莫大焉，宜命學官定此三事。又馬融訓註亦以為同者大同天下，今經益『金』就作『銅』字，詁訓言天子副璽，雖皆不得，猶愈於玄。然此不定，臣沒之後，而奮乎百世，雖世有知者，懷謙莫或奏正。又玄所注五經，違義尤甚者百六十七事，不可不正。行乎學校，傳乎將來，臣竊恥之。」翻放棄南方，云「自恨疏節，骨體不媚，犯上獲罪，當長沒海隅，生無可與語，死以青蠅為弔客，使天下一人知己者，足以不恨。」以典籍自慰，依易設象，以占吉凶。又以宋氏解玄頗有繆錯，更為立法，并著明楊、釋宋以理其滯。臣松之案：翻云「古大篆『丱』字讀當言『柳』，古『柳』『丱』同字」，竊謂翻言為然。故『劉』「留」「聊」「柳」同用此字，以從聲故也，與日辰「卯」字字同音異。然漢書王莽傳論卯金刀，故以為日辰之「卯」，今未能詳正。然世多亂之，故翻所說云。（《三國志》裴松之注〈吳書〉卷五十七）

備註：事亦見《太平御覽》卷三九九所錄〈虞翻別傳〉

賈充

充別傳曰：「充父遠晚有子，故名曰充，字公閭，言後必有充閭之異。」（《世說新語》劉孝標注〈惑溺〉第三十五）

雷煥

雷煥別傳曰：「煥與張華見異氣起牛斗之間，煥曰：『此寶劍也。』拜煥豐城令，到縣掘屋基入四十餘尺，得一石函，中有雙劍，琢錯文采，翳而未明。」（《太平御覽》卷三十七）

管輅

【一】輅別傳曰：輅年八九歲，便喜仰視星辰，得人輒問其名，夜不肯寐。父母常禁之，猶不可止。自言「我年雖小，然眼中喜視天文。」常云：「家雞野鵠，猶尚知時，況於人乎？」與鄰比兒共戲土壤中，輒畫地作天文及日月星辰。每答言說事，語皆不常，宿學耆人不能折之，皆知其當有大異之才。及成人，果明周易，仰觀、風角、占、相之道，無不精微。體性寬大，多所含受；憎己不仇，愛己不褒，每欲以德報怨。常謂：「忠孝信義，人之根本，不可不厚；廉介細直，士之浮飾，不足為務也。」自言：「知我者稀，則我貴矣，安能斷江、漢之流，為激石之清？樂與季主論道，不欲與漁父同舟，此吾志也。」其事父母孝，篤兄弟，順愛上友，皆仁和發中，終無所闕。臧否之士，晚亦服焉。父為琅邪即丘長，時年十五，來至官舍讀書。始讀詩、論語及易本，便開淵布筆，辭義斐然。于時辭上有遠方及國內諸生四百餘人，皆服其才也。瑯邪太守單子春雅有材度，聞輅一髫之俊，欲得見，輅父即遣輅造之。大會賓客百餘人，坐上有能言之士，輅問子春：「府君名上，加有雄貴之姿，輅既年少，膽未堅剛，若欲相觀，懼失精神，請先飲三升清酒，然後言之。」子春大喜，便酌三升清酒，獨使飲之。酒盡之後，問子春：「今欲與輅為對者，若府君四坐之士邪？」子春曰：「吾欲自與卿旗鼓相當。」輅言：「始讀詩、論、易本，學問微淺，未能上引聖人之道，陳秦、漢之事，但欲論金木水火土鬼神之情耳。」子春言：「此最難者，而卿以為易邪？」於是唱大論之端，遂經於陰陽，文采葩流，枝葉橫生，少引聖籍，多發天然。子春及眾士互共攻劫，論難鋒起，而輅人人答對，言皆有餘。至日向暮，酒食不行。子春語眾人曰：「此年少盛有才器，聽其言論，正似司馬犬子游獵之賦，何其磊落雄壯，英神以茂，必能明天文地理變化之數，不徒有言也。」於是發聲徐州，號之神童。

備註：事亦見《太平御覽》卷三八五所錄〈管輅別傳〉

【二】輅別傳曰：利漕民郭恩，字義博，有才學，善周易、春秋，又能仰觀。輅就義博讀易，數十日中，意便開發，言難踰師。於此分蓍下卦，用思精妙，占辭上諸生疾病死亡貧富喪衰，初無差錯，莫不驚怪，謂之神人也。又從義博學仰觀，三十日中通夜不臥，語義博：「君但相語墟落處所耳，至於推運會，論災異，自當出吾天分。」學未一年，義博反從輅問易及天文事要。義博每聽輅語，未嘗不推几慷

慨。自言「登聞君至論之時，忘我篤疾，明闇之不相逮，何其遠也」！義博設主人，獨請輅，具告辛苦，自說：「兄弟三人俱得躄疾，不知何故？試相爲作卦，知其所由。若有咎殃者，天道赦人，當爲吾祈福於神明，勿有所愛。兄弟俱行，此爲更生。」輅便作卦，思之未詳。會日夕，因留宿，至中夜，語義博曰：「吾以此得之。」既言其事，義博悲涕沾衣，曰：「皇漢之末，實有斯事。君不名主，諱也。我不得言，禮也。兄弟躄來三十餘載，腳如棘子，不可復治，但願不及子孫耳。」輅言火形不絕，水形無餘，不及後也。

【三】輅別傳曰：鮑子春爲列人令，有明思才理，與輅相見，曰：「聞君爲劉奉林卜婦死亡日，何其詳妙，試爲論其意義。」輅論爻象之旨，說變化之義，若規圓矩方，無不合也。子春自言：「吾少好譚易，又喜分蓍，可謂盲者欲視白黑，聾者欲聽清濁，苦而無功也。聽君語後，自視體中，真爲憒憒者也。」

【四】輅別傳曰：基與輅共論易，數日中，大以爲喜樂，語輅言：「俱相聞善卜，定共清論。君一時異才，當上竹帛也。」輅爲基出卦，知其無咎，因謂基曰：「昔高宗之鼎，非雉所鴝，殷之階庭，非木所生，而野鳥一鴝，武丁爲高宗，桑穀暫生，太戊以興焉。知三事不爲吉祥，願府君安身養德，從容光大，勿以知神奸汙累天真。」

【五】輅別傳曰：王基即遣信都令遷掘其室中，入地八尺，果得二棺，一棺中有矛，一棺中有角弓及箭，箭久遠，木皆消爛，但有鐵及角完耳。及徙骸骨，去城一十里埋之，無復疾病。基曰：「吾少好讀易，玩之以久，不謂神明之數，其妙如此。」便從輅學易，推論天文。輅每開變化之象，演吉凶之兆，未嘗不纖微委曲，盡其精神。基曰：「始聞君言，如何可得，終以皆亂，此自天授，非人力也。」於是藏周易，絕思慮，不復學卜筮之事。輅鄉里乃太原問輅：「君往者爲王府君論怪，云老書佐爲蛇，老鈴下爲鳥，此本皆人，何化之微賤乎？爲見於爻象，出君意乎？」輅言：「苟非性與天道，何由背爻象而任胸心者乎？夫萬物之化，無有常形，人之變異，無有常體，或大爲小，或小爲大，固無優劣。夫萬物之化，一例之道也。是以夏鯀，天子之父，趙王如意，漢祖之子，而鯀爲黃熊，如意爲蒼狗，斯亦至尊之位而爲黔喙之類也。況蛇者協辰巳之位，烏者棲太陽之精，此乃騰黑之明象，白日之流景，如書佐、鈴下，各以微軀化爲蛇、烏，不亦過乎！」

【六】輅別傳曰：經欲使輅卜，而有疑難之言，輅笑而咎之曰：「君侯州里達人，何言之鄙！昔司馬季主有言，夫卜者必法天地，象四時，順仁義。伏羲作八卦，周文王三百八十四爻，而天下治。病者或以愈，且死或以生，患或以免，事或以成，嫁女娶妻或以生長，豈直數千錢哉？以此推之，急務也。苟道之明，聖賢不讓，況吾小人，敢以爲難！」彥緯斂手謝輅：「前言戲之耳。」於是輅爲作卦，其言皆驗。

經每論輅，以爲得龍雲之精，能養和通幽者，非徒合會之才也。

【七】輅別傳曰：義博從輅學鳥鳴之候，輅言君雖好道，天才既少，又不解音律，恐難爲師也。輅爲說八風之變，五音之數，以律呂爲眾鳥之商，六甲爲時日之端，反覆譴曲，出入無窮。義博靜然沈思，馳精數日，卒無所得。義博言：「才不出位，難以追徵於此。」遂止。

備註：景春戒輅　事亦見《太平御覽》卷三八〇及卷四八九所錄〈虞翻別傳〉

【八】輅別傳曰：勃海劉長仁有辯才，初雖聞輅能曉鳥鳴，後每見難輅曰：「夫生民之音曰言，鳥獸之聲曰鳴，故言者則有知之貴靈，鳴者則無知之賤名，何由以鳥鳴爲語，亂神明之所異也？孔子曰『吾不與鳥獸同群』，明其賤也。」輅答曰：「夫天雖有大象而不能言，故運星精於上，流神明於下，驗風雲以表異，役鳥獸以通靈。表異者必有浮沈之候，通靈者必有宮商之應，是以宋襄失德，六鶂並退，伯姬將焚，鳥唱其災，四國未火，融風已發，赤鳥夾日，殃在荊楚。此乃上天之所使，自然之明符。考之律呂則音聲有本，求之人事則吉凶不失。昔在秦祖，以功受封，葛盧聽音，著在春秋，斯皆典謨之實，非聖賢之虛名也。商之將興，由　燕卵也。文王受命，丹鳥銜書，此乃聖人之靈祥，周室之休祚，何賤之有乎？夫鳥鳴之聽，精在鶉火，妙在八神，自非斯倫，猶子路之於死生也。」長仁言：「君辭雖茂，華而不實，未敢之信。」須臾有鳴鵲之驗，長仁乃服。

【九】輅別傳曰：輅又曰：「夫風以時動，爻以象應，時者神之驅使，象者時之形表，一時其道，不足爲難。」土弘直小大學問，有道術，皆不能精。問輅：「風之推變，乃可爾乎？」輅言：「此但風之毛髮，何足爲異？若夫列宿不守，眾神亂行，八風橫起，怒氣電飛，山崩石飛，樹木摧傾，揚塵萬里，仰不見天，鳥獸藏竄，兆民駭驚，於是使梓愼之徒，登高臺，望風氣，分災異，刻期日，然後知神思遐幽，靈風可懼。」

【十】輅別傳曰：諸葛原字景春，亦學士。好卜筮，數與輅共射覆，不能窮之。景春與輅有榮辱之分，因輅餞之，大有高譚之客。諸人多聞其善卜、仰觀，不知其有大異之才，於是先與輅共論聖人著作之原，又敘五帝、三王受命之符。輅解景春微旨，遂開張戰地，示以不固，藏匿孤虛，以待來攻。景春奔北，軍師摧衂，自言吾睹卿旌旗，城池已壞也。其欲戰之士，於此鳴鼓角，舉雲梯，弓弩大起，牙旗雨集。然後登城曜威，開門受敵，上論五帝，如江如漢，下論三王，如翩如翰；其英者若春華之俱發，其攻者若秋風之落葉。聽者眩惑，不達其義，言者收聲，莫不心服，雖白起之坑趙卒，項羽之塞濰水，無以尚之。于時客皆欲面縛銜璧，求束手於軍鼓之下。輅猶總干山立，未便許之。至明日，離別之際，然後有腹心始終。一時

海內俊士，八九人矣。蔡元才在朋友中最有清才，在眾人中言：「本聞卿作狗，何意為龍？」輅言：「潛陽未變，非卿所知，為有狗耳，得聞龍聲乎！」景春言：「今當遠別，後會何期？且復共一射覆。」輅占既皆中。景春大笑，「卿為我論此卦意，紓我心懷」。輅為開爻散理，分賦形象，言徵辭合，妙不可述。景春及眾客莫不言聽後論之美，勝於射覆之樂。景春與輅別，戒以二事，言；「卿性樂酒，量雖溫克，然不可保，寧當節之。卿有水鏡之才，所見者妙，仰觀雖神，禍如膏火，不可不慎。持卿叡才，遊於雲漢之閒，不憂不富貴也。」輅言：「酒不可極，才不可盡，吾欲持酒以禮，持才以愚，何患之有也？」

【十一】輅別傳曰：輅又曰：「厚味臘毒，天精幽夕，坎為棺槨，兌為喪車。」

【十二】輅別傳曰：輅為華清河所召，為北黌〈文學〉，一時士友無不歎慕。安平趙孔曜，明敏有思識，與輅有管、鮑之分，故從發干來，就郡黌上與輅相見，言：「卿腹中汪汪，故時死人半，今生人無雙，當去俗騰飛，翺翔昊蒼，云何在此？聞卿消息，使吾食不甘味也。冀州裴使君才理清明，能釋玄虛，每論易及老、莊之道，未嘗不注精於嚴、瞿之徒也。又眷吾意重，能相明信者。今當故往，為卿陳感虎開石之誠。」輅言：「吾非四淵之龍，安能使白日晝陰？卿若能動東風，興朝雲，吾志所不讓也。」於是遂至冀州見裴使君。使君言：「君顏色何以消減故邪？」孔曜言：「體中無藥石之疾，然見清河郡內有一騏驥，拘縶後廄歷年，去王良、伯樂百八十里，不得騁天骨，起風塵，以此憔悴耳。」使君言：「騏驥今何在也？」孔曜言：「平原管輅字公明，年三十六，雅性寬大，與世無忌，可謂士雄。仰觀天文則能同妙甘公、石申，俯覽周易則能思齊季主，游步道術，開神無窮，可謂士英。抱荊山之璞，懷夜光之寶，而為清河郡所錄北黌〈文學〉，可為痛心疾首也。使君方欲流精九皋，垂神幽藪，欲令明主不獨治，逸才不久滯，高風遐被，莫不草靡，宜使輅特蒙陰和之應，得及羽儀之時，必能翼宣隆化，揚聲九圍也。」裴使君聞言，則慷慨曰：「何乃爾邪！雖在大州，未見異才可用釋人鬱悶者，思還京師，得共論道耳，況草間自有清妙之才乎？如此便相為取之，莫使騏驥更為凡馬，荊山反成凡石。」即檄召輅為〈文學〉從事。一相見，清論終日，不覺罷倦。天時大熱，移床在庭前樹下，乃至雞向晨，然後出。再相見，便轉為鉅鹿從事。三見，轉治中。四見，轉為別駕。至十月，舉為秀才。輅辭裴使君，使君言：「何、鄧二尚書，有經國才略，於物理無不精也。何尚書神明精微，言皆巧妙，巧妙之志，殆破秋毫，君當慎之！自言不解易九事，必當以相問。比至洛，宜善精其理也。」輅言：「何若巧妙，以攻難之才，游形之表，未入於神。夫入神者，當步天元，推陰陽，探玄虛，極幽明，然後覽道無窮，未暇細言。若欲差次老、莊而參爻、象，愛微辯而興浮藻，可謂射侯之巧，

非能破秋毫之妙也。若九事皆至義者，不足勞思也。若陰陽者，精之以久。輅去之後，歲朝當有時刑大風，風必摧破樹木。若發於乾者，必有天威，不足共清譚者。」

【十三】輅別傳曰：輅爲何晏所請，果共論易九事，九事皆明。晏曰：「君論陰陽，此世無雙。」時鄧颺與晏共坐，颺言：「君見謂善易，而語初不及易中辭義，何故也？」輅尋聲答之曰：「夫善易者不論易也。」晏含笑而讚之「可謂要言不煩也」。因請輅爲卦。輅既稱引鑒戒，晏謝之曰：「知幾其神乎，古人以爲難；交疏而吐其誠，今人以爲難。今君一面而盡二難之道，可謂明德惟馨。詩不云乎，『中心藏之，何日忘之』！」

【十四】輅別傳曰：舅夏大夫問輅：「前見何、鄧之曰，爲已有凶氣未也？」輅言：「與禍人共會，然後知神明交錯；與吉人相近，又知聖賢求精之妙。夫鄧之行步，則筋不束骨，脈不制肉，起立傾倚，若無手足，謂之鬼躁。何之視候，則魂不守宅，血不華色，精爽煙浮，容若槁木，謂之鬼幽。故鬼躁者爲風所收，鬼幽者爲火所燒，自然之符，不可以蔽也。」輅後因得休，裴使君問：「何平叔一代才名，其實何如？」輅曰：「其才若盆盎之水，所見者清，所不見者濁。神在廣博，志不務學，弗能成才。欲以盆盎之水，求一山之形，形不可得，則智由此惑。故說老、莊則巧而多華，說易生義則美而多僞；華則道浮，僞則神虛；得上才則淺而流絕，得中才則游精而獨出，輅以爲少功之才也。」裴使君曰：「誠如來論。吾數與平叔共說老、莊及易，常覺其辭妙於理，不能折之。又時人吸習，皆歸服之焉，益令不了。相見得清言，然後灼灼耳。」

【十五】輅別傳云：魏郡太守鍾毓，清逸有才，難輅易二十餘事，自以爲難之至精也。輅尋聲投響，言無留滯，分張爻象，義皆殊妙。毓即謝輅。輅卜知毓生日月，毓愕然曰：「聖人運神通化，連屬事物，何聰明乃爾！」輅言：「幽明同化，死生一道，悠悠太極，終而復始。文王損命，不以爲憂，仲尼曳杖，不以爲懼，緒煩著筮，宜盡其意。」毓曰：「生者好事，死者惡事，哀樂之分，吾所不能齊，且以付天，不以付君也。」石苞爲鄴典農，與輅相見，問曰：「聞君鄉里翟文耀能隱形，其事可信乎？」輅言：「此但陰陽蔽匿之數，苟得其數，則四嶽可藏，河海可逃。況以七尺之形，游變化之內，散雲霧以幽身，布金水以滅跡，術足數成，不足爲難。」苞曰：「欲聞其妙，君且善論其數也。」輅言：「夫物不精不爲神，數不妙不爲術，故精者神之所合，妙者智之所遇，合之幾微，可以性通，難以言論。是故魯班不能說其手，離朱不能說其目。非言之難，孔子曰『書不盡言』，言之細也，『言不盡意』，意之微也，斯皆神妙之謂也。請舉其大體以驗之。夫白日登天，運景萬里，無物不照，及其入地，一炭之光，不可得見。三五盈月，清耀燭夜，可以遠望，及其在晝，

明不如鏡。今逃日月者必陰陽之數，陰陽之數通於萬類，鳥獸猶化，況於人乎！夫得數者妙，得神者靈，非徒生者有驗，死亦有徵。是以杜伯乘火氣以流精，彭生託水變以立形。是故生者能出亦能入，死者能顯亦能幽，此物之精氣，化之游魂，人鬼相感，數使之然也。」苟曰：「目見陰陽之理，不過於君，君何以不隱？」輅曰：「夫陵虛之鳥，愛其清高，不願江、漢之魚；淵沼之魚，樂其濡淫，不易騰風之鳥：由性異而分不同也。僕自欲正身以明道，直己以親義，見數不以為異，知術不以為奇，夙夜研幾，孳孳溫故，而素隱行怪，未暇斯務也。」

【十六】輅別傳曰：故郡將劉邠字令元，清和有思理，好易而不能精。與輅相見，意甚喜歡，自說注易向訖也。輅言：「今明府欲勞不世之神，經緯大道，誠富美之秋。然輅以為注易之急，急於水火；水火之難，登時之驗，易之清濁，延于萬代，不可不先定其神而後垂明思也。自旦至今，聽采聖論，未有易之一分，易安可注也！輅不解古之聖人，何以處乾位於西北，坤位於西南。夫乾坤者天地之象，然天地至大，為神明君父，覆載萬物，生長無首，何以安處二位與六卦同列？乾之象象曰：『大哉乾元，萬物資始，乃統天。』夫統者，屬也，尊莫大焉，何由有別位也？」邠依易繫詞，諸為之理以為注，不得其要。輅尋聲下難，事皆窮析。曰：「夫乾坤者，易之祖宗，變化之根源，今明府論清濁者有疑，疑則無神，恐非注易之符也。」輅於此為論八卦之道及爻象之精，大論開廓，眾化相連。邠所解者，皆以為妙，所不解者，皆以為神。自說：「欲注易八年，用思勤苦，歷載靡寧，定相得至論，此才不及易，不愛久勞，喜承雅言，如此相為高枕偃息矣。」欲從輅學射覆，輅言：「今明府以虛神於注易，亦宜絕思於靈蓍。靈蓍者，二儀之明數，陰陽之幽契，施之於道則定天下吉凶，用之於術則收天下豪纖。纖微，未可以為易也。」邠曰：「以為術者易之近數，欲求其端耳。若如來論，何事於斯？」留輅五日，不遑恤官，但共清譚。邠自言：「數與何平叔論易及老、莊之道，至於精神遐流，與化周旋，清若金水，鬱若山林，非君侶也。」邠又曰：「此郡官舍，連有變怪，變怪多形，使人怖恐，君似當達此數者，其理何由也。」輅言：「此郡所以名平原者，本有原，山無木石，與地自然；含陰不能吐雲，含陽不能激風，陰陽雖弱，猶有微神；微神不真，多聚凶奸，以類相求，魖魖成群。或因漢末兵馬擾攘，軍屍流血，汙染丘嶽，彊魂相感，變化無常，故因昏夕之時，多有怪形也。昔夏禹文明，不怪於黃龍，周武信時，不惑於暴風，今明府道德高妙，神不懼妖，自天祐之，吉無不利，願安百祿以光休寵也。」邠曰：「聽雅論為近其理，每有變怪，輒聞鼓角聲音，或見弓劍形象。夫以土山之精，伯有之魂，實能合會，干犯明靈也。」邠問輅：「易言剛健篤實，輝光日新，斯為同不也？」輅曰：「不同之名，朝旦為輝，日中為光。」晉諸公贊曰：邠本名炎，犯晉

太子諱，改爲邔。位至太子僕。子粹，字純嘏，侍中。次宏，字終嘏，太常。次漢，字仲嘏，〈光祿大夫〉。漢清沖有貴識，名亞樂廣。宏子咸，徐州刺史。次耽，晉陵內史。耽子恢，字眞長，尹丹楊，爲中興名士也。

【十七】輅別傳曰：清河令徐季龍，字開明，有才機。與輅相見，共論龍動則景雲起，虎嘯則谷風至，以爲火星者龍，參星者虎，火出則雲應，參出則風到，此乃陰陽之感化，非龍虎之所致也。輅言：「夫論難當先審其本，然後求其理，理失則機謬，機謬則榮辱之士。若以參星爲虎，則谷風更爲寒霜之風，寒霜之風非東風之名。是以龍者陽精，以潛爲陰，幽靈上通，和氣感神，二物相扶，故能興雲。夫虎者，陰精而居於陽，依木長嘯，動於巽林，二氣相感，故能運風。若磁石之取鐵，不見其神而金自來，有徵應以相感也。況龍有潛飛之化，虎有文明之變，招雲召風，何足爲疑？」季龍言：「夫龍之在淵，不過一井之底，虎之悲嘯，不過百步之中，形氣淺弱，所通者近，何能剸景雲而馳東風？」輅言：「君不見陰陽燧在掌握之中，形不出手，乃上引太陽之火，下引太陰之水，噓吸之間，煙景以集。苟精氣相感，縣象應乎二燧；苟不相感，則二女同居，志不相得。自然之道，無有遠近，」季龍言：「世有軍事，則感雞雉先鳴，其道何由？復有他占，惟在雞雉而已？」輅言：「貴人有事，其應在天，在天則日月星辰也。兵動民憂，其應在物，在物則山林鳥獸也。夫雞者兌之畜，金者兵之精，雉者離之鳥，獸者武之神，故太白揚輝則雞鳴，熒惑流行則雉驚，各感數而動。又兵之神道，布在六甲，六甲推移，其占無常。是以晉樞牛呴，果有西軍，鴻嘉石鼓，鳴則有兵，不專近在於雞雉也。」季龍言：「魯昭公八年，有石言於晉，師曠以爲作事不時，怨讟動於民，則有非言之物而言，於理爲合不？」輅言：「晉平奢泰，崇飾宮室，斬伐林木，殘破金石，民力既盡，怨及山澤，神痛人感，二精並作，金石同氣，則兌爲口舌，口舌之妖，動于靈石。傳曰輕百姓，飾城郭，則金不從革，此之謂也。」季龍欽嘉，留輅經數日。輅占獵既驗，季龍曰：「君雖神妙，但不多藏物耳，何能皆得之？」輅言：「吾與天地參神，蓍龜通靈，抱日月而游杳冥，極變化而覽未然，況茲近物，能蔽聰明？」季龍大笑，「君既不謙，又念窮在近矣。」輅言：「君尚未識謙言，爲能論道？夫天地者則乾坤之卦，蓍龜者則卜筮之數，日月者離坎之象，變化者陰陽之爻，杳冥者神化之源，未然者則幽冥之先，此皆周易之紀綱，何僕之不謙？」季龍於是取十三種物，欲以窮之，輅射之皆中。季龍乃嘆曰：「作者之謂聖，述者之謂明，豈此之謂乎！」

【十八】輅別傳曰：輅與倪清河相見，既刻雨期，倪猶未信。輅曰：「夫造化之所以爲神，不疾而速，不行而至。十六日壬子，直滿，畢星中已有水氣，水氣之發，動於卯辰，此必至之應也。又天昨檄召五星，宣布星符，刺下東井，告命南箕，使

召雷公、電母、風伯、雨師，群嶽吐陰，眾川激精，雲漢垂澤，蛟龍含靈，朱電，吐咀杳冥，殷殷雷聲，噓吸雨靈，習習谷風，六合皆同，欻唾之間，品物流形。天有常期，道有自然，不足爲難也。」倪曰：「譚高信寡，相爲憂之。」於是便留輅，往請府丞及清河令。若夜雨者當爲啖二百斤犢肉，若不雨當住十日。輅曰：「言念費損！」至日向暮，了無雲氣，眾人並嗤輅。輅言：「樹上已有少女微風，樹間又有陰鳥和鳴。又少男風起，眾鳥和翔，其應至矣。」須臾，果有艮風鳴鳥。日未入，東南有山雲樓起。黃昏之後，雷聲動天。到鼓一中，星月皆沒，風雲並興，玄氣四合，大雨河傾。倪謂輅言：「誤中耳，不爲神也。」輅曰：「誤中與天期，不亦工乎！」

【十九】輅別傳曰：既有明才，遭朱陽之運，于時名勢赫奕，若火猛風疾。當塗之士，莫不枝附葉連。賓客如雲，無多少皆爲設食。賓無貴賤，候之以禮。京城紛紛，非徒歸其名勢而已，然亦懷其德焉。向不夭命，輅之榮華，非世所測也。弟辰嘗欲從輅學卜及仰觀事，輅言：「卿不可教耳。夫卜非至精不能見其數，非至妙不能睹其道，孝經、詩、論，足爲三公，無用知之也。」於是遂止。子弟無能傳其術者。辰敘曰：「夫晉、魏之士，見輅道術神妙，占候無錯，以爲有隱書及象甲之數。辰每觀輅書傳，惟有易林、風角及鳥鳴、仰觀星書三十餘卷，世所共有。然輅獨在少府官舍，無家人子弟隨之，其亡沒之際，好奇不哀喪者，盜輅書，惟餘易林、風角及鳥鳴書還耳。夫術數有百數十家，其書有數千卷，書不少也。然而世鮮名人，皆由無才，不由無書也。裴冀州、何、鄧二尚書及鄉里劉太常、潁川兄弟，以輅稟受天才，明陰陽之道，吉凶之情，一得其源，遂涉其流，亦不爲難，常歸服之。輅自言與此五君共語使人精神清發，昏不暇寐。自此以下，殆白日欲寢矣。又自言當世無所願，欲得與魯梓愼、鄭裨灶、晉卜偃、宋子韋、楚甘公、魏石申共登靈臺，披神圖，步三光，明災異，運蓍龜，決狐疑，無所復恨也。辰不以闇淺，得因孔懷之親，數與輅有所諮論。至於辨人物，析臧否，說近義，彈曲直，拙而不工也。若敷皇、羲之典，揚文、孔之辭，周流五曜，經緯三度，口滿聲溢，微言風集，若仰眺飛鴻，漂漂兮景沒，若俯臨深溪，杳杳兮精絕；偪以攻難，而失其端，欲受學求道，尋以迷昏，無不扼腕椎指，追響長歎也。昔京房雖善卜及風律之占，卒不免禍，而輅自知四十八當亡，可謂明哲相殊。又京房目見邁讒之黨，耳聽青蠅之聲，面諫不從，而猶道路紛紜。輅處魏、晉之際，藏智以朴，卷舒有時，妙不見求，愚不見遺，可謂知幾相邀也。京房上不量萬乘之主，下不避佞諂之徒，欲以天文、洪範，利國利身，困不能用，卒陷大刑，可謂枯龜之餘智，膏燭之末景，豈不哀哉！世人多以輅疇之京房，辰不敢許也。至於仰察星辰，俯定吉凶，遠期不失年歲，近期不失日月，辰以甘、石之妙不先也。射覆名物，見術流速，東方朔不過也。觀骨形而

審貴賤，覽形色而知生死，許負、唐舉不超也。若夫疏風氣而探微候，聽鳥鳴而識神機，亦一代之奇也。向使輅官達，為宰相大臣，膏腴流於明世，華曜列乎竹帛，使幽驗皆舉，祕言不遺，千載之後，有道者必信而貴之，無道者必疑而怪之；信者以妙過真，夫妙與神合者，得神無所惑也。恨輅才長命短，道貴時賤，親賢遐潛，不宣於良史，而為鄙弟所見追述，既自闇濁，又從來久遠，所載卜占事，雖不識本卦，裙拾殘餘，十得二焉。至於仰觀靈曜，說魏、晉興衰，及五運浮沉，兵革災異，十不收一。無源何以成河？無根何以垂榮？雖秋菊可探，不及春英，臨文慷慨，伏用哀慚。將來君子，幸以高明求其義焉。往孟荊州為列人典農，嘗問亡兄，昔東方朔射覆得何卦，正知守宮、蜥蜴二物者。亡兄於此為安卦生象，辭喻交錯，微義豪起，變化相推，會於辰巳，分別龍蛇，各使有理。言絕之後，孟荊州長歎息曰：『吾聞君論，精神騰躍，殆欲飛散，何其汪汪乃至於斯邪！』」（《三國志》裴松之注〈魏書〉卷二十九）

輅別傳曰：「輅字公明，平原人也。明周易，聲發徐州，冀州刺史裴徽舉秀才，謂曰：『何、鄧二尚書有經國才略，於物理不精也。何尚書神明清澈，殆破秋毫，君當慎之。自言不解易中九事，必當相問，比至洛，宜善精其理。』輅曰：『若九事比王義，不足勞思。若陰陽者，精之久矣。』輅至洛陽，果為何尚書問，九事皆明。何曰：『君論陰陽，此世無雙也。』時鄧尚書在，曰：『此君善易而語初不論易中辭義何耶？』輅答曰：『夫善易者，不論易也。』何尚書含笑贊之曰：『可謂要言不煩也。』因謂輅曰：『聞君非徒善論易，至於分蓍思爻，亦為神妙，試為作一卦，知位當至三公否？又頃夢青蟲尾數十來鼻頭上，驅之不去有何意故？』輅曰：『鴟，天下賤鳥也，及其在林，食其桑椹，則懷其好音。況輅心過草木，注情葵藿，敢不盡忠，唯察之爾。昔元凱之相重華，宣慈惠和，仁義之至也。周公之翼成王，坐以待旦，敬慎之至也。故能流光六合，萬國咸寧，然後據鼎足而登金鉉，調陰陽而濟兆民。此履道之休應，非卜筮之所明也。今君侯位重東岳，勢若雷霆，望雲赴景，萬里馳風，而懷德者少，畏威者眾，殆非小心翼翼，多福之士。又鼻者艮也，此天中之山，高而不危，所以長守貴也。今青蠅臭惡之物而集之焉。位峻者顛，輕豪者亡，必至之分也。夫變化雖相生，極則有害。虛滿雖相受，溢則有竭。聖人見陰陽之性，明存亡之理，損益以為衰，抑進以為退。故山在地中曰謙，雷在天上曰大壯。謙則衰多益寡，大壯則非禮不履。伏願君侯上尋文王六爻之旨，下思尼父象象之義，則三公可決，青蠅可驅。』鄧曰：『此老生之常談。』又曰：『夫老生者，見不生；常談者，見不談也。』」（《世說新語》劉孝標注〈規箴〉第十）

管輅別傳曰：「鼻者，天中之山。」（《世說新語》劉孝標注〈排調〉第二十五）

　　管輅別傳曰：「龍者陽精，以潛于陰，幽靈上通，和氣感神，二物相扶，故能興雲。虎者陰精，而居于陽，依木長嘯，動於異林，二數相感，故能運風。蟋蟀俟秋吟，蜉蝣出以陰。」（《昭明文選》李善注〈頌贊〉卷四十七）

　　管輅別傳：「輅言龍者陽精，以潛爲陰，幽靈上通，和氣感神，二物相扶，故能興雲。虎者陰精，而居于陽，依木長嘯，動於異林，二氣相感，故能運風。」（《論衡校釋》第三卷）

　　管輅別傳曰：「冀州刺史裴徽，召〈文學〉從事。一相見，清談終日，不覺罷倦。再相見，轉爲鉅鹿從事。三相見，轉爲治中。四相見，轉爲別駕。至前十日，舉爲秀才。」（《藝文類聚》卷五十五〈雜文部一〉〈談講〉）
備註：事亦見《太平御覽》卷二六三所錄〈管輅別傳〉

　　管輅別傳曰：「輅年十五，瑯琊太守單子春，雅有才度。欲見輅，輅造之。客百餘人，有能言之士。輅謂子春曰：『府君名士，加有雄貴之資，輅既年少，膽未堅剛，若欲相觀，懼失精神。請先飲酒三斗，然後而言。』子春大喜，酌三斗，獨使飲之。於是輅人人答對，言皆有餘。」（《藝文類聚》卷十七〈人部一〉〈膽〉）

管寧

　　管寧別傳曰：「寧身長八尺，龍顏秀眉。」（《太平御覽》卷三六三）

裴楷

　　裴楷別傳曰：「楷營新宅，基宇甚麗，當移住，與兄共遊行，床帳儼然，櫺軒疏朗，兄心甚願之，而口不言。楷心知其意，便使兄住。」（《藝文類聚》卷六十四〈居處部四〉〈宅舍〉）

裴頠

　　裴僕射，時人謂言談之林藪。（《古小說鉤沈》〈小說〉）
備註：出《頠別傳》、《續談助》四注云此卷闕晉江左人。

趙至

　　趙至別傳曰：「至，字景眞，代郡人，流客緱氏令新之官。至年十三，與母共道傍觀，母曰：『汝先世本非微賤家也。世亂流離，遂爲士伍。爾後能至此不至？』答曰：『可耳。』便求就師讀書。」（《太平御覽》卷三八五）

趙岐

　　趙岐別傳曰：「岐，字臺卿，年九十餘，建安六年卒。先字爲壽藏圖，季札、子產、晏嬰、叔向四像居賓位，又自像其像居主位，皆爲讚頌。敕其子曰：『我死之日，墓中聚沙爲床，布簟白衣，散髮其上，覆以單被，即日便下，下訖便掩。』」（《太平

《御覽》卷五五八）

趙雲

【一】雲別傳曰：「雲身長八尺，姿顏雄偉，爲本郡所舉，將義從吏兵詣公孫瓚。時袁紹稱冀州牧，瓚深憂州人之從紹也，善雲來附，嘲雲曰：『聞貴州人皆願袁氏，君何獨迴心，迷而能反乎？』雲答曰：『天下洶洶，未知孰是，民有倒懸之厄，鄙州論議，從仁政所在，不爲忽袁公私明將軍也。』遂與瓚征討。時先主亦依託瓚，每接納雲，雲得深自結託。雲以兄喪，辭瓚暫歸，先主知其不反，捉手而別，雲辭曰：『終不背德也。』先主就袁紹，雲見於鄴。先主與雲同床眠臥，密遣雲合募得數百人，皆稱劉左將軍部曲，紹不能知。遂隨先主至荊州。」

【二】雲別傳曰：「初，先主之敗，有人言雲已北去者，先主以手戟擿之曰：『子龍不棄我走也。』頃之，雲至。從平江南，以爲偏將軍，領桂陽太守，代趙範。範寡嫂曰樊氏，有國色，範欲以配雲。雲辭曰：『相與同姓，卿兄猶我兄。』固辭不許。時有人勸雲納之，雲曰：『範迫降耳，心未可測；天下女不少。』遂不取。範果逃走，雲無纖介。先是，與夏侯惇戰於博望，生獲夏侯蘭。蘭是雲鄉里人，少小相知，雲白先主活之，薦蘭明於法律，以爲軍正。雲不用自近，其愼慮類如此。先主入益州，雲領留營司馬。此時先主孫夫人以權妹驕豪，多將吳吏兵，縱橫不法。先主以雲嚴重，必能整齊，特任掌內事。權聞備西征，大遣舟船迎妹，而夫人內欲將後主還吳，雲與張飛勒兵截江，乃得後主還。」

【三】雲別傳曰：「益州既定，時議欲以成都中屋舍及城外園地桑田分賜諸將。雲駁之曰：『霍去病以匈奴未滅，無用家爲，令國賊非但匈奴，未可求安也。須天下都定，各反桑梓，歸耕本土，乃其宜耳。益州人民，初罹兵革，田宅皆可歸還，今安居復業，然後可役調，得其歡心。』先主即從之。夏侯淵敗，曹公爭漢中地，運米北山下，數千萬囊。黃忠以爲可取，雲兵隨忠取米。忠過期不還，雲將數十騎輕行出圍，迎視忠等。值曹公揚兵大出，雲爲公前鋒所擊，方戰，其大衆至，勢偪，遂前突其陳，且鬥且卻。公軍敗，已復合，雲陷敵，還趣圍。將張著被創，雲復馳馬還營迎著。公軍追至圍，此時沔陽長張翼在雲圍內，翼欲閉門拒守，而雲入營，更大開門，偃旗息鼓。公軍疑雲有伏兵，引去。雲雷鼓震天，惟以戎弩於後射公軍，公軍驚駭，自相蹂踐，墮漢水中死者甚多。先主明旦自來至雲營圍視昨戰處，曰：『子龍一身都是膽也。』作樂飲宴至暝，軍中號雲爲虎威將軍。孫權襲荊州，先主大怒，欲討權。雲諫曰：『國賊是曹操，非孫權也，且先滅魏，則吳自服。操身雖斃，子丕篡盜，當因眾心，早圖關中，居河、渭上流以討凶逆，關東義士必裹糧策馬以迎王師。不應置魏，先與吳戰；兵勢一交，不得卒解。』先主不聽，遂東征，留雲督江

州。先主失利於秭歸，雲進兵至永安，吳軍已退。」

【四】雲別傳曰：「亮曰：『街亭軍退，兵將不復相錄，箕谷軍退，兵將初不相失，何故？』芝答曰：『雲身自斷後，軍資什物，略無所棄，兵將無緣相失。』雲有軍資餘絹，亮使分賜將士，雲曰：『軍事無利，何爲有賜？其物請悉入赤岸府庫，須十月爲冬賜。』亮大善之。」

【五】雲別傳載後主詔曰：「雲昔從先帝，功積既著。朕以幼沖，涉塗艱難，賴恃忠順，濟於危險。夫諡所以敘元勳也，外議雲宜諡。」大將軍姜維等議，以爲雲昔從先帝，勞績既著，經營天下，遵奉法度，功效可書。當陽之役，義貫金石，忠以上，君念其賞，禮以厚下，臣忘其死。死者有知，足以不朽；生者感恩，足以殞身。謹按諡法，柔賢慈惠曰順，執事有班曰平，克定禍亂曰平，應諡雲曰順平侯。（《三國志》裴松之注〈蜀書〉卷三十六）

劉尹

劉尹別傳曰：「惔既令望，姻婭帝室，故屢居達官，然性不偶俗，心淡榮利，雖身登顯列，而每挹降，閑靜自守而已。」（《世說新語》劉孝標注〈賞譽〉第八）

備註：即劉惔

劉尹別傳曰：「惔，字眞長，沛國蕭人也，漢氏之後。眞長有雅裁，雖篳門陋巷，晏如也。歷司徒左長史、侍中、丹陽尹。爲政務鎭靜信誠，風塵不能移也。」（《世說新語》劉孝標注〈德行〉第一）

備註：即劉惔

劉向

劉向別傳曰：「蹴鞠者，傳言皇帝所作。或曰起戰國之時。」（《太平御覽》卷二九七）

劉向別傳曰：「楊信，字子烏，雄第二子，幼而明慧。」（《太平御覽》卷三八五）

劉向別傳曰：「待詔馮商作燈賦。」（《藝文類聚》卷八十〈火部〉〈燈〉）

備註：西漢

劉根

根別傳云：「根棄世學道，入中嶽嵩高山石室中，崢嶸上東南下五十丈北入，冬夏不衣，身毛皆長一二尺，顏狀如年十五時。」（《後漢書集解》卷八十二下）

劉惔

劉惔別傳曰：「惔有雋才，其談詠虛勝，理會所歸，王濛略同，而敘致過之，其詞當也。」（《世說新語》劉孝標注〈品藻〉第九）

劉廙

【一】廙別傳：載廙道路爲牋謝劉表曰：「考圿過蒙分遇榮授之顯，未有管、狐、桓、文之烈，孤德隕命，精誠不遂。兄望之見禮在昔，既無堂構昭前之績，中規不密，用墜禍辟。斯乃明神弗祐，天降之災。悔吝之負，哀號靡及。廙之愚淺，言行多違，懼有浸潤三至之間。考圿之愛已衰，望之之責猶存，必傷天慈既往之分，門戶殲滅，取笑明哲。是用进竄，永涉川路，即日到廬江尋陽。昔鍾儀有南音之操，椒舉有班荆之思，雖遠猶邇，敢忘前施？」

【二】廙別傳曰：「初，廙弟偉與諷善，廙戒之曰：『夫交友之美，在於得賢，不可不詳。而世之交者，不審擇人，務合黨眾，違先聖人交友之義，此非厚己輔仁之謂也。吾觀魏諷，不脩〈德行〉，而專以鳩合爲務，華而不實，此直攬世沽名者也。卿其愼之，勿復與通。』偉不從，故及於難。」

【三】廙別傳：載廙表論治道曰：「昔者周有亂臣十人，有婦人焉，九人而已，孔子稱『才難，不其然乎』！明賢者難得也。況亂弊之後，百姓凋盡，十之存者蓋亦無幾。股肱大職，及州郡督司，邊方重任，雖備其官，亦未得人也。此非選者之不用意，蓋才匱使之然耳。況於長吏以下，群職小任，能皆簡練備得其人也？其計莫如督之以法。不爾而數轉易，往來不已，送迎之煩，不可勝計。轉易之間，輒有姦巧，既於其事不省，而爲政者亦以其不得久安之故，知惠益不得成於己，而苟目之可免於患，皆將不念盡心於岬民，而夢想於聲譽，此非所以爲政之本意也。今之所以爲黜陟者，近頗以州郡之毀譽，聽往來之浮言耳。亦皆得其事實而課其能否也？長吏之所以爲佳者，奉法也，憂公也，岬民也。此三事者，或州郡有所不便，往來者有所不安。而長吏執之不已，於治雖得計，其聲譽未爲美；屈而從人，於治雖失計，其聲譽必集也。長吏皆知黜陟之在於此也，亦何能不去本而就末哉？以爲長吏皆宜使小久，足使自展。歲課之能，三年總計，乃加黜陟。課之皆當以事，不得依名。事者，皆以戶口率其墾田之多少，及盜賊發興，民之亡叛者，爲得負之計。如此行之，則無能之吏，脩名無益；有能之人，無名無損。法之一行，雖無部司之監，姦譽妄毀，可得而盡。」事上，太祖甚善之。

【四】廙別傳云：「時年四十二。」（《三國志》裴松之注〈魏書〉卷二十一）

樊英

樊英別傳曰：「英被髮，忽拔刀斫舍中。妻問故，曰：『郤生道遇鈔。』郤生還，云：『道遇賊，賴被髮老人相救得全。』」（《太平御覽》卷三七三）

樊英別傳曰：「英嘗病臥便室中，英妻遣婢拜問疾，英下床答拜。陳寔問英何答婢拜，英曰：『妻，齊也，共奉祭祀。禮，無往而不反。』」（《太平御覽》卷五四二）

樊英別傳曰:「漢順帝時,殿下鍾鳴,問英。」英對曰:「蜀嵋山崩。山於銅爲母,母崩子鳴,非聖朝災。」後蜀果上山崩,日月相應。二說微異,故並載之。(《世說新語》劉孝標注〈文學〉第四)

樊英別傳曰:「詔書告南陽太守曰:五官中郎將樊英,委榮辭祿,不降其節。今以英爲〈光祿大夫〉,賜歸家,所在縣穀千斛,常以八月,致牛一頭,酒三斛。」(《藝文類聚》卷四十九〈職官部五〉〈光祿大夫〉)

樊英別傳曰:「英隱於壺山,常有黑風從西方起。英謂學者曰:『成都市火甚盛。』因含水西向漱之,乃令記其日。後有從蜀來者,云是日大火,黑雲平旦從東起,須與大雨,火遂得滅。」(《藝文類聚》卷八十〈火部〉〈火〉)

潘尼

尼別傳曰:「尼少有清才,文辭溫雅。初應州辟,後以父老歸供養。居家十餘年,父終,晚乃出仕。尼嘗贈陸機詩,機答之,其四句曰:『猗歟潘生,世篤其藻,仰儀前文,丕隆祖考。』位終太常。尼從父岳,字安仁。」(《三國志》裴松之注〈魏書〉卷二十一)

潘京

潘京別傳曰:「陳耽初爲州主簿,司空何次道帢偏岸,嘲耽頓帢有所蔽也。應聲報曰:『耽頓以蔽有明,府岸以示無。』」(《太平御覽》卷六八八)

潘岳

岳別傳曰:「岳美姿容,夙以才穎發名。其所著述,清綺絕倫。爲〈黃門侍郎〉,爲孫秀所殺。尼、岳文翰,並見重於世。尼從子滔,字湯仲。」(《三國志》裴松之注〈魏書〉卷二十一)

岳別傳曰:「岳姿容甚美,風儀閑暢。」(《世說新語》劉孝標注〈容止〉第十四)

潘勗

潘勗別傳曰:「勗寬賢容眾,與天下人等,休戚同有,無不以家財爲己有。」(《太平御覽》卷四○三)

蔡邕

【一】邕別傳曰:「邕與李則遊學時,在弱冠始共讀左氏傳,性通敏兼人,舉一反三。」

【二】邕別傳曰:「邕昔作漢記十意,未及奏上,遭事流離,因上書自陳曰:『臣既到徙所,乘塞守烽,職在候望,憂怖焦灼,無心能復操筆成草,致章闕廷。誠知聖朝不責臣謝,但懷愚心有所不竟。臣自在布衣,常以爲漢書十志下盡王莽而止,

光武已來唯記紀傳，無續志者。臣所事師故太傅胡廣，知臣頗識其門戶，略以所有舊事與臣。雖未備悉，粗見首尾，積累思惟，二十餘年。不在其位，非外史庶人所得擅述。天誘其衷，得備著作郎，建言十志皆當撰錄。會臣被罪，逐放邊野，恐所懷隨軀朽腐，抱恨黃泉，遂不設施，謹先顛踣，科條諸志，臣欲刪定者一，所當接續者四，前志所無臣欲著者五，及經典群書宜捃摭，本奏詔書所當依據，分別首目，并書章左，惟陛下留神省察。臣謹因臨戎長霍圉封上。』有律曆意第一，禮意第二，樂意第三，郊祀意第四，天文意第五，車服意第六。」

【三】邕別傳云：「東國宗敬邕，不言名，咸稱蔡君。兗州陳留並圖畫邕形象而頌之曰：『文同三閭，孝齊參騫。』」（《後漢書集解》卷六十下〈列傳〉）

蔡琰

蔡琰別傳曰：「琰，字文姬，邕之女。年六歲，邕鼓琴，弦絕，琰曰：『第一弦。』邕故斷其一弦，問之，琰曰：『第二弦。』邕故斷一弦，琰曰：『第四弦。』」備註：文亦見《太平御覽》卷五七七所錄〈蔡琰別傳〉（《太平御覽》卷四三二）

盧文弨曰：「真書即隸書，今謂之楷書。晉書瓘傳：『子恆，善草隸書，為四體書勢云：「隸書者，篆之捷也。上谷王次仲始作楷法。」又曰：「漢興而有草書，不知作者姓名。」』案：真草之語，見魏武選舉令及蔡琰別傳。」（《顏氏家訓集解》卷七〈雜藝〉第十九）

蔡謨

蔡司徒別傳曰：「謨字道明，濟陽考城人。博學有識，避地江左，歷左光祿，錄尚書事，揚州刺史，薨，贈司空。」（《世說新語》劉孝標注〈方正〉第五）

衛玠

衛玠別傳：「玠字叔寶，陳留阮千里有令聞，當年太尉王君見而問曰：『老莊與聖教同異？』阮曰：『將無同。』太尉善其言而辟之為掾，世號曰：『三語掾』，君見而嘲之曰：『一日可辟，何假三？』阮曰：『苟是天下民望，可無言而辟，復何假於一言？』」（《太平御覽》卷二〇九）

玠別傳曰：「玠有虛令之秀，清勝之氣，在群伍之中，有異人之望。祖太保見玠五歲曰：『此兒神爽聰令，與眾大異，恐吾年老不及見爾。』」（《世說新語》劉孝標注〈識鑒〉第七）

【一】玠別傳曰：「玠少有名理，善通莊老，琅邪王平子高氣不群，邁世獨傲，每聞玠之語議，至于理會之間，要妙之際，輒絕倒於坐，前後三聞，為之三倒，時人遂曰：『衛君談道，平子三倒。』」

【二】玠別傳曰：「玠至武昌，見王敦，敦與之談論彌日信宿，敦顧謂僚屬曰：『昔王輔嗣吐金聲於中朝，此子今復玉振於江表，微言之緒絕而復續，不悟永嘉之中復聞正始之音，阿平若在，當復絕倒矣。』」（《世說新語》劉孝標注〈賞譽〉第八）

玠別傳曰：「玠，咸和中改遷於江寧。丞相王公教曰：『洗馬明當改葬，此君風流名士，海內民望，可脩三牲之祭，以敦就好。』」（《世說新語》劉孝標注〈傷逝〉第十七）

【一】玠別傳曰：「驃騎王濟，玠之舅也，嘗與同遊，語人曰：『昨日吾與外生共坐，若明珠之在側，朗然來照人。』」

【二】玠別傳曰：「玠素抱羸疾。」

【三】玠別傳曰：「玠在群臣之中，寔有異人之望。齠齓時乘白羊車於洛陽市上，咸曰：『誰家璧人！』於是家門州黨號為『璧人』。」（《世說新語》劉孝標注〈容止〉第十四）

備註：按永嘉流人名曰：「玠以永嘉六年五月六日至豫章，其年六月二十日卒。」此則玠之南渡豫章四十五日，豈暇至下都而亡乎？且書皆云玠亡在豫章而不云在下都也。」

【一】玠別傳曰：「永和中劉眞長、謝仁祖共商略中朝人，或問：『杜弘治可方衛洗馬否？』謝曰：「安得比，其間可容數人。」

備註：事亦見《太平御覽》卷四四四所錄〈衛玠別傳〉（《世說新語》劉孝標注〈品藻〉第九）

【二】玠別傳曰：「玠，穎識通達，天韻摽令，陳郡謝幼輿敬以亞父之禮。論者以為出王眉子、平子、武子之右，世咸謂諸王三子不如衛家一兒。娶樂廣女，裴叔道曰：『妻父有冰清之姿，婿有璧潤之望，所謂秦晉之匹也。』為太子洗馬，永嘉四年，南至江夏，與兄別於梁里澗，語曰：『在三之義，人之所重，今日忠臣致身之運，可不勉乎？』行至豫章乃卒。」（《世說新語》劉孝標注〈言語〉第二）

玠別傳曰：「玠少有名理，善易、老。自抱羸疾，初不於外擅相酬對，時友歎曰：『衛君不言，言必入冥。』武昌見大咨嗟不能自己。」（《世說新語》劉孝標注〈文學〉第四）

衛玠別傳曰：「太尉王君，見阮千里而問曰：『老莊與聖教異。』阮曰：『將無同。』太尉善其言，辟之為掾，世號阮瞻三語掾。王君見而嘲之曰：『一言可以辟，何假於三。』阮曰：『苟見天下民望，亦可無言而辟，復何假於一。』」」（《藝文類聚》卷十九〈人部三〉〈言語〉）

諸葛亮

諸葛亮別傳曰：「魏明帝自征蜀，幸長安，遣宣帝督張郃諸軍勁卒三十餘萬，潛軍密向劍閣。亮有戰士十萬，十二更下，在者八萬。時魏軍始陳番兵適交，亮參佐咸以敵眾強多，非力所制，宜權停下兵以并聲勢。亮曰：『吾聞用武行師，以大信為本。得原失信，古人所惜。去者束裝以待期，妻子鶴望以計日，皆俟速遣。』於是去者感悅，願留一戰；住者憤勇，咸思致命。臨戰之日，莫不拔刃爭先，以一當十。殺張郃，卻宣帝，一戰大剋，此之由也。」（《太平御覽》卷四三〇）

諸葛恢

恢別傳曰：「恢字道明，琅邪陽都人。祖誕，司空。父靚，亦知名。恢少有令問，稱為明賢。避難江左，中宗詔補主簿，累遷尚書令。」（《世說新語》劉孝標注〈方正〉第五）

諸葛恪

恪別傳曰：「權嘗饗蜀使費禕，先逆敕群臣：『使至，伏食勿起。』禕至，權為輟食，而群下不起。禕嘲之曰：『鳳皇來翔，騏驎吐哺，驢騾無知，伏食如故。』恪答曰：『爰植梧桐，以待鳳皇，有何燕雀，自稱來翔？何不彈射，使還故鄉！』禕停食餅，索筆作麥賦，恪亦請筆作磨賦，咸稱善焉。權嘗問恪：『頃何以自娛，而更肥澤？』恪對曰：『臣聞富潤屋，德潤身，臣非敢自娛，脩己而已。』又問：『卿何如滕胤？』恪答曰：『登階躡履，臣不如胤；迴籌轉策，胤不如臣。』恪嘗獻權馬，先其耳。范慎時在坐，嘲恪曰：『馬雖大畜，稟氣於天，今殘其耳，豈不傷仁？』恪答曰：『母之於女，恩愛至矣，穿耳附珠，何傷於仁？』太子嘗嘲恪：『諸葛元遜可食馬矢。』恪曰：『願太子食雞卵。』權曰：『人令卿食馬矢，卿使人食雞卵何也？』恪曰：『所出同耳。』權大笑。」（《三國志》裴松之注〈吳書〉卷六十四）

諸葛恪別傳曰：「孫權常問恪何以自娛，而更肥澤。恪對曰：『臣聞：富潤屋，德潤身。臣非敢自娛，脩己而已。』」（《太平御覽》卷三七八）

諸葛恪別傳曰：「孫權嘗饗蜀使費禕，禕停食麥。索筆作麥賦。恪亦請筆作磨賦。咸稱善焉。」（《藝文類聚》卷八十五〈百穀部〉麥）

鄭玄

玄別傳曰：「玄有子，為孔融吏，舉孝廉。融之被圍，往赴，為賊所害。有遺腹子，以丁卯日生；而玄以丁卯歲生，故名曰小同。」（《三國志》裴松之注〈魏書〉卷四）

玄別傳曰：「淵始未知名，玄稱之曰：『國子尼，美才也，吾觀其人，必為國器。』」

備註：淵：國淵；字子尼，師事鄭玄。（《三國志》裴松之注〈魏書〉卷十一）

鄭玄別傳曰：「國向孔文舉教高密縣曰：『公者，人德之正號，不必三事大夫也。今鄭君鄉宜曰鄭公鄉。』」（《太平御覽》卷一五七）

鄭玄別傳曰：「建安元年，自徐州還高密，道遇黃巾賊數萬。人見玄接再拜。」（《太平御覽》卷五四二）

鄭玄別傳：「玄年十一二，隨母還家。正臘會，同列十餘人，皆美服盛飾，語言閑通，玄獨漠然如不及。母私督數之。乃曰：『此非我志，不在所願也。』」（《文心雕龍》范文瀾注〈詔策〉第十九）

備註：考辨：妄人誤以此爲不爲父母所容，其實玄志在遊學，所以能去廝役之吏者，
　　　　正是爲父母昆弟所優容耳。

鄭玄別傳曰：「玄從馬融學，季長謂盧子幹曰：『吾與女皆不如也。』」（《世說新語》劉孝標注）

玄別傳曰：「玄少好學書數，十三誦五經，好天文、占候、風角、隱術。十七見大風起，詣縣曰：『某時當有火災。』至時果然，智者異之。年二十一，博極群書，經歷數、圖緯之言，兼精算數，遂去吏，師故兗州刺史第五元，先就東郡張恭祖受周禮、禮記、春秋傳，周流博觀。每經歷山川及接顏一見，皆終生不忘。扶風馬季長以英儒著名，玄往從之，參考同異。季長後戚，嫚於待士，玄不得見，住左右，自起精廬。既，因紹介得通。時涿郡盧子幹爲門之冠首。季長又不解剖裂七事，玄思得五，子幹得三。季長謂子幹曰：『吾與汝皆弗如也。』季長臨別執玄手曰：『大道東矣，子勉之！』後遇黨錮，隱居者述，凡百萬餘言。大將軍何進辟玄，乃縫掖相見。玄長八尺餘，鬚眉美秀，姿容甚偉，進待以賓禮，授以几杖。玄多所匡正，不用而退。袁紹辟玄，及去餞之城東，欲玄必醉，會者三百餘人，皆離席奉觴，自旦及暮，度玄飲三百餘盃，而溫克之容，終日無怠。獻帝在許都，徵爲大司農，行至元城卒。」（《世說新語》劉孝標注〈文學〉第四）

鄭玄葬城東，後墓壞，改遷厲阜。縣令車子義爲玄起墓亭，名曰：「昭仁亭」。（《古小說鉤沈》〈小說〉）

備註：出《玄別傳》、《續談助》四

【一】鄭玄別傳曰：「玄年十一二，隨母還家，正臘會同列十數人，皆美服盛飾，語言閑通，玄獨漠然如不及，母私督數之，乃曰：『此非我志，不在所願。』」（《後漢書集解》卷三十五〈列傳〉）

鄭玄別傳曰：「任城何休，好公羊學，遂著公羊墨守。左氏膏育，穀梁廢疾，玄乃發墨守、針膏育、起廢疾。」（《藝文類聚》卷五十五〈雜文部〉一〈經典〉）

鄭玄別傳曰：「玄年十二，隨母還家。正臘宴會，同列十數人，皆美服盛飾，語言閑通。玄獨漠然如不及，父母私督數。乃曰：『此非我志。不在所願。』」（《藝文類聚》卷五〈歲時部下〉〈臘〉）

魯女生

魯女生別傳曰：「魯女生，長樂人也。少好學道。初服餌胡麻，乃求絕穀，八十餘年，日更少壯，面如桃花，日行走三百里，走及白鹿。（《太平御覽》卷三九四）

盧諶

諶別傳曰：「諶善著文章。洛陽傾覆，北投劉琨，琨以爲司空從事中郎。琨敗，諶歸段末波。元帝之初，累召爲散騎〈中書侍郎〉，不得南赴。永和六年，卒於胡中，子孫過江。妖賊帥盧循，諶之曾孫。」（《三國志》裴松之注〈魏書〉卷二十二）

謝玄

玄別傳曰：「玄能清言，善名通。」（《世說新語》劉孝標注〈文學〉第四）

謝鯤

鯤別傳曰：「鯤之諷切雅正，皆此類也。」（《世說新語》劉孝標注〈規箴〉第十）

鯤別傳曰：「四十三卒，贈太常。」（《世說新語》劉孝標注〈文學〉第四）

鍾雅

【一】雅別傳曰：「雅字彥胄，潁川長社人，魏太傅鍾繇弟仲常曾孫也。少有才志，累遷至侍中。」

【二】雅別傳曰：「蘇峻逼主上幸石頭，雅與劉超並侍帝側匡衛，與石頭中人密期拔至尊出，事覺被害。」（《世說新語》劉孝標注〈政事〉第三）

鍾離意

鍾離意別傳曰：「司徒侯霸辟意署議曹掾，以詔書送徒三百餘人到河北。遭遇隆冬盛寒，徒衣被單，手足不能復行，到弘農縣使令出見錢爲徒作襦褲，令曰：『不被詔。』意曰：『使者奉詔命，寧私行耶？』出錢便上尚書，使者亦當上之。光武皇帝得上狀，見霸曰：『所使掾何仁恕，爲國用心乎！誠良吏也。』」（《太平御覽》卷二〇九）

意別傳曰：「西部都尉南陽任延以優文召縣曰：『都尉德薄，思賢汲汲，處士鍾離意正色鄉黨，百行優備，應合補吏。』檄到，史掾以禮發遣者。」（《北堂書鈔》）

鍾離意別傳云：「其年匈奴來降，詔賜縑三百匹，尚書侍郎暨酆受詔，誤以三千疋賜匈奴。」（《初學記》卷十一）

意別傳曰：「意省堂有孔子小車乘，皆朽敗，意自糶俸雇漆膠之直，請魯民治之，

及護几席床履。後得甕中素書，曰『護吾履，鍾離意』。」（《後漢書集解》第二十〈志〉）

【一】意別傳云：「汝南黃讜拜會稽太守，召意署北部督郵，時郡中大疫，黃君黃君轉署意中部督郵。」

【二】意別傳云：「太守黃君大怒，驛馬召意也。」

【三】意別傳云：「意露車不冠，身循行病者門入家，賜與醫藥。詣神廟，為民禱祭。召錄醫師百人，合和草藥，恐醫小子或不良毒藥齊賊害民命，先自吞嘗，先後施行。其所臨戶四千餘人，並得差愈後日，府君自出行災眚，百姓攀車涕泣曰：『明府不須出也，但得鍾離督郵，民皆活也。』」

【四】意別傳：「太守竇翔召意署功曹，又揚州刺史夏君三辟意，署九江郡從事三府側席。夏君見意曰：『刺史得京師書，聞從事有令聞，刺史何惜王家之爵不貢賢者。』乃表上尚書。」

備註：事亦見《太平御覽》卷二六五所錄〈鍾離意別傳〉

【五】意別傳云：「意使令出見錢為徒作襦褲，各有升數。令對曰：『被詔書不敢妄出錢。』意曰：『使者奉詔命，甯私行耶？』出錢便上尚書，使者亦當上之。」

【六】意別傳云：「光武皇帝得上狀，見司徒侯霸曰：『所使掾史，何乃仁恕為國用心乎如此。』則范書略其文耳視字，仍當為見也。」

【七】意別傳：「意遷東平瑕丘令。男子兒直勇悍有力，便弓弩飛射走獸，百不脫一。桀悖好犯長吏，意到官，召署捕盜，掾敕為之曰：『令昔破三軍之眾，不用尺兵；嘗縛暴虎，不用尺繩，但以良謀為之耳。掾之氣勢安若？宜慎之。』因復召直子涉，署門下將。游徼私出入寺門，無所關白，收涉鞭之。直走至寺門，吹氣大言，言無上下。意敕直能為子屈者，自縛謝令，不則鞭殺其子，直果自縛。意告曰：『令前告汝，嘗縛暴虎，不用尺繩，汝自視何如？虎自縛耶？』敕獄械直父子，結連其頭對榜，掾史陳諫貸之，由是相率為善。」

備註：事亦見《太平御覽》卷二六八所錄〈鍾離意別傳〉。唯《太平御覽》中，「兒直」作「倪直」，「令昔」下有「嘗」字，「走至寺門」作「走之寺門」，「自縛謝令」作「自縛誡令」。

【八】意別傳曰：「意為瑕丘令，立春遣戶，曹史檀建齎青幩幡白督郵，督郵不受，建留於家，還白意言受。他日，意見督郵，而督郵謝意，言所以不受青幩幡者，已自有也。意還召建問狀，建惶怖叩頭。意曰：『勿叩頭，使外聞也，出因轉署主記史，假遣無期建歸。家父問之曰：『朝大士眾，賢能者多，子何功才，既獲顯榮，假乃無期，寵厚將何謂也。得無有不信於賢主耶？』建長跪，以青幩幡意語父，父嘿然有頃，令妻設酒殺雞，與建相樂。謂建曰：『吾聞有道之君，以義理殺人；無道之

君，以血刃加人。長假無期，唯死不還，將何以自裁乎？』酒畢進藥，建遂物故。」

【九】意別傳云：「交阯刺史張恒，居官貪亂，珠璣寶玩，乃有石數也。」

備註：事亦見《太平御覽》卷二一一所錄〈鍾離意別傳〉

【十】意別傳：「意為尚書僕射，其年匈奴羌胡歸，詔賜縑三百匹，尚書侍郎廣陵暨酆受詔，誤以為三千匹賜匈奴，詔大怒鞭酆欲死，意獨排省閣，入諫曰：『陛下德被四表，恩及夷狄，是以左衽之徒，稽首來服。愚聞刑疑從輕，賞疑從重，今陛下以酆賞，誤發雷電之威，海內澷瀾，謂陛下貴微財而賤人命，臣所不安。』明帝以意諫，且酆錯合大義，恚損怒消。酆敕大官賜酒藥，詔謂意曰：『非鍾離尚書，朕幾降威於此郎。』」

【十一】意別傳曰：「意為魯相，到官，出私錢萬三千文，付戶曹孔訢修夫子車。身入廟，拭几席劍履。男子張伯除堂下草，土中得玉璧七枚，伯懷其一，以六枚白意。意令立主簿安置几前。孔子教授堂下，床首有懸甕，意召孔訢問其何甕也。對曰：『夫子甕也。背有丹書，人莫敢發也。』意曰：『夫子聖人，所以遺甕，欲以懸示後賢。』因發之，中得素書〔註一〕，文曰：『後世修吾書，董仲舒，護吾車，拭吾履，發吾笥，會稽鍾離意〔註二〕。璧有七，張伯藏其一。』意即召問，伯果服焉。」

備註：〔註一〕郡國志注引漢晉春秋作「古文策書」。

備註：〔註二〕漢晉春秋云：「亂吾書，董仲舒，治吾堂，鍾離意。」

【十二】意字子阿，會稽山陰人也。太守寶翔召意署功曹史，意乃為府立條式，威儀嚴肅，莫不靖恭。後日寶君與意相見，曰：「功曹頃立嚴科。」太守觀察朝晡吏無大小，莫不畏威。（《後漢書集解》卷四十一〈列傳〉）

鍾離意別傳曰：「嚴遵與光武皇帝俱為諸生。樂廣曰：名教中自有樂地，何為乃爾？」（《昭明文選》李善注〈彈事牋奏記〉卷四十）

鍾離意別傳曰：「嚴遵與光武皇帝俱為諸生。」（《昭明文選》李善注〈令教文〉卷三十六）

鍾離意別傳曰：「嚴遵與光武皇帝俱為諸生，暮夜宿息，二人寒不得寢臥，更相謂曰：『後日豪貴憶此勿相忘。』別後數年，光武有天下，徵遵不至。」（《藝文類聚》卷五〈寒〉）

備註：又見《太平御覽》卷三十四所錄〈鍾離意別傳〉

顏含

顏含別傳曰：「顏髦，字君道，含之子也。少慕家業，惇于孝行，儀狀嚴整，風貌端美，桓公見而歎曰：『顏侍中，廊廟之望也。』」（《太平御覽》卷三八九）

顏含別傳曰：「顏髦，字君道。儀狀嚴整，風貌端美。大司馬桓公歎曰：『廊廟

之望，喉舌機要。』」（《藝文類聚》卷四十八〈職官部四〉〈侍中〉）

備註：又見《太平御覽》卷二一九所錄〈顏含別傳〉。

魏文帝

魏文帝別傳曰：「吳選曹令史長沙劉卓，字德然，病荒。夢一人以白越單衫與之，言曰：『汝著衫，汗，火燒便潔也。』卓覺，果有衫在側，汗，輒火浣之。」（《太平御覽》卷六九三）

羅含

羅含別傳曰：「含，字君章。刺史庾　以親賢之重，作鎮方岳，搜揚楚楚，匪蘭弗刈。仍辟含荊州部從事。」（《太平御覽》卷二六五）

含別傳曰：「刺史庾亮初命含為部從事，桓溫臨州，轉參軍。」（《世說新語》劉孝標注〈規箴〉第十）

羅府君別傳曰：「羅含，字君章，桂陽耒陽人，蓋楚熊姓之後，啓土羅國，遂氏族焉，後寓湘境，故為桂陽人。含，臨海太守彥曾孫，榮陽太守綏少子也。桓宣武辟為別駕，以官廨誼擾，於城西池小洲上，立茅茨，伐木為床，織葦為席，布衣蔬食，晏若有餘。桓公嘗謂眾坐曰：『此自江左之清秀，豈唯荊楚而已。』累遷散騎常侍、廷尉、長沙相，致仕加中散大夫，門施行馬，含自在官舍，有二白雀棲集堂宇，及致仕還家，階庭忽蘭菊挺生，豈非至行之徵耶？」（《世說新語》劉孝標注〈方正〉第五）

備註：「耒陽」，宋本作「棗陽」，沈校本及晉書羅含傳作「耒陽」。楊勇校箋：「晉書
　　地理志，桂陽郡吾「棗陽」，有「耒陽」。疑形近致誤。」

羅含別傳曰：「含致仕還家，庭中忽自生蘭，此〈德行〉幽感之應。」（《藝文類聚》卷六十四〈居處部四〉〈庭〉）

羅含別傳曰：「桓宣武以含為別駕，以官解寺誼擾，非靜默所處，乃於城西池小洲上，立茅茨之屋，竹果蔭宇，戕木之床，織葦為席，布衣蔬食，晏若有餘。」（《藝文類聚》卷六十一〈居處部一〉〈總載居處〉）

邊讓

邊讓別傳曰：「讓才辯俊逸。孔融薦讓於武帝曰：『邊讓為九州之被則不足，為單一襜褕則有餘。』」（《太平御覽》卷六九一）

備註：文亦見《太平御覽》卷六九三及卷七〇七所錄〈邊讓別傳〉

禰衡

彌衡別傳曰：「十月，朝黃祖於艨衝，舟上會設黍膡，衡年少，在座，黍膡至，

先自飽食，搏弄戲擲，其輕慢如此。」（《太平御覽》卷二十六）

禰衡別傳曰：「衡，字正平。黃射作章陵太守，衡俱有所之見蔡伯喈所爲碑，正平一過視之，嘆之言好，後各歸章陵。自恨不令使寫之，正平曰：『吾雖一過，皆識其所言，唯第四行中，石盡磨滅，兩字不分明。』因援筆書之，初無遺失，唯兩字不著。」（《太平御覽》卷四三二）

禰正平年少，與孔文舉作爾汝交。時衡年未滿二十，而融已五十餘矣。（《古小說鉤沈》〈小說〉）

備註：出《衡別傳》、《續談助》四。《紺珠集》二引作禰正平年未及冠，而孔文舉已逾五十，相與爲爾汝交。

禰衡別傳曰：「黃射大會賓客，人有獻鸚鵡者。射舉巵酒於衡曰：『願先生賦之，以娛嘉賓。』衡攬筆而作，文不加點，辭彩甚麗。」（《藝文類聚》卷五十六〈雜文部〉二〈賦〉）

顧和

顧和別傳曰：「顧球時爲楊州別駕，顧榮謂球曰：『卿速步，公孝如是超卿矣。』」（和字公孝）（《太平御覽》卷二六三）

顧和別傳曰：「和字君孝，吳郡人。祖容，吳荊州刺史，父相，晉臨海太守。和總角知名，族人顧榮雅相器愛，曰：『此吾家之騏驥也，必振衰族。』累遷尙書令。」（《世說新語》劉孝標注〈言語〉第二）

備註：事亦見《太平御覽》卷四四四〈顧和別傳〉